安徽省高等学校"十一五"省级规划教材

闫蒙钢◎著

化学教育科学研究方法

HUAXUE JIAOYU KEXUEYANJIU FANGFA

安徽师范大学出版社
·芜湖·

责任编辑：马乃玉　　　　责任校对：李　玲
装帧设计：王　芳　　　　责任印制：郭行洲

图书在版编目（CIP）数据

化学教育科学研究方法 / 闫蒙钢著. —芜湖：安徽师范大学出版社，2015.2
ISBN 978-7-5676-1171-9

Ⅰ.①化… Ⅱ.①闫… Ⅲ.①中学化学课－教学法 Ⅳ.①G633.82

中国版本图书馆CIP数据核字(2015)第020024号

化学教育科学研究方法

闫蒙钢　著

出版发行：安徽师范大学出版社
芜湖市九华南路189号安徽师范大学花津校区　　邮政编码：241002
网　址：http://www.ahnupress.com/
发行部：0553-3883578 5910327 5910310(传真)　E-mail：asdcbsfxb@126.com
印　刷：安徽芜湖新华印务有限责任公司
版　次：2015年2月第1版
印　次：2015年2月第1次印刷
规　格：965×1270　1/32
印　张：10.75
字　数：310千
书　号：ISBN 978-7-5676-1171-9
定　价：24.00元

前 言

随着当今国际教师教育的发展,教师职业专门化已成为重要的发展方向。同时,教师也不再满足于从前辈的经验或自己的积累中获取灵感,而希望从传统的"教书匠"转变成具有反思能力的专家型教师。成为专门化教师的最好途径就是参与研究,成为一名研究者。"教师成为研究者",不仅有利于提高自我反思意识和能力,改进教学,还能帮助教师从日常繁杂的教学工作中脱身,在研究中获得理性的升华和感情上的愉悦,从而提升自己的精神境界与思想品位。

本书介绍了教育科学研究(即教育科研)的一般原理方法及其在化学教育科研中的应用,注重理论与实践的紧密结合,并提供了闫蒙钢教授近年在本科生、教育硕士、课程与教学论研究生教学研究中的成果和典型案例,引导读者了解课题设计、文献检索、教育调查、经验总结、案例比较、开题报告、教改实验、统计分析等重要方法,亲历教育科研的全过程,结合化学课程改革的重点、难点和热点问题开展专题研究,力图表现出示范性、应用性、新颖性、时代性和可读性等特点,从而帮助读者认识到教育科研对教师的重要意义,初步学会应用教育科研的理论与方法,分析和发现化学教育规律,并学习撰写教育科研论文论著,以提高教育科研素养和进行教育科研的能力,为"教师成为研究者"奠定基础。

正如苏霍姆林斯基所言:"如果你想让教师的劳动能够给教师带来乐趣,使天天上课不至于成为一种单调乏味的义务,那你就应当引导每一位教师走上从事研究这条幸福的道路上来。"教师从事研究的最终目的不仅仅是改进教育实践,还可以改变自己的生活方式。在这种方式中,教师能够体会到自己存在的价值与意义。希望本书能为你带来新的启发和收获。

本书可以作为化学专业师范类学生、中学化学教师继续教育、教育硕士、课程与教学论研究生的教材,也可作为中学教师和教研人员的教育科研参考读物,还可用作报考化学教育方向硕士研究生的考试用书。

全书由闫蒙钢教授拟定基本框架和撰写提纲,多位同志分工编写。具体分工为:第一章,程瑶琴;第二章,闫蒙钢;第三章,朱小丽、张艳华(第一节)、王江平(第二节)、许苗苗(第三节)、陈英(第四节)、金思慧、圣永刚(第五节)、饶婷婷(第六节)、张犟(第七节);第四章,孙影;第五章,闫蒙钢;第六章,马旭明;第七章,王江平;第八章,许江安。杨亚丽参与了部分资料的搜集和整理工作,全书由闫蒙钢教授统稿、定稿和审稿。

本书的撰写获准安徽省高等学校"十一五"省级规划教材项目立项,并得到了安徽省2005年度高等学校省级重点教学研究项目基金和安徽师范大学2007年度教材建设基金资助。在编写过程中,参阅和引用了很多相关研究成果,在此,谨向有关专家和学者一并表示诚挚的谢意。同时,也感谢安徽师范大学出版社及本书编辑所付出的辛勤劳动。

限于作者水平,书中一定还存在着不完善之处,敬请读者不吝指正。

闫蒙钢
2014年10月

目　录

第一章 化学教育科学研究概述

20世纪以后，随着社会变化的加剧，教育成为了社会变革中的一个重要部分，产生了一大批教育改革家。他们对教育进行回顾和反思，形成了很多重要的教育理论，产生了一系列教育科学研究方法。可以说，没有教育科学研究就没有教育理论，也没有教育改革的推动和发展。教师也应该成为研究者，通过教育科学研究，任何一个教师都有可能成为教育专家，而没有对教育教学实践进行过认真研究的教师恐怕永远只能是一个"教书匠"。

教育科学研究是人们有目的、有计划、有系统地采用严格科学的方法研究教育科学的知识体系，认识教育现象，探索与发现教育与人的全面发展、教育与社会进步的客观规律，深化教育改革，提高教育质量的创造性活动[①]。

所谓化学教育科学研究，就是从客观存在的化学教育事实和现象出发，采用科学的方法，对有关的化学教育问题进行分析、解决，从而发现化学教育规律，促进化学教育发展的科学研究活动[②]。

第一节 化学教育科学研究的意义

教育科学研究是学校持续发展的动力，也是教师持续发展的动力。这已经成为很多教育工作者的共识，也是众多教师参与教育科研工作的感悟。因此，化学教育科学研究也就成为了化学教育教学的一个重要组成部分。

---

① 杨丽珠.教育科学研究方法[M].大连：辽宁师范大学出版社，1995：10.

② 毕华林.化学教育科研方法[M].济南：山东教育出版社，2001：1.

一、化学教育科研与化学教育

有了教育的科学,才会有科学的教育。现代社会的发展更加迅速,教育的差异也更明显,教育变革的要求更深刻,教育科研的迫切性也就更强烈。

(一)丰富和发展化学教育科学

对化学教育规律、特点的认识离不开化学教育科研,化学教育科研成果的积累和丰富,发展了化学教育科学。教育科学理论的发展过程是一个螺旋上升的过程,是认识不断发展的过程,是研究方法的应用与改进的过程。教育科学理论的产生,首先要提出一定的理论设想,然后通过观察、调查或实验等方法,搜集有关的信息与资料,再对这些资料进行分析与综合、抽象与概括、类比与推理,揭示出教育发展的规律,提出新的教育理论主张。建立和发展教育理论并不是一件容易的事,往往需要十几年甚至几十年的努力,在这个努力的过程中始终需要有教育科学研究作为基本保障。

(二)促进化学教育改革

教育改革与教育科学研究相结合是现代学校教育发展的重要途径,教育改革的理论和依据需要通过教育科学研究进行实验探讨。通过对教育问题的研究和对教育规律的探索,将促进教育观念的转变和教育理念的更新。

我国中学化学课程正在进行着一场深刻的改革,这场改革涉及化学新课程理念、教学内容、教学方法、教学评价等方面,由此产生了许多新事物和新问题。面对变革和挑战,化学教育比以往任何时候都更需要教育科研。可以说,没有教育科研,就没有教育改革的理论。教育改革呼唤着教育科研的大力开展,教育科研正成为教育改革的一个有机组成部分。

(三)提高化学教育质量

广大化学教师在教育实践中积累了丰富的实践经验,但是还需要通过教育科研总结经验、探索规律并上升到理论的高度来认识教育现象和问题,用理论指导教育科究、设计教育教学改革,进一步地把教育理论与实践有机地结合起来，促进教育质量的提高。随着社会要求的不断变化，教育的质量观也不断变化。如何不断提高教育质量，没有现成的经验可以模仿。事实上，绝对的教育质量是没有的，在现代社会，有特点才有质量，没有特点就没有质量。如何根据教育对象、教育要求和教师的自身特点，形成自己的教育教学风格，需要每一个地区、每一所学校、每一位教师自己去探索、去研究[①]。

二、化学教育科研与化学教师专业发展

现代教育过程中，发展成长的不仅是教育对象——学生，教师作为教学活动的设计者、指导者、组织者和研究者也应不断地发展和成长。实践证明，积极参与教育科学研究可以显著地提高教师的素质，是教师实现专业素质自我发展的重要途径[②]。

（一）改变化学教师观念，培养专业情感

在教师专业化发展的形势下，化学教师要端正思想，树立与之相适应的教育理念，开展教育科研，从理论及理论与实际相结合的多个侧面，探讨化学教育中存在的问题及其原因，提出相应的解决或缓解措施，纠正违背教育规律和教育方针的做法，从而增强提高教育教学工作质量的自觉性。在工作中，教师要从内心更加热爱教育事业，培养终身服务于教育事业的专业思想和为人师表的职业道德及积极健康的教师个性。“身教重于言教”，教师要用人格力量去影响和教育学生，通过对教育实践的研究，建立起对学生真正的爱，把教育工作当成一种事业和崇高的理想去追求。

（二）提高化学教师的专业知识水平

教师在专业化发展的历程中需要不断地接受新知识，接受再教育，增长专业能力。从教育科研的理论与方法的学习，到学科专业知识的研究，教师都必须全身心地参与。教师直接接触学生，参与各种教育教学活动，必然会遇到各种各样的问题。通过教育科研，

---

① 袁振国.教育研究方法[M].北京：高等教育出版社，2000：3.

② 林崇德，申继亮，辛涛.教师素质的构成及其培养途径[J].中国教育学刊，1996(6)：16–22.

促使教师自觉地钻研化学专业知识和教育理论，并运用这些知识去了解、分析、研究各种教育教学实践中的现象和问题，逐步探索、揭示、掌握教育规律，从而使教师拥有广博的文化知识、精深的专业知识和实践性较强的教育学科知识，发展教师的专业才能。

（三）培养和形成化学教师的专业技能

教师不能止步于娴熟的技能，仅靠多年积累的经验完成教学任务，更不能简单地照搬他人经验，而必须自觉研究自己的教育教学行为，不断反思与创造，这样才能挑战与超越自我，得到专业升华。因此，自觉寻找研究课题，充分发挥教师的专业智慧，才能创造性地完成教育教学任务。教师的教学、学习和研究，在本质上是兼容的。教师要想提高教育理论素养和专业技能，一方面通过学习，另一方面必须积极参加教育科研活动，在科研活动中把教育理论与教育实践结合起来，提高运用教育理论分析、研究实际问题的能力，提高教育教学的技巧和教学能力[①]。

第二节 化学教师的教育科研素养

我国的化学新课程改革呼唤广大中学化学教师的专业化发展，而教师专业化发展的核心素养之一是教师的教育科研素养。这个内隐性素质既是教师成熟的标志，又是新课程改革顺利实施的根本保证。

一、化学教师的教育科研素养及其构成

所谓教师的教育科研素养是指教师在教育科学研究方面所应具有的修养，其中主要包括教师在教育科研理论知识、教育科研能力、教育科研道德等方面应达到的基本要求[②]。

化学教师的教育科研素养构成如图1-1所示。

① 徐高宏.教师专业发展中的教育科研[J].教育探索，2006(7)：123-124.

② 李秉德.教育科研方法[M].北京：人民教育出版社，1998：20.

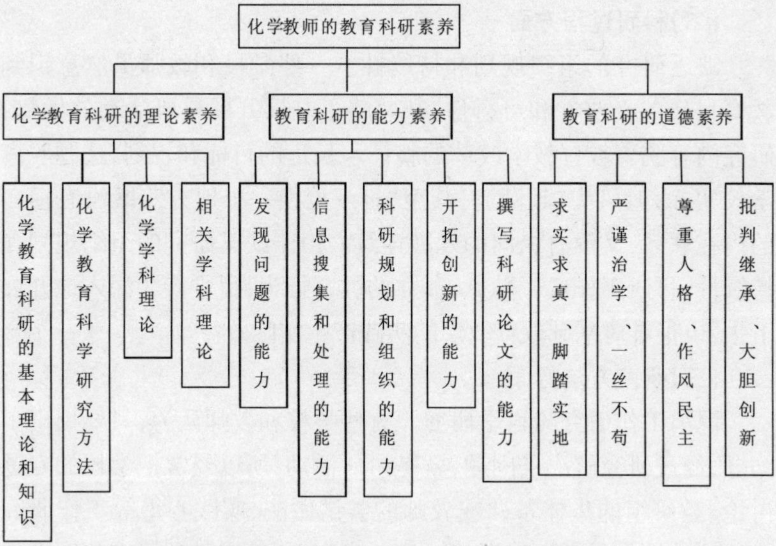

图1–1　化学教师的教育科研素养构成

二、当前中学教师教育科研素养的现状

目前我国中学教师教育科研素养的研究主要集中在对教师的科研态度、科研意识、科研过程与方法、科研结果的呈现方面，研究表明我国中学教师教育科研素养的现状不容乐观。

（一）科研态度和意识方面

普遍存在畏难情绪或科研无用论。因为主观上对基础教育科研的意义和优势缺乏认识，客观上又存在开展活动的种种困难，所以在一些学校和教师中存在着基层科研“不能论”或“无用论”。不少人认为，教育科研是专门的研究机构和研究人员从事的工作，学校和教师的工作是执行规定的教育任务和教学计划，中小学没有条件、没有必要、也没有能力进行科研活动，搞科研会分散精力，花了力气也搞不出成果，反而导致教学成绩下降，不如直接学习和应用已有的科研成果，既省力又方便[①]。

① 徐建敏，管锡基.教师科研有问必答[M].北京：教育科学出版社，2005：3–4.

（二）科研过程方面

缺乏研究的组织规划和持续性。一些学校和教师虽然意识到教育科研的必要性和可行性，却忽略了基层开展科研活动的优势，研究内容脱离教育教学改革的整体与长远的目标和规划，选题脱离学校实际，追风头、赶潮流，甚至“打一枪换一个地方”，既没有横向的内在联系，又没有纵向的发展连续。由于缺乏研究的组织规划和持续性，科研工作成了随意、孤立的教育行为，很难持久深入地开展下去，也很难对基础教育教学的实践产生实际效益。

（三）研究方法方面

混淆工作研究与科学研究。有些学校和教师认为，只要提出了问题，经过研究解决了问题，就是科研活动，所以经常把学校的专题讨论、教研组的集体备课或教师的尝试做法、实践心得等工作研究或经验总结与科学研究混为一谈。事实上，教育科学研究与所有的科学研究一样有明确的范畴规定，它要求把问题归结为概念和意义都很明确的课题，通过公认的可靠方式给出课题假设的明确结论，这种结论可能是肯定的，也可能是否定的，并且是可以重复验证的。所以，保证教育科研的严肃性是基层必须特别注意的问题。

（四）研究成果方面

误把经验总结和发表论文当作科研成果。成功的经验和正确的思想都含有科学意义，但不能把总结一个教学经验或表述一种教育思想当作科学研究。只有经过科学验证过程的经验或组织为严密理论体系的思想才是教育科研的成果。顾泠沅通过经验筛选法验证的“尝试指导、效果回授”和刘京海把“成功教育”思想组织为一个理论体系，都是通过教育科研把经验和思想变为科学的典型事例。我们可能在不同的水平上组织或控制科研的过程和表达科研成果，但绝不应该改变教育科学研究的性质，误把一般的经验总结或思想表述当作科研成果①。

① 徐建敏，管锡基.教师科研有问必答[M].北京：教育科学出版社，2005：3–4.

三、培养和提高教师教育科研素养的根本途径

（一）在教育理论的学习中提高

教育科研素养的提高是一个潜移默化的逐步积累和渐进的过程，需要教师自觉努力地学习教育理论，并把理论学习和日常的教学实际及科研活动相结合，才能不断地提高自己的理论水平和思想素养。有了扎实的理论素养，教育科研素养的形成和发展，才有稳固的基础。所以，教师要积极搜集国内外教育教学理论及教育改革的资料信息，进行认真学习和消化，并付诸教育教学实践，进行研究探索。另外，还可以对典型课题进行解剖，真正了解到具体研究过程中的操作思路以及应注意的环节，缩小科研与教师之间的距离。

（二）在科研实践中锻炼

教师教育科研素养同任何人的能力一样，只有通过实践才能体现和发挥出来。经过实践的锻炼，才可能获得更多的体验和经验，才能学会和掌握科研的方法和技能，并通过科研报告和论文的写作提高科研素养。通过学习得到的经验只能提供参考而不能照搬照抄，具体的运用要靠教师个人的不断研究与实践。边研究边实践，一方面可以检验所学理论和经验的正确性、有效性，增强自信心，另一方面又可以发现问题，督促自己不断学习、不断钻研、不断探索，找到应用的正确道路和具体操作方法。正是在这种不断的研究与实践过程中，教师的科研意识和科研能力才能建构起来[①]。

（三）在学术交流和科研合作中发展

学术交流能使教师获得更丰富的信息，开阔视野，拓宽研究思路，增长见识并且能了解和掌握教育发展的趋势。同时，交流有助于吸收众人之长，或借鉴他人的教训，或受他人经验和方法的启发，达到增强科研素养的目的，而且通过合作研究可以互相学习、互相带动。

---

① 曾昭玲.试论科研型教师的素养和培养[J].文教资料.2007(11)：119–121.

第三节 化学教育科学研究方法的分类

为了更加深入地了解化学教育科学研究,就要从不同的角度和层次来了解化学教育科学研究,以便于研究者根据自己的情况选择不同类型的研究方法。关于教育科研方法的类型和分类,不同的学者存在着不同看法,这里主要介绍三种分类方式。

一、按适用范围和概括程度分

按适用范围和概括程度,教育科学研究方法从高到低可以分为三个层次,即哲学方法、一般科学方法和具体研究方法。

(一)哲学方法论

认识世界、改造世界、探索实现主客观世界相一致的一般的方法理论,这就是更具有概括性、适用于一切科学领域的哲学方法论,即唯物论和辩证法。它对一般的科学方法和具体科学方法有重要的指导意义。

(二)一般科学方法论

适用于各门科学的一般的研究方法,如社会科学、自然科学和教育科学的一般方法,是带有一定普遍意义、适用于许多有关领域的方法理论,它是现代科学共同适用的科学研究方法论,如归纳法、演绎法、系统科学方法等。

(三)具体研究方法论

适用于某一科学研究领域的特殊方法。

教育科学研究方法论是属于哲学方法论指导下的具体分科方法论,它必须自觉遵守哲学方法论的基本原则,同时它又接受一般科学方法论的支配。

教育科学研究的方法论体系具体划分如图1-2[①]所示:

① 杨丽珠. 教育科学研究方法[M]. 大连:辽宁师范大学出版社,1995:23

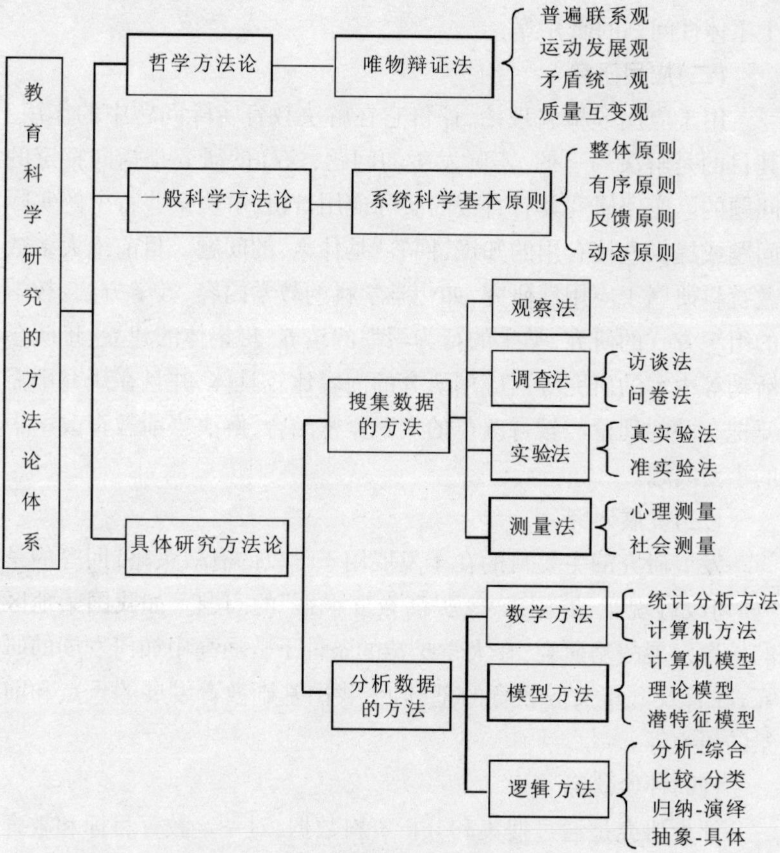

图1-2 教育科学研究的方法论体系

二、按研究目的、功能和作用分①

(一)基础研究

基础研究的主要目的在于发展和完善理论,其指向具有普遍性,可以为现有的知识体系增添新的东西。通过研究,寻找新的事实,阐明新的理论或重新评价原有理论,它回答的是"为什么"的问题,与建立教育科学的一般原理有关。如关于教育本质的研究,关于教育功能的研究,关于教育优先发展战略的研究,关于教学中学

① 裴娣娜. 教育研究方法导论[M]. 合肥:安徽教育出版社,1995:10.

生主体性问题的研究等。

（二）应用研究

用于应用或检验理论，评价它在解决教育实际问题中的作用。其目的是解决当下的、实际发生的问题，这样的研究是指向特定的问题的。应用研究具有直接的实际应用价值，解决某些特定的实际问题或提供直接有用的知识，回答“是什么”的问题。目前绝大多数教育科研属于应用性研究，如化学学科的教学内容、教学方法、教学的组织方式的研究，学生的行为习惯的培养、班集体的建立、班队会活动等内容的研究等。应用研究的内容比较具体，并且在研究中需要把有关的理论与教育改革的实践紧密结合，解决当前教育改革中的重要问题。

（三）发展研究

发展研究的主要目的在于发展用于学校的有效策略，回答的是“如何改进现实，展望未来，提高教育水平”的问题。如我国某地区的教育发展战略研究；在大学扩招的条件下普通高中如何发展的研究；在普及九年义务教育的基础上，我国基础教育发展的重点和前景的研究等。

（四）评价研究

评价研究是通过搜集和分析资料数据，对一定教育目标和教育活动的相关价值做出判断的过程，回答的问题是“怎么样”。如化学新课程改革方案及其实施效果的评价，一所学校整体改革研究方案及其实施情况的评价，一种化学新课实验教材的特征及其可行性的评价等。

（五）预测研究

预测研究主要目的在于分析事物未来发展的前景和趋势，回答“将会怎么样”的问题。如面向21世纪化学课程与教材改革的趋势，未来十年高等教育发展规模的研究；我国未来基础教育政策发展的前景研究等。

三、按研究分析方法分[①]

(一)定性研究

定性研究是用文字而不是用数字和量度来描述现象,其目的主要是为了理解社会现象。定性研究基于描述性分析,本质上是一个归纳的过程,即从一般的特殊情境中归纳出一般性的结论。定性研究并不强调在开始研究时对所研究的问题有明确的理论基础,理论可在研究过程中逐渐形成和改变。它注重过程的影响,强调事实和价值无法分离。定性研究比较灵活,往往采用多种方法,在研究中用文字叙述和描述现象,所得的结论往往只适用于特定的情境和条件。

定性研究被认为是"质的研究"。但目前国际学术界已认为,定性研究并不是只进行非量化的研究,只要站在被研究对象的立场上,从被研究对象的角度出发,来加以描述和分析,同样可以得到数量化的资料,得出规律。

(二)定量研究

定量研究是用数字和度量来描述的,而不是用语言文字。定量研究根源于实证主义,即通过数据的呈现说明统计结果,被认为是"数量化的研究"。

相对于定性研究,定量研究与演绎法更接近,即从原理推广到特殊情境中。所以,定量研究往往一开始就要确定以什么理论作为基础,更强调标准的研究程序和预先的研究设计,更多地注意个别的变量和因素,强调事实和价值的分离,强调研究的操纵和控制,更关心研究的结果和产品,研究者也不介入过程,常采用统计分析方法。

(三)定性研究和定量研究的关系

定量研究更倾向于结构化和规范化,结果用数据表示,而定性研究则比定量研究更灵活,适用范围更广;定量研究更注重研究的

---

① [美]威廉·维尔斯曼.教育研究方法导论[M].袁振国,译.北京:教育科学出版社,1997:15-16.

结果,而定性研究更注重研究的过程;定性研究旨在理解教育现象,定量研究则旨在确定关系、影响、原因;定量研究比定性研究更接近于科学的方法;在研究结论方面,定量研究要比定性研究具有较高的确定性,其优越性是毋庸置疑的。

一般来说,二者的明显区别在于资料的呈现形式,定量研究主要通过数据的展现说明结果,而定性研究主要是描述性的说明。从理论的角度看,定性和定量研究都有自己的特征,二者在概念、方法上存在根本的差异,属于不同的范例、不同的模式。但在教育科研的实际运用过程中,二者的联系似乎多于它们的区别。对于教育科研来说,定性、定量研究都是有价值的,在研究中常常混杂在一起,相辅相成,形成一个连续的研究过程。一项研究往往是定性、定量二者兼有,不同的只是每种类型所占的比重以及整个研究的侧重点而已。

四、其他分类

教育科研的范围宽泛,除以上两类划分外,还可按不同标准进行划分。

按教育科研的一般方法可分为:观察研究、调查研究、实验研究等。

按研究对象的时态可分为:历史研究、现状研究、未来研究。

按研究范围可分为:宏观研究、微观研究。

按研究的功能可分为:描述研究、探索研究、评价研究、预测研究等。

按教育体系层次结构可分为:学前教育研究、初等教育研究、中等教育研究、高等教育研究、特殊教育研究等。

第四节　化学教育科学研究的基本过程

化学教育科研是有目的、有计划、系统的研究活动。科学的化学教育科研活动,通常包括五个基本步骤:确定研究课题,制订研究方案,实施研究方案,分析研究资料,表述研究结果[①]。

一、确定研究课题

确定研究课题是化学教育科研的前提条件和起点。这一步骤非常关键,但往往又是最困难的,它不仅要求教师了解和熟悉化学教育科研领域的发展动态,而且需要教师具有敏锐的洞察力和灵活的迁移能力。伴随研究问题的确定,初级假设也就形成了,还需要通过文献查阅和调查研究等工作,以确定问题能否成为研究课题。

在确定研究课题时,研究者主要从研究的价值、可能性等方面去论证。研究的价值是指这项课题的研究能够发现化学教育现象中的某些必然性联系,获得化学教育的规律性认识,得出的结论能够改进化学教育中的某些不合理状况,提高化学教育的水平。研究的可能性是指课题研究的难度有多大,研究所需要的资料、设备条件,研究人员的知识准备、能力水平等各个方面是否能够保证研究得以顺利地开展下去。

二、制订研究方案

研究方案是对下一步研究工作的统筹性规划,制订研究方案就是提出对研究活动的可操作性计划。在此过程中,首先要分析这一课题中的价值问题部分和事实问题部分,确定将该课题作为纯理论研究还是作为应用研究,同时还要考虑定性分析和定量测定的问题,从而根据具体的情况选择适当的方法和手段。

制订研究方案包括如下内容:用文字准确表达要研究的问题;将该问题转换成的假说形式表达清楚;将课题分解为几个子课题,每个部分配置相应的人员、经费、设备、资料;研究者搜集哪些资料,以及如何去搜集资料;将研究进度分为几个时间阶段,确定每个时间段的研究任务;规定各个子课题组之间信息沟通的方

① 毕华林.化学教育科研方法[M].济南:山东教育出版社,2001:6–8.

式和时间。

三、实施研究方案

这是研究方案的落实阶段，研究者要依照所制订的研究方案在化学教育实践活动中实施研究活动。不同的研究方法具有各自特定的规则和要求，在具体操作过程中，研究者一定要根据实际情况，有效地控制变量，以保证获得可靠的研究结果。在搜集资料时，要坚持实事求是的原则，客观地记录研究资料，避免由于研究者个人的态度、观念而带来研究上的误差；同时要及时将所获得的资料，按其性质和特点，分门别类地进行整理，便于下一阶段的分析和处理。

由于假说具有可检验性，因此，通过观察、测量、分析便能证实或证伪前面的假说命题。如果被证实，便可以在此基础上做进一步的研究，如提出新的问题，形成新的假说，开始又一个研究过程；如果被证伪，则可根据研究的过程中提供的信息，重新构建假说，重新设计检验方案。

四、分析研究资料

搜集到的研究资料往往只是一些具体的研究事实或数据，难以说明问题的实质。为获得更深刻的认识，研究者必须对有关的资料进行分析处理。对研究资料的分析包括定性分析和定量分析。定性分析就是采用逻辑方法（如比较、归纳、演绎、分析、综合、抽象概括）来研究资料，从中发现规律性知识。定量分析则是采用数理统计方法对大量的、表面看来毫无联系的数据资料进行描述和处理，揭示出变量之间的内在联系。在分析的过程中，定性分析和定量分析常需结合使用，以获得准确的研究结论。

五、表述研究结果

结论得出以后，就需要以研究报告或论文的形式表述出来。表述的内容包括：课题名称、研究目的、研究过程和方法、搜集到的数据资料及其分析、研究结论，还要包括对整个科研过程和科研结果做出总结和评定。表述研究结果实际上就是研究者对自己所经历的研究实践进行全面反思和总结的过程。这对于提高研究者的科研能力是十分有益的。无论课题假说是被证实还是被证伪,研究者都要如实地提供一份课题研究报告,简明地阐述该课题完整的研究过程,即客观地介绍课题研究的基本情况,并将该研究所形成的对科学事实的认识和理论上的解释,以结论的方式表达出来,并加以分析讨论。

第五节　化学教育科学研究的评价

教育科学研究是一个系统的探索活动过程,评价处于整个系统的逻辑终点上,是教育科研过程的一个重要环节。其意义在于通过评价促进教育科学研究的发展,提高教育科研的质量,使研究成果得到社会承认并被采用。

一、教育科学研究评价的功能

对教育科研进行评价目的在于"诊断"和"改进"。评价是手段、措施,不是目的。所以,教育科学研究的评价重点是对"研究"的评价。也就是说,重点是要评价:研究者怎样研究教育科学?研究出了什么结果?有没有经验值得肯定?有没有教训值得记取?有没有结论与成果值得推广?这样一来,就能够对教育科学研究起着导向、鉴定、激励、调节和促进的作用了[①]。

二、教育科学研究评价的内容[②]

教育科学研究的评价内容,是解决"评价什么"的问题。评价内容的广度与深度,既是反映评价观念、认识范围的一个标志,又是衡量评价的可信度与有效度的一个标准,同时还是选择评价方法与方式的依据之一。

---

① 喻立森.教育科学研究通论[M].福州:福建教育出版社,2001:265-269.

② 马云鹏.教育科学研究方法导论[M].长春:东北师范大学出版社,2002:359-361.

(一)教育科研的目标评价

教育科研的探索活动总是在一定"新"观点指导下,并对这个"新"观点进行检验;或者是在若干经验基础上归纳出一个"新"观点。与之相应的则是要构建一定的理论模型。我们在评价目标时要重点考虑:研究课题的价值效益以及选题的基础性、创新性;所构建的理论体系,概念系统的完备性、可靠性及内在的逻辑性。

(二)教育科研的过程评价

研究过程评价全面涉及研究的准备、研究的实施、研究的总结等各阶段,即从研究问题的确定、进行研究设计到搜集整理分析资料数据、形成科学事实和确立新的科学理论的每个环节的评价。

过程评价包括两类,一类是整个研究结束后对研究过程进行全面系统的反思,另一类则是在研究过程中随时的审视考察,以便及时发现并预测实施过程中潜在的问题。

(三)教育科研的成果评价

一般认为,教育科研成果表现为两种基本类型:(1)理论性研究成果;(2)应用性研究成果。在实际的教育科研中,大多两种成果兼而有之。

首先,鉴定其是不是教育科研的成果。作为研究成果,应具有理论性、学术性、创造性、实践性以及培养目标实现后的效益。

其次,根据研究成果的类型确定评价的侧重点。

(四)教育科研条件的评价

条件评价的实质是效益评价。条件,包括人力、物力状况,如教师水平、学生来源、学校设备等。不同的教育科研,常常条件悬殊较大,进行研究的起点存在差异。因此,在评价时不仅应使指标体系有一定弹性,看到事实存在的不平衡,更重要的是应将教育科研投入的人力、物力进行综合比较。

三、教育科学研究评价的方法

教育科学研究评价的方式是多种多样的,大致可概括为三种类型:(1)研究者自我评定;(2)同行专家论证;(3)行政部门评审。

无论哪一种类型的评价方式,都必须掌握科学的评价方法。对教育科学研究质量评价的方法,主要应包括以下方面:(1)评价指标体系的设计方法;(2)选择或制作评价工具的方法;(3)采集和分析评价数据资料的方法;(4)对评价结果的解释与检验方法;(5)对评价误差客观原因和心理原因的分析与矫正;(6)计算机技术与方法在评价中的应用。

教育科研工作者要结合教育科研质量评价的不同内容、不同方面的特点,灵活地、创造性地加以应用。如何选择和应用评价方法,还必须处理好科学性和可行性、定性评价与定量评价以及自评与他评的关系。

第二章　化学教育科学研究课题的设计与申报

所谓课题,是指有目标、有内容、有措施、有预期、有结果的研究项目,其一般目的有两个,即寻求问题的解决和知识的拓展。教育科学研究课题针对的是教育现象和教育活动中具有普遍意义的特定问题,有明确的研究范围、目的、任务、方法步骤和成果。根据教育科研的先导性特征,新时期的教育科研课题应该是设计教育未来发展的良方。因此,在新课程理念下,教育科研课题研究应该更多地着眼于明天的教育蓝图,更多地为学生和教师未来的发展服务,为教育未来的发展服务。

第一节　化学教育科学研究课题的选择

教育科学研究的前提是选择课题,这是确定研究什么教育问题的过程。课题选择引导研究的方向,反映整个研究的价值,也是决定研究质量高低的重要因素。因此,如何发现既有研究价值又切实可行的课题,是开展教育科研首先遇到的一个重要问题。

一、化学教育科学研究选题的原则

在具体的选题过程中,应该遵循价值性、创新性、可行性、科学性等原则。

(一)价值性原则

教育科研的目的就是要满足教育教学的需求。所选的课题应该有较高的应用价值和理论价值,能真正解决地方、学校、教师和学生的实际问题,以满足教育发展的需要、促进青少年的全面发展为宗旨,符合社会发展的方向,以此为基准选择课题,课题研究才可能有实践意义和理论价值。

(二)创新性原则

一项教育科研应当有它的创造性,或者在理论上,有所突破或对前人理论有所补充;或在实际教育教学中,有新方法、新发现、新研究等。因此,创新性原则就是要求所选的课题应该富有时代感,内容新、角度新,体现特色和突破性,要防止重复研究别人已经解决的教育问题,做无用功。

(三)可行性原则

所选的课题应该具有可行性,要考虑研究者的知识基础、专业特长、实践经验、研究经验,要考虑课题的环境条件和物质保障,要考虑信息、资料的占有情况等,这一点至关重要。所以,必须注意以下几点:是否源于兴趣,是否能发挥个人业务专长,选题大小是否适当,占有资料的条件及状况等。

(四)科学性原则

所选课题必须符合教育科学理论及经科学实践反复证实过的教育规律,必须有明确的指导思想和科学依据,有一定的理论基础和实践基础,有可靠的事实依据和很强的针对性。所选课题的概念及表述要准确,题目应该主题确切、言之有物、特色鲜明。

二、化学教育科学研究选题的技巧①

成功的选题除了要遵循上述原则外,还需要研究者掌握一定的技巧。掌握了选题的技巧,可以找准研究方向,缩短研究周期。

(一)怀疑的策略

怀疑是对已有结论、常规、习惯行为方式等的合理性做否定的或部分否定的判断,它必然引起人们对事物的重新审度,会在原以为没有问题的地方发现问题。怀疑不是胡乱猜疑,毫无根据的猜疑不可能提出有研究价值的新问题。它有两个根据:一是事实与经

---

① 叶澜.教育研究及其方法[M].北京:中国科学技术出版社,1990:41-48.

验，二是逻辑。通过怀疑的策略选题，一般需要研究者具有批判性思维的品质。还需指出的是，运用该策略选题若是使教育科学研究获得成功，自然可喜；若是失败，亦不可怕，甚至受益匪浅。怀疑被否决，至少能使研究者对自己曾经怀疑过的理论的正确性有更深入、确切的认识。发现自己的怀疑之所以不正确的原因，也可以锻炼研究者的科学研究能力。

（二）变换思考角度的策略

与怀疑不同，变换思考角度不是把思维的利剑指向原有的结论，而是从得出原有结论不同的角度或不同的层次上来认识原有的研究对象，以形成关于对象的新认识。它需要摆脱原有的思维定势和已有知识的影响，另辟蹊径。

思考角度的转换是多类型的。第一类是在同一层次上的转换，从思考问题的一个方面转向另一个方面。第二类是在两个不同层次上进行的，有从较抽象转化到较具体；从具体到抽象；把研究的重点放到事物与事物之间或同一事物不同发展阶段之间的结合部位；还可以通过比较来转换思考角度，如纵向的历史比较、横向的区域比较等。

（三）类比与移植的策略

它是通过与其他学科研究对象类比和借用其他学科的思维方式来发现本学科研究的新问题。这种思维策略的特点是从别的学科研究中获得启发，找到发现的“工具”。与上述策略不同，它是通过与其他学科研究对象类比和借用其他学科的思维方式，来发现本学科研究的新问题。它的关键是善于发现不同学科研究对象和思维方式之间的关系，善于借“他山之石”。

用这种策略来发现和选择课题，往往需要研究者在思维品质上具有较强的迁移性和概括性。他们善于发现表面看来不甚相近的事物间的相似之处，能在较抽象的层次上对它们进行概括、比较，从而为思维的由此及彼架起了桥梁。此外，这样的研究者一般要知识面较宽。

(四)深入探究现象的策略

深入探究现象的策略要求面向实际,从对现象的思考中提出新问题、新课题。我们生活在一个丰富多变的现象世界中,只要善于问几个为什么,就会发现许多值得研究的新课题。对于一些司空见惯的现象,我们的研究应指向其背后的实质。如:为什么一直批判片面追求升学率,但片面追求升学率的问题仍一直在我国存在等。作为一个研究者来说,更应该重视这一点,因为社会现象的必然性大量地体现在众多特殊的事件、人物之中,稍纵即逝。

三、化学教育科学研究选题的程序

教育科学研究选题没有固定的程序,但在实际研究过程中最常见的有以下步骤。

(一)确定研究问题的方向

教育科研选题通常是从研究者对某一问题的思考开始的,同时还要根据个人的研究兴趣、专业特长去确定。研究者可以在广大的研究领域中选择适合自己的研究选题,在此过程中,研究者不仅要善于捕捉教育中的一些问题,勤于思考,还要对教育的发展具有敏锐的觉察力。例如,当前新课程改革正在如火如荼地进行,多种版本的化学教材正在被使用,化学教材及其在具体实践中运用的研究就成为研究的热点问题。

(二)查阅相关文献资料

文献可以通过不同的渠道获得(后面文献法部分有详细介绍)。资料搜集好之后就要进行文献的阅读、研究。阅读文献不仅是发现问题的方法,而且也是避免重复研究的主要途径。通过阅读可以发现该研究方向哪些问题已经被研究了,得出了哪些结论,还有哪些需要继续研究,哪些还没有研究,同时可以将研究的方向缩小、具体化,找到最合适的研究方法。

(三)论证研究选题

课题论证是科研课题选择的必不可少的环节,其目的在于避免选题过程中的盲目性。论证选题主要通过以下几个环节来进行:首先,要看论文选题的研究意义,也就是该选题还有没有研究的价值。研究意义可以从是否可以弥补教育领域某方面的空白,是否对当前教育理论和实践具有一定的积极意义等方面考虑。其次,要论证选择该课题的可行性。教育科研选题是否可行是受主观和客观条件影响的:主观上虽然想从事某项研究,但客观条件不允许,则选题是不切合实际的;如果客观条件允许,但自身没有能力去研究这个问题,则也不适合研究。因此,要论证该选题是否具有较好的主客观条件。

(四)制订课题研究计划

课题研究计划包括课题的研究方法、研究对象、组织分工、研究步骤、实施方案、研究进度、成果形式、研究经费和设备等。对于一些重大的教育科学研究课题还要填写课题申报表,进行开题报告。

四、化学教育科学研究课题的来源

教育科研课题是教育理论和教育实践发展中需进一步解决的问题。因而,从总体上来说,教育科研课题一是来源于教育实践领域,二是来源于教育理论领域。前者主要体现研究的实践价值,后者主要体现研究的理论价值。无论是教育实践领域,还是教育理论领域,都蕴含着丰富的教育科研课题。广大教师只要秉持科学的态度、求实创新的精神,就可以从教育实践和理论发展过程蕴含的问题中发现值得研究的课题。

(一)从教育、教学面临的突出问题中提出课题

对于很多教师来说,搞教育科研遇到的最大困难就是不知道从何下手,找不到合适的研究课题。实际上,教师要研究的课题俯拾皆是,如教师在教育教学中遇到的问题就是要研究的课题来源之一,选题的实质就是去发现值得研究并期待解决的问题。因为教育科研工作从来不是额外的工作,教学和科研也是不能截然分开的。绝大多数的教育科研最终都要在教育教学实践活动中进行,在课堂中进行,即便是少数基础性的理论研究,其成果也是要在教学中得到检验和应用。

例如,“初高中化学的衔接教学”,“中学生学习化学的心理障碍问题”,“化学实验绿色化的实践和研究”,“信息技术与化学教学的有效整合研究”,“化学课堂教学中师生有效互动策略研究”,“初高中化学教学资源的开发研究”,“新课程背景下化学学业评价策略研究”,“高中生化学问题解决过程中存在的问题及对策”,“对人教版化学实验教科书(必修)习题的认识与思考”等。

教师在选择课题时,应尽可能结合自己的教育、教学实际,选择一些相对微观的、针对性强的研究课题。无论是从哪个角度选题,只要是能为教学实践服务,切实解决教育教学中存在的突出问题,对教育教学质量的提高起到积极促进作用的,都可以确定为一项教育科研课题进行研究。

(二)从教学反思和经验总结中选择课题

对教育实际工作者来说,从事科研工作的优势是教育、教学经验丰富,利用和发挥这一优势,教师可以把自己在实践中摸索的经验总结出来,上升到理论的高度,提出课题。通过对经验的提炼发现问题、提出课题,是教育实际工作者发现和选择课题的主要方法。

如有的教师善于做学习困难学生的工作,有的教师长于做班级管理工作,有的教师精于个别教育,这样教师可以就其中带普遍性的因素进行提炼,以形成自己的课题。

具有“问题意识”的教师,为改进自己的专业水平,通过对自己教学行为的回顾和检讨发现的问题,也不失为很好的教育科研课题。如“‘烃’复习中的六大规律和五大考点”,“‘溶液’知识误区剖析”,“初中化学探究教学基本方法”,“有机物的溶解性规律”等。

(三)从教育理论与教育实践发展的“失谐”中提出课题

教育理论是随着教育实践的发展而不断发展和完善的。在教育理论的发展中必然会有许多空白点,也会出现旧有的理论与教育实践发展相矛盾的地方,即新事物与旧理论之间的“失谐”所在。研究者就可在理论与实践的“失谐”中提出课题。随着科学的高度综合化和分化,研究者也可以运用多学科的理论方法研究教育现象,使原有的理论深化或者产生新的理论。从理论和实践的“失谐”和多学科的交叉点上提出课题，需要研究者具备一定的教育理论基础，这对教育理论工作者来说比较容易做到，而对教育实践工作者来说，就难一些。教育实践工作者可以结合自己的实践经验提出研究课题，验证或丰富有关理论，使自己的研究成果更具针对性、实用性。

例如，将教育理论、教育观念、教育成果转化为具体的教学实践活动时所遇到的问题，如“化学课堂中如何协调好自主学习和合作学习”，“化学教学如何处理面向全体学生与学生个体差异之间的矛盾”等。

（四）通过对教育信息资料的分析、比较提炼课题

现代信息技术非常发达，有关教育思想、教育经验、教育动态的信息资料很多。研究者可以通过对教育信息资料的搜集、筛选、整理、比较，从中受到启发，发现和提出问题，形成研究课题。

例如：“英国《Advanced Chemistry》教材有机化学内容编排的评析”，“英国 GCSE 化学考试探究技能评价方法及启示”，“《化学教学》×××年载文和作者的统计分析”等。

归根结底，中学教师在选择科研课题时应做到“四个结合、四个为主”，即：

（1）把个人的研究兴趣与学校工作的客观需要结合起来，以工作需要为主；

（2）把基础研究和应用研究结合起来，以应用研究为主；

（3）把宏观研究与微观研究结合起来，以微观研究为主；

（4）把历史研究、超前研究与现实研究结合起来，以现实研究为主。

五、示例

（一）中国教育学会化学教学专业委员会“十一五”教育科研规划立项课题目录

1. 创建开放的学习环境与提高中学化学教学实效性的研究
2. “过程教学”理念指导下的课堂教学实践研究

3. 新课程背景下青年化学教师专业提升途径的研究
4. 中学化学实验教与学的研究
5. 化学教与学的课程资源及策略的研究
6. 初中化学新课程教学模式研究
7. 农村化学教学资源的研究与开发
8. 信息技术与化学课程的整合
9. 中学化学新课程的实施和教师综合素质提高的研究
10. 化学学习与学生情感、态度和价值观的发展
11. 中学化学校本教研工作的规范研究
12. 初高中化学教学的衔接
13. 初中化学探究式典型课例实验
14. 农村中学化学校本课程的开发、实施与管理
15. 湖北省农村初中化学教师与新课程适应性的研究
16. 高中化学教学与学生探究能力的发展
17. 中学化学新课程优质教学实验
18. 广西农村学校实施义务教育化学新课程的策略研究
19. “情景探究教学”在高中化学课堂教学中的构建与实施
20. 经济欠发达地区初中化学实验教学的问题与对策
21. 新课程高中化学教材比较研究
22. 初中化学新课程资源开发与利用研究
23. 高中化学人本教育实验

(二)某省基础教育课程改革课题

1. 普通高中新课程试验工作的组织与管理研究
2. 普通高中新课程教学管理研究
3. 普通高中新课程教学管理和综合素质评价软件的研究与开发
4. 普通高中校本教研与教师专业发展研究
5. 普通高中地方课程与校本课程研究
6. 普通高中新课程背景下评价与考试改革研究
7. 普通高中新课程背景下高考改革方案研究

8. 普通高中新课程资源开发的研究
9. 普通高中新课程排课管理研究
10. 普通高中新课程背景下高中学生管理工作研究
11. 普通高中新课程学分管理研究
12. 普通高中新课程技术装备标准研究
13. 普通高中综合实践活动课程研究
14. 新课程背景下普通高中学生学习评价与考试改革研究

(三)部分化学教育科学研究课题

1. 初中生化学课程形成性评价的试验与研究
2. 中学生实验能力评价的试验与研究
3. 化学学习档案袋评价的试验与研究
4. 网络环境下化学教学评价的试验与研究
5. 教师指导学生自主学习与自主评价的试验与研究
6. 化学教学诊断性评价的试验与研究
7. 中学化学课堂探究性学习与评价的试验与研究
8. 化学教师反思性教学评价的试验与研究
9. 化学教学形成性评价的个案研究报告
10. 化学教学中形成性评价工具的设计研究
11. 化学形成性评价教学初探
12. 怎样做形成性评价的档案总结
13. 中学生化学实验能力的形成性评价研究
14. 中学生在化学学习中自我评价或合作评价研究
15. 中学生在研究性学习中的形成性评价研究
16. 培养中学生实验观察能力的研究
17. 化学实验能力的检测及评价方法
18. 中学化学形成性评价目标的研究
19. 中学化学形成性评价中如何发挥学习小组的作用
20. 中学化学形成性评价中学生创新能力的培养
21. 通过形成性评价培养学生化学自学能力的研究
22. 化学形成性评价研究对教师素质的要求

23. 大班额条件下开展化学合作学习的有效方式研究

24. 大班额条件下中学化学新教材典型课例的研究

25. 大班额条件下化学探究性学习的教学方式研究

26. 初高中化学教材历史资料的开发

第二节 化学教育科学研究课题的方案设计

教育科学研究设计就是引导教育科研进行的计划或策略,作为一种研究策略,在研究设计中要考虑每一研究阶段的技术路线,怎样保证研究的有效性和可靠性,保证研究获得有用的结果,通过研究设计来控制差异。方案的设计通常有以下几个步骤:确定研究对象、提出研究假设、选择研究方法、制订研究步骤。

一、确定研究对象

研究对象是研究设计的重要内容,也是研究课题的载体。选择对象一方面要根据研究的问题来决定,如"初三学生化学学习困难成因分析"就必须以初三学生为研究对象;另一方面要考虑到研究结果的概括化程度,即将研究结果推广到多大的范围。研究者常常不可能、也没必要对研究对象进行全体研究,只需要在整体中进行科学抽样,选取有代表性的样本,这是选择对象工作中的最重要部分。取样要遵循代表性原则和随机性原则,以使样本研究的结果能较准确地反映总体的相应特征和规律[①]。

二、提出研究假设

研究问题以及对象一旦确定下来之后,研究者就可以考虑建立研究假设。研究假设就是依据已知的事实和教育科学理论与知识,对研究中的问题所提出的假定性的看法和说明。研究假设是对问题的尝试性回答,是为了验证其有效性而提出的对某些未知事实的

① 谢春风,时俊卿.新课程下的教育研究方法与策略[M].北京:首都师范大学出版社,2004:75-76.

假定性解释，是一种理性的设想和预见。它指明了研究问题可能带来的结果、变量之间关系的性质以及变量作用的程度。

（一）假设的来源

1. 从实践中得出

在教育实践中，研究者积累了较多的教育实践经验，当其面对一个新现象和新的研究领域的时候，先前的经验能为其开展教育实践提供参考。人们较多的假设也引发于实践经验。研究者在实践中要善于发现问题，注意搜集整理有关科学问题的事实材料，并运用创造性思维，对该问题做出初步的解释和假定性的推测。

2. 从理论中推断出

在确定假设时，研究者往往会查阅与该课题有关的一些新理论，并试图运用这些理论来预设研究的结果，从而做出新的假设。

（二）假设的特点

1. 假设具有推测性

任何假设都不是可靠的观察实验的直接结果，不是确切可靠的认知，或多或少都带有推测性、假定性的成分在内，是思维中的想象，还有待于进一步的科学实验的验证。

2. 假设具有科学性

假设虽然是由推测、假定得出，但仍然具有一定的科学性。因为假设不是凭空臆想也不是胡乱猜测，而是研究人员根据一定研究对象，通过分析掌握的材料和理论做出的科学推论，因此具有一定的科学性。

3. 假设具有解释性

教育科学假设虽然是对某种教育或教学内容、方法可能获得的效果的估计，而这种估计是否能够被验证还是个未知数，然而至少应能解释所要解释的现象和事实。

4. 假设具有可推翻性

既然是假设就有可能是正确的，也有可能是错误的。确定了一个假设后，通过进一步的实验研究，得出了研究结果，如果这个研究结果和假设不一样，那么假设就很有可能是错误的，那么原有的假设就被推翻,可以重新建立新的假设,再进一步验证。

5. 假设具有可重复性

正确的假设应该具有可重复性,即经过验证的假设在相同的条件下应该得出相同的结果。

三、选择研究方法

选定了课题,通过查阅文献,到实际中搜集资料,提出了研究假设之后就应该选择恰当的研究方法。确定具体研究方法的原则是从教育科学研究的任务与对象出发,确定最合适的研究方法,这就要求研究者必须了解教育科学研究的具体方法,以及它们的优缺点。教育科学研究方法可以分为以下类型①:

(1)搜集资料法。包括观察法、实验法、临床法、行动研究法、调查访问法、问卷法、Q分类技术、语义分析法、内容分析法、口头报告法、投射测验法、测验法、社会测量法等。

(2)定性分析法。包括经验总结法、历史法、文献法、比较法、逻辑分析法等。

(3)定量分析法。主要是统计分析法。

需要指出的是,在某个课题的研究过程中可能同时运用到多种研究方法,这需要研究者分析各种研究方法的利弊,充分发挥各研究方法的优点,将这些研究方法优化组合,找到一个科学的研究方法。

四、制订研究步骤

研究步骤通常分为以下几个阶段:

(一)资料搜集、阅读阶段

在前面充分准备的基础上,实际研究的第一个阶段就是资料的搜集。搜集的资料包括众多方面,其中就有已有的文献资料、相关的课题报告、调查问卷、访谈记录、田野日记、课堂观察、实验结果

---

① 杨丽珠.教育科学研究方法[M].大连:辽宁师范大学出版社,1995:53.

等。在资料搜集过程中要严格遵守科学性、真实性、全面性、丰富性原则，在教育实验中要发扬实事求是的作风，在搜集过程中要开展行动研究，要进入研究的第一现场，多方位、多角度、多渠道地广泛调研，并对所搜集的资料信息进行梳理、研究，找出对研究课题有用的信息。在资料的阅读过程中，既要全面浏览，又要有重点地阅读，可以采用作记号、写批语、写摘录、作提要、作札记等形式，以方便日后分析处理。

（二）结果分析、整理和呈现阶段

资料搜集阅读完之后，要对课题研究的结果进行分析、整理并将其以文本或电子的形式呈现出来。在这个阶段的结果分析阶段，要求研究者对研究结果进行科学的分析，不能为了得到想要的结论而假造数据，提供虚假的实验结果。一旦实验结果与假设不一致，在排除实验本身问题的前提下，要尊重实验结果。可再进一步深入分析原因，重新假设，进入下一轮的研究中。实验结果经过整理、分析后，可以和前面介绍的实验对象、实验假设以及实验方法等放在一起，以文本或电子的形式呈现出来，这有利于保存及交流课题研究成果。

（三）研讨、报告阶段

课题研究结果出来之后，要经过大家的研讨，必要的时候可以做一些相应的报告。在这个阶段中，通过研讨、报告可以展示研究者的科研成果，也可以和其他专家在一起探讨，从而对该研究课题提出一些修改意见或新的想法和建议。

（四）结题、鉴定、推广阶段

这一阶段是研究成果的推广应用和总课题结题阶段为了使课题研究成果早日被认可、推广，可以总结出相关研究的报告、论文、论著，力求发表和出版，以扩大影响。同时，也要组织一定的本课题的结题活动，聘请专家对课题的研究成果作鉴定和评价，并填写好结题表格。

五、示例

案例1:初高中化学衔接教学策略的研究

研究背景:高一年级的化学教学是处于初高中化学教学承上启下的一个重要阶段。特别是近几年来教育体制的改革,尤其在重点高中,大多没有初中部,初高中教师不在同一所学校。教师之间缺少交流和沟通,况且一般教研活动也是分年级进行,初高中教师接触机会较少,再加上初中化学教材变化比高中化学教材快,并且版本比较多,不少高中教师不清楚初中化学教学内容的变动、要求及方法,所以初高中化学教学脱节现象非常严重。

研究对象:某市部分学校高一年级

研究假设:初高中化学衔接教学的影响因素主要有:初高中化学教材和内容;初高中教学强度;教学方法;学习方法;学生的心理状态;学生的思维能力。

选择研究方法:

(1)制定调查问卷,采用不记名、统一答卷、统一回收的方式,对该市部分高一年级学生进行问卷调查。问卷调查的内容包括:初高中化学学习难度、方法、兴趣比较;平时的课前预习;听课与记笔记;作业及课后复习情况;做实验、习题的态度;获取化学知识的主要方式;化学最难学的主要原因;化学学习最有效的学习方式;男、女生学习高中化学的差距等。并在调查的基础上,完成影响初高中化学教学衔接因素的调查报告。

(2)召开高一部分学生座谈会,通过邀请该市部分高一学生参加座谈,让他们谈论初高中化学学习情况的变化及高一化学学习困难的原因所在。

(3)为了解高一化学教师教学的相关情况,对部分高一化学教师进行交流访谈,就教师的高一化学教学情况及高一学生学习化学困难的原因等问题进行探讨。

准备采取的步骤:通过上述的调查、座谈和访谈后,对搜集的资料信息进行分析,总结出影响初高中化学教学衔接的因素,再针对这些因素提出相应的解决对策。从假设的角度出发，可以采取以下对策。首先，做好准备工作，为搞好衔接教学打好基础，其中包括：搞好入学教育、关注学生“已知”，开发初高中化学衔接补充教材，以此规划教学。第二，优化课堂教学，搞好初高中知识衔接，其中包括：立足课程标准和教材，尊重学生实际，实行分层次教学；重视新旧知识的联系与区别，建立知识网络。第三，注重能力培养，其中包括：观察能力的培养、实验能力的培养、思维能力的培养、创造能力的培养、自学能力的培养。第四，转变教育观念，加强教法衔接。第五，加强学法指导，培养良好学习习惯。第六，培养学生兴趣，重视非智力因素，其中包括：协调师生情感、发挥实验作用、创设教学情境、开展心理指导、利用现代化电教手段、开展化学课外兴趣小组活动。第七，开展教育实验，选取高一化学教材某一章节开发出适合高一学生特点的案例，进行实证研究。

预期的研究成果：完成对该市高一年级学生、教师进行调查、访谈的调查报告；针对化学课堂教学实际，完成高一化学衔接教学的案例开发并开展教育实践活动；将此研究成果写成论文；撰写初高中化学衔接补充教材。

案例2：某学校“优教建模”课题研究

研究背景：某学校原为企业办学校，有学生1100多人。由于产业结构调整，企业实施减员增效，学校师资队伍受到了严重冲击。为保证教学质量不致下降，学校领导认识到只有立足校内练“内功”，大幅度提高现有在岗教师的教育教学水平，才能保住生源和质量。而提高教师的教学水平仅靠一般性的学习、听课、考核，效果是不明显的。如何寻找到一种方法，能大幅度、大面积地提高现有教师教学水平呢？经过分析，发现学校有如下优势：这所学校曾经进行过北京数学、化学试验教材实验，并在该市最先进行华东物理教材实验；著名教育专家顾泠沅、邱学华、丁谷怡、陆继椿等曾亲临该校讲学，还有一些省内教育知名人士也曾亲临该校指导；学校有着优良的教育科研传统，有一批勇挑重担、敢为人先的中青年教师。正好当时《人民教育》刊登了辽宁抚顺经验，学校根据抚顺经验结合自己的实际,在反复论证的基础上提出了进行“优化课堂教学,构建课堂教学模式”即“优教建模”课题研究工作。

研究对象:该学校。

研究方法:讨论法、实验法、总结法。

研究过程:分三个阶段。

第一阶段即学习阶段:组织全校教师分章节讲解,学习由抚顺教研中心编写的《教学法通俗讲义》、汨罗素质教育经验等材料。学校还自行组织编写了25万字的《中小学教学模式汇编》一书供教师学习。

第二阶段称为“五步操作法”:(1)全体教师各自根据自己的教学经验,选择一个自己认为最成功的教学范例,提炼成一种课堂教学模式,称为“立模”;(2)根据自己立定的模式,撰写成小论文,先在教研组讲给大家听,让同行提修改意见,称为“说模”;(3)教学模式选定后,每人上一节模式课,让教研组同行和校领导观摩,称为“观模”;(4)模式课后,同组或同年级教师予以评定,提出修改意见,称为“评模”;(5)修改后的教学模式,每人至少再上两节,请本组教师、兄弟学校教师或市教研员观看,再提出进一步修改意见。一部分较成熟的教学模式,由教师本人撰写成论文,送专家修改,专家们对一部分模式论文有疑问的,亲自到校观摩、辅导,此过程称为“定模”。

第三阶段为“用模”阶段。通过六步操作,大多数教师已得到充分的锻炼,教学已由随意性较强到按教学程序设计每堂课,对教学规律的认识也由肤浅的感性认识上升到理性认识,许多教师潜移默化地运用教学模式来上课,模式课进一步优化,非模式课也逐渐优化起来。

成果形式:

(1)《“优教建模”课题研究报告》;(2)“优教建模”论文汇总后由某大学出版社正式出版,书名为《实用课堂教学方法研究》;(3)“优教建模”课题通过市级结题验收;(4)《实用课堂教学方法研究》一书参与评奖,一些老师的论文公开发表。

第三节 化学教育科学研究课题的申报

课题的申报可以根据不同的渠道、不同的级别申报不同等级的课题，如国家级、省级、校级等。课题申报包括课题申报表的填写、课题的论证两个环节。课题申报的成功可以获得一定的科研经费，从而增强科研的动力和信心。

一、课题申报表的填写

课题申报最重要的就是要填写课题申报表，不同级别类型的课题申报表不同，要求也不一样。填写申报书是争取科研基金资助或立项的重要步骤，申报书也是反映科研人员的内在价值与学术水平的文件。课题评审专家对申报项目的评审基本上也是根据申报书中所填的内容，决定是否批准立项与资助。因此，申报书应填写规范，详略得当，内容表达清晰，对学术问题思考缜密、科学，分析问题深入。其基本要求就是：实事求是，严肃认真，详略得当，标准规范，用词准确，语句流畅，字迹工整，不宜缺项。以全国教育科学"十一五"规划课题申报为例，一般有以下部分：

（一）申报书封面

包括课题类别、课题名称、指南题号、学科分类、课题负责人、负责人所在单位、填表日期。

1. 课题类别

一般分为国家一般课题、国家青年基金课题、教育部重点课题、教育部青年专项课题、单位资助教育部规划课题，申报人根据申报情况限报一项。

2. 课题名称

要求准确、简明地反映研究内容，并具有特色，最多不超过40个汉字（包括标点符号）。

3. 指南题号

是指国家规定的一些选题指南的代号。

4. 学科分类

系指课题研究所属学科范围。

5. 课题负责人

系指真正承担课题研究和负责课题组织、指导的研究者，是本项科研课题实际申请者。因将涉及科研申报批准后的课题能否执行、能否按质按期完成、完成后获奖及有关申请者的名誉、待遇等一系列问题，课题负责人一定应是课题的提出与完成者。

6. 负责人所在单位

要写全称，以单位公章为准，涉及多个协（合）作单位时要根据研究任务的多少等确定好主次。

7. 填表日期

准确填写填表日期。

（二）基本信息表

基本信息表是与课题申报相关的一些数据表，具体包括：课题名称、关键词、选题依据、指南题号、课题类别、学科分类、研究类型、负责人姓名、性别、民族、出生日期、行政职务、专业职务、研究专长、最后学历、最后学位、担任导师、所在省（自治区、直辖市）、所属系统、工作单位、电子信箱、通讯地址、邮政编码、联系电话、身份证号，以及主要参加者的基本信息、预期最终成果、申请资助经费、预计完成时间。

（三）科研状况表

科研状况包括负责人和课题组主要成员近三年来取得的与本课题有关的研究成果以及主持的相关重要研究课题。研究成果部分包括成果名称、著作者、成果形式、发表刊物或出版单位、发表出版时间这几个部分；主持课题部分包括主持人、课题名称、课题类别、批准时间、批准单位、完成情况几个部分。这些内容都需要申请者如实填写，一旦发现有虚假信息，申报一律作废。

（四）课题设计论证表

课题设计论证表是课题申报的核心内容，即一个较为详细的课题研究计划，具体内容包括：本课题的界定，国内外研究现状述评，选题意义即“研究价值”;本课题的研究目标、研究内容、研究假设和创新之处;本课题的研究思路、研究方法、技术路线和实施步骤。

此表的国内外研究现状主要考查申请者对国内外与本课题有关的研究概况和最新进展的了解程度,及其综合分析、系统归纳、发现问题、预测研究动向的能力,也是提供评审专家评审课题时的参考内容之一。选题意义切忌空洞,研究价值不能夸大,要清晰地阐明研究的目标,研究内容要具体,使评审者了解申请者拟作什么工作,能否达到研究目标,拟解决的关键问题是否关键等。研究假设要有凭有据,创新部分要简明扼要。申请者的课题研究思路一定要条理清晰,研究方法应丰富多样,采用先进的教育科学研究方法与技术,制订切实可行的实施步骤。课题设计论证表字数应控制在3000字以内。

(五)完成课题的可行性分析表

此表需要填写已取得相关研究成果的社会评价(引用、转载、获奖及被采纳情况)、主要参考文献(限填10项);主要参加者的学术背景和研究经验、组成结构(如职务、专业、年龄等);完成课题的保障条件(如研究资料、实验仪器设备、研究经费、研究时间及所在单位条件等)。

(六)其他栏目

还有一些其他的表格,如预期研究成果表、经费等。预期研究成果分为主要阶段性成果(限报10项)和最终研究成果(限报3项,其中必含研究报告和系列研究论文)。主要阶段性成果由序号、研究阶段(起止时间)、阶段成果名称、成果形式、负责人组成;最终研究成果由序号、完成时间、最终成果名称、成果形式、负责人组成。经费表格需要申请人如实填写经费管理单位名称、通讯地址、邮政编码、联系电话、开户银行、账号,并严格监督课题经费的合理有效使用,保证课题经费单独立户,专款专用,不挤占和挪用课题经费,并要求在结题的时候提供课题经费使用明细单。

课题申报也有一些要求,如:课题负责人只能申报一个课题,且不能作为课题组成员参加其他项目的申请;课题组成员不能同时参加两个以上(含两个)课题的申请;在研的全国教育科学规划课题负责人不能申报课题;得到同级别基金项目教育学科(国家自然科学基金、国家社会科学基金以及教育部人文社会科学课题、其他部委办以及省级社会科学基金项目等)资助的课题负责人不得以同类课题申报;不支持已有两个(含两个)以上其他来源的省部级在研项目的申请者申报。

二、课题的评审

课题申请人在递交了课题申报表之后,要经过评审才能确定能不能申报成功。课题申报者应如实填写申请材料,并保证没有知识产权争议。凡弄虚作假者,一经发现并查实后,一律按撤项处理,并追究申报者所在单位的责任,取消个人三年申报资格。课题的评审有相应的评审评分标准,以全国教育科学规划课题为例,其评审分为:课题评审评分表、学科评审组评审意见、全国教育科学规划领导小组审批意见、全国教育科学规划领导小组办公室批准经费意见,其中最重要的就是"课题评审评分表",其主要评审内容见表2–1。

表2–1　课题评审评分表

评审内容	权重	评审标准			
	1	A级(80~100分)	B级(60~80分)	C级(40~60分)	D级(0~40分)
选题意义	0.2	有重要创新性或应用性	有比较重要的创新性或应用性	创新性或应用性一般	基本属于重复性工作
研究基础	0.15	已有相关成果丰富,熟悉研究现状,所列参考文献具有代表性	已有比较丰富的相关成果,比较熟悉研究现状,所列参考文献比较有代表性	已有一般相关成果,了解研究现状,所列参考文献有一定代表性	没有相关成果,不了解研究现状,所列参考文献没有代表性
课题设计	0.4	目标明确,内容充实,思路清晰	目标比较明确,内容比较充实,思路比较清晰	目标基本明确,内容基本充实,思路基本清晰	目标不够明确,内容空泛,思路模糊
研究方法	0.15	方法适切	方法比较适切	方法基本适切	方法不当
研究条件	0.1	完全具备	比较具备	一般条件	不具备
总计					

注:总得分由全国教育科学规划领导小组办公室统计。

评审专家通过以上表格的评分细则对申报书进行评分，首先由学科评审组进行投票，对通过立项的要注明建议本课题立项的原因（理论价值、实践意义）以及对本课题研究的改进建议等；对未通过的要选择未通过的原因。其次是全国教育科学规划领导小组审批意见。

三、课题的开题报告

申报的课题立项通过以后，申报人在课题研究之前要进行开题报告，也就是汇报该课题研究的准备情况。开题报告的内容一般包括：

1. 课题名称

2. 课题研究的依据

（1）研究的价值和意义；

（2）本科研相关研究的现状即本课题国内外研究现状，预计有哪些突破。

3. 研究的目标和内容

（1）要达到的目标；

（2）哪些意识需强化；

（3）课题研究纲要（是一个研究构想的基本框架）。

4. 研究的方法

（1）理论研究（文献法等）；

（2）调查问卷或实验法（经验总结或量表、数理统计法等）；

（3）完成本课题的条件分析和可能存在的问题，包括人员结构、资料准备、科研手段以及前人尚未解决的问题等。

5. 步骤

（1）研究和实施；

（2）调研（可以是阶段性成果）；

（3）总结分析，写成论文。

6. 预计的目标和结果以及创新之处

如：统计数据、论文、专著、课件等。

7. 课题研究任务分工、课题的经费筹措及管理等

8. 进度安排

9. 参考文献

10. 开题报告的要点

一般在5000字以内。

四、示例

封面(略):项目名称、申请学校、通讯地址、邮政编码、联系电话、申请日期。

<table>
<tr><td rowspan="2">项目</td><td>名称</td><td colspan="5">发展型化学教师一体化培养模式研究</td></tr>
<tr><td>申请金额</td><td colspan="5">3.0万</td></tr>
<tr><td rowspan="4">项目主持人</td><td>姓　名</td><td>×××</td><td>性别</td><td>×</td><td>出生年月</td><td>××××年×月</td></tr>
<tr><td>专业技术职务</td><td>××</td><td>行政职务</td><td></td><td>所从事专业</td><td>化学教学论</td></tr>
<tr><td>主要教学工作简历</td><td colspan="5"></td></tr>
<tr><td>主要教育教学研究领域及成果</td><td colspan="5">一、主要教育教学研究领域
1. 对化学教学论及其相关领域的研究
2. 对化学与现代生活领域的研究
3. 对中学化学教学领域的研究
二、主要教育教学研究课题(略)
三、主要教育教学研究成果(略)
四、主要教育教学研究获奖情况(略)</td></tr>
</table>

<table>
<tr><td rowspan="2">项目主要成员情况</td><td>姓名</td><td>年龄</td><td>专业技术职务</td><td>行政职务</td><td>工作单位</td><td>主要教育科研领域</td><td>承担工作</td><td>签章</td></tr>
<tr><td></td><td></td><td></td><td></td><td></td><td></td><td></td><td></td></tr>
<tr><td colspan="9">一、立项依据及目标
百年大计,教育为本,教育大计,教师为本。教师教育是教育链条上极其重要的初始环节。只有建设一支高素质、高水平的教师队伍,高素质、高水平人才的培养才有最</td></tr>
</table>

续表

根本的保证，而只有把教师教育工作做好，高素质、高水平的教师队伍才有可能建立起来。因此，我们要真正从教师教育的体系、体制、模式、管理、内容、方法、手段等方面实行全面创新，开创教师教育工作的新局面。

（一）现状与背景分析

1.教师专业化发展的需要

20世纪80年代以来，教师专业化形成了强劲的世界性潮流，极大地推动了许多国家教师教育新理念和新制度的建立。高素质的教师不仅要有学问，而且要有道德、有理想；不仅要高起点，而且要终身学习、不断自我更新；不仅是学科的专家，而且是教育的专家，具有像医生、律师一样的专业不可替代性。这就要求教师培养培训体系机构都要相应进行重大变革。

我国师范教育实行的是学科教育与教师专业教育简单混合相加的培养模式，学科教育水平较低，教师教育课程单一、观念滞后、内容陈旧、脱离实际的问题严重存在，由此导致所谓学术性与师范性的莫衷一是的长期争论。全面推进素质教育和我国新一轮基础教育课程改革的新形势，要求教师拓宽学术视野，建立综合知识结构和加强教学研究能力。教师教育必须创新人才培养模式，改革课程体系和教学内容，充分利用现代教育手段，为提高教师的学术基础和提高教师专业化水平奠定坚实的基础，从总体上不断提高教师教育的质量与水平。

2.师范教育发展的需要

尽管我国的教师教育工作已取得了巨大成就，但是仍然存在一些缺点和不足，如培养模式单一、教学内容比较陈旧、职后教育水平偏低等，需要进行改革和提高。要对教师教育工作在整个教育事业中的先导性、基础性作用以及当前的重要性、紧迫性有充分的认识，这也是为了适应新形势下我国教育事业向更高目标发展的需要。近两年，教育部已相继启动了“全国教师教育网络联盟计划”、“国家级教师教育基地建设计划”、“教师教育课程与资源建设计划”等，从不同方面加强了教师教育工作，以建立一个全新的、开放的、灵活的教师教育体系。

高等师范院校是教师教育的主力军、排头兵和领跑者，在教师教育大变革、大发展的今天，师范院校作为教育工作的“母机”，教师教育制度不仅不能削弱，而且只能加强，那种“师范”消亡论的观点是盲目的、消极的，也是不切实际的。师范院校必须抢抓机遇，锐意进取，改革创新，突出其核心竞争力，把教师教育做大做强。

3.教师教育发展的需要

由于历史的原因，我国教师教育体系形成了教师培养与培训分离、培养与培训机构并行的二元结构。前者主要承担教师的职前和入职培养，后者主要承担教师的培训和学历补偿教育的职后培养。随着学历补偿教育的基本完成，教师继续教育的任务转变到提高学术水平和教育能力上来。教师培养系统和培训系统出现的水平倒挂现象，显然不利于教师终身教育，不能达到促进教师发展的目的。教师教育必须提高办学层次，改变培养、培训分离的状态，实行一体化培养模式。

这就要求我们一方面积极推进教师教育一体化，打破条块分割、地域界限，通过师范院校的学科优势和多学科综合优势，培养高素质教师；另一方面要认识到教师教育是师范院校义不容辞的神圣使命，坚持为基础教育服务的方向，促进大学与中小学的结合，这是国际化趋势。因此，师范院校一定要与中小学密切结合，与中小学教育教学第一线密切结合，否则，师范院校的教育学科就得不到创新、加强和发展，其优势也不能体现。

续表

(二)已有研究实践基础

化学教学论是研究化学教学规律及其应用的一门学科,它是在化学学科和教育理论交互作用下,形成发展起来的,也是最能体现高师院校化学教育专业师范特点的学科专业。

自20世纪90年代中期以来,本学科进行了以必修课"化学教学论"为核心,以化学教育类选修课为辅助,以教学见习、模拟教学、教育实习等教育实践环节为延伸的教学改革试验,取得了一系列从理论到实践的高质量的教学科研成果。1998年本学科点被批准为我校首批教育硕士专业学位(学科教学·化学)试点专业,1999年起连续招收教育硕士研究生,2000年本学院被教育部批准为中学化学骨干教师国家级培训基地,圆满完成了来自8个省39位学员的培训任务。2001年本学科点荣获安徽省教学成果一等奖、教育部国家级教学成果二等奖。2002年又承担了安徽省首批省级中学化学骨干教师培训任务,2003年获准成立课程与教学论(化学)硕士点。同时本学科点老师承担的课程还被评为校级优秀重点课程、校级精品课程。并于2003年年底成立了以本学科点专业教师为主体,融全省各地市主要中学化学骨干教师参加的"化学教育研究所",形成了以化学教育研究所为基地的化学教育科研网络。2004年"化学课程与教学论"被我校确定为18个重点学科之一。另外,在硬件建设上,本学科点也取得了长足的进步,已有了专用的多媒体教室、化学基础教育图书资料室和《中学生化学》杂志编辑部。

尤为可喜的是,多年的建设已培养和凝聚了一支爱岗敬业、锐意进取的化学课程与教学论学科学术团队。目前,本学科专业有专任教师6人,另有高校及基础教育的兼职教师、特聘教授、特级教师等7人。主要学术带头人及骨干教师均获得过校皖泰教学优秀奖,某教师获得过校精彩一课优秀奖,被评为安徽省中青年骨干教师培养对象。近5年发表论文42篇,出版论著8部,主持或参与教学科研项目12项。特别是有多篇论文被多家学术杂志转载,出版的中学化学发散思维学习指导系列论著发行已累计突破200万册,产生了良好的社会效益和经济效益。调查和学生测评都表明:化学课程与教学论学科已成为化学教育专业最受学生欢迎的学科之一,也是我校与基础教育联系最紧密、最有特色、最具发展前景的专业之一。

目前,本学科已形成的特色研究方向有:化学教学论、化学课程论、化学实验论、化学史与方法论等。取得的研究成果在国内同行中产生了较大影响,受到了中国化学教育专业委员会主任刘知新教授、中国化学会理事长宋心琦教授的好评(见附录)。

二、研究内容、研究目标、要解决的问题和主要特色

(一)研究内容

1. 探索发展型化学教师一体化培养模式

按照教师专业化发展的要求,构建发展型化学教师的课程体系,实施新型化学教师教育培养方案。将化学教师的职前培养、入职教育和在职培训有机衔接起来,积极探索发展型初中和高中化学教师一体化培养模式,重点探索实施本科生教育和教育硕士教育相结合的"4+2"模式教育,甚至教育博士教育,积极承担高水平化学教师继续教育和新课程化学师资培训任务。

2. 启动并逐步实施"安徽省化学教师教育网络联盟"计划

"全国教师教育网络联盟"计划是教育部新的教育振兴行动计划先行实施的重大项

续表

目，于2004年"教师节"正式启动。在此基础上，我们拟利用我校校园网及"化学教育研究所"和《中学生化学》杂志资源，在我院网页上搭建"安徽省化学教师教育网络"平台，启动并逐步实施"安徽省化学教师教育网络联盟"计划，与我省广大化学教师共建共享优质化学教育资源。旨在以信息化带动化学教师教育现代化，形成远程教育与面授、自学相结合，网上授课、收视与答疑、辅导相结合的化学教师现代远程教育体系。

3. 大力提高化学教师教育质量

加强化学课程与教学论学科建设，努力提高教学质量，将本学科前沿领域的最新成果引入教学过程，更新、调整课程结构和内容，整合全省力量，着手编写体现我省特色、符合时代精神的化学教学论系列课程教材。改进教学方法和手段，将师生互动式教学方式全面引入课堂，倡导讨论式、案例式、探究式教学方法，积极运用现代教学媒体进行教学。重视实践环节，搞好模拟课堂教学、实习和微格教学等实践环节，着力培养学生的动手能力，提高学生和学员的教育、教学技能和实验创新能力。

4. 认真做好化学新课程师资培训

高度重视化学新课程师资培训，密切配合，精心筹划，精心组织，突出培训重点，务求实效。坚持通识培训与化学学科培训相结合，培训、教研、教改相结合，短期面授和长期跟踪指导相结合，远程教育、集中培训和一定条件下的校本培训相结合，不断增强化学新课程培训的针对性和实效性。

(二)研究目标和要解决的问题

为适应全面建设小康社会和对高素质、专业化教师队伍的要求，化学教师教育必须达到如下目标，解决下列问题：

1. 从教师培养、培训分离向教师教育一体化转变

教师教育体制改革的重点是推进教师教育一体化，将教师的职前培养、入职教育和在职培训有机地衔接起来。在终身学习理念的指导下，促进教师在整个职业生涯中不断发展，不断提高专业化水平。

2. 从定向培养向非定向培养转变

教师教育从定向培养模式向非定向培养模式转变，是国际教师教育发展的基本历程。我国师范院校将逐步取消师范类专业与非师范类专业，招生就业制度的改革为实现教师教育转型提供了条件，在培养模式和组织形式上，实行学历教育与教师专业教育相分离，有志于从教或获得教师资格证书者通过选修教师教育课程模块，接受教师专业教育即可从事教师职业。

3. 从传统内容模式向现代教师教育课程体系和教学模式转变

根据现代社会对高素质教师的要求，必须改革师范类专业"老三门"的传统课程，更新课程结构和内容，形成教师培养新课程体系。强化教学环节的改革，加强通识课程、学科专业课程的学习，加强综合课程、研究课程、实践课程建设，加强职前培养和职后培训的有机联系，提高教育专业能力、教育实践技能，改革教师教育的见习和实习制度。

4. 从传统手段向广泛利用现代远程教育转变

利用网络，加速教师教育信息化进程，发挥现代远程教育优势，使不同地区尤其是农村地区广大教师能共享优质教育资源，加速现代信息技术和教育技术在教师教育中的普及和应用。

续表

<table>
<tr><td>(三)主要特色
(1)本研究课题是在高师院校发展面临挑战的新形势下提出的,其研究方案制订完全符合教育部现行教师教育政策、法规,具有前瞻性。
(2)将化学本科生教育、研究生教育和化学教师的继续教育、在职培训相结合,进行一体化设计,为化学教师的专业化发展提供了保障。
(3)以我校推行"学分制"为契机,以"化学教育省级示范专业"为支撑,以化学教育硕士点和化学课程与教学论硕士点为依托,以"化学教育研究所"为基地,着力培养具有现代教育教学理念的高素质化学教育人才,积极探索并实践化学教育"4+2"人才培养模式。</td></tr>
<tr><td>三、预期效果与具体成果
(一)预期效果
本课题研究将对加快教师职前培养与职后培训一体化进程,进一步优化、整合师范院校的教师教育资源,体现重点师范大学的办学特色,提高教学质量等提供案例,为其他专业高素质教师的培养、培训提供参照,为我校创建"国家级教师教育基地"提供理论依据和实践经验。
(二)具体成果
(1)构建符合我省省情的切实可行的各阶段发展型化学教师一体化培养模式:①化学教育本科生培养模式;②化学教育硕士培养模式;③化学教育"4+2"培养模式;④化学教师继续教育培养方案;⑤化学教师远程教育培养方案等。
(2)分步建设并开通"安徽省化学教师教育网";
(3)加强化学课程与教学论学科的建设,更新教学内容,编写和出版体现新课程理念和有利于化学教师专业化发展的化学教学论教材;
(4)参与国家化学课程标准教材的编写和课程资源的开发工作,设计并实施化学新课程教师培训方案。</td></tr>
<tr><td>四、具体安排及进度
1. ××××年××月—××××年×月设计本项目研究整体详细方案,分工到人,明确职责
2. ××××年×月—××××年×月在化材学院化学教育专业三、四年级进行新模式培养教改实验,着重探索"4+2"培养模式
3. ××××年×月着手制作"安徽省化学教师教育网页",计划于××××年底前上网开通
4. 根据省教育厅的时间安排,积极参与新一轮化学教师继续教育培养工作和化学新课程师资培训工作,探索发展型化学教师培训的新途径、新方法和新模式
5. ××××年×月—××××年×月,整理研究成果,做好结题工作</td></tr>
</table>

续表

<table>
<tr><td>五、经费概算
(一)资金来源
1. 申请省教育厅专项经费:2.0万
2. 学校配套:1.0万
3. 其他
(二)资金运用
1. 调研交通、考察费:0.8万
2. 资料、软件、耗材、网络等费用:1.5万
3. 复印、打字、印刷等费用:0.7万</td></tr>
<tr><td>六、项目主持人所在单位意见及配套支持

单位(盖章)　　　　负责人(签章)
年　月　日</td></tr>
<tr><td>七、项目所在单位主管部门的经费投入和其他配套支持

单位(盖章)　　　　负责人(签章)
年　月　日</td></tr>
<tr><td>八、省教育厅专家评审意见

单位(盖章)　　　　负责人(签章)
年　月　日</td></tr>
<tr><td>九、省教育厅意见</td></tr>
</table>

附录一:国家教学成果二等奖·安徽省教学成果一等奖

化学教学论系列课程改革的实践与探索成果简介(略)

附录二:1996年下半年以来课题组主要成员公开发表的论文、论著一览表(略)

第三章　化学教育科学研究的基本方法

本章介绍化学教育科学研究中常用的几种科研方法，力求使读者能够掌握科学研究的基本知识和基本方法，并能应用所学的知识、方法开展科学研究工作，提高在教育科研过程中解决问题的能力。

第一节　文献法

在化学教育科学研究的过程中，文献法是一种最常用也是最基本的科研方法。本节从简明实用的角度出发，在概述文献和文献法的基础上，重点介绍文献检索的过程和方法，同时结合化学教育科研的具体实际，介绍常用的检索工具及其操作技巧，最后展示了两个利用文献法进行科学研究的案例，旨在使读者对文献法有更清晰的认识。

一、文献法概述

(一)“文献”及“文献法”的含义

文献的现代定义为“已发表过的、或虽未发表但已被整理、报导过的那些记录已有知识的一切载体”。它是把人类的知识、信息用文字、图形、声像等各种手段记录下来的有参考价值的典籍，不仅包括各种手稿、图书、期刊、学位论文、会议记录、科学报告、档案等常见的纸面印刷品，也包括含实物形态在内的各种材料，如影片、录音录像、磁带、幻灯片及缩微胶片等。

文献法是指搜集、鉴别、整理文献，并通过对文献的研究，形成对事实的科学认识的方法。文献检索则是从文献中迅速准确地查找出所需情报的一种方法和程序。

(二)文献法的意义与作用

文献法是教育科学研究中运用最基本的方法之一。任何科学研究,都是对前人研究成果的继承和发展。充分地占有该研究领域的相关资料,了解有关的科研动态、前沿进展,以及前人已取得的成果、研究现状等是进行教育科学研究的基础,也是科学、有效、少走弯路地进行任何科学工作的基本前提。在教育科学研究的过程中,也需要吸收和借鉴一些文献资料,为研究提供参考和借鉴。因此,文献法在科学研究中经常被使用,在教育科学研究的全过程中更是发挥着不可替代的作用。可以说,没有一项教育科学研究能离开文献,文献法是每个教育科研工作者必须掌握的基本方法。

归纳而言,文献法除了为教育科学研究提供内容参考外,还具有多方面的意义和作用:

(1)能够帮助研究者了解有关问题的历史和现状,更具体地限制和确定研究课题和研究方向;

(2)有助于了解事物的全貌,能形成关于研究对象的一般印象,便于进行深入的研究;

(3)为当前的研究提供科学的论证依据和一些有参考价值的思想和方法;

(4)预见在研究过程中可能出现的问题,并对研究方案提出一些适当的修改意见。

(5)避免重复劳动,提高科学研究的效率。

二、文献资料的分类与主要分布

(一)文献资料的分类

文献资料十分丰富,存在形式也十分广泛。依据不同的划分方式,其分类是多种多样的。

按文献固有的形式,可以分为文字文献、数字文献、图像文献、有声文献等。

按信息载体分，主要有五种：手写型、印刷型、缩微型、计算机阅读型和声像型(视听型)文献。

按文献的来源，可分为第一手文献和第二手文献。其中，第一手文献是指研究者未经任何中介环节而直接获得的文献，如通过直接记录事实、信息，摘抄现存资料或访问其他观察者、实验者而获得的文献。

按文献的加工程度和内容级别，可以分为零次文献、一次文献、二次文献和三次文献。

零次文献是某些事件、行为、活动的当事人所撰写的目击描述或使用其他方式的实况记录，是未经发表和有意识处理的最原始的资料，如个人日记、教师日志、手稿、信件、笔记、会议纪要、记录、备忘录等。

一次文献也称原始文献，一般指直接记录事件经过、研究成果、新知识、新技术的专著、学术论文、研究报告、档案材料等。

二次文献又称检索性文献，是把分散的一次文献加以组织、整理，使之条理化、系统化、理论化的文献，便于查找利用。如题录、书目、索引、文摘等都属于这一类。在教育科学研究中，二次文献能起到为一次文献提供线索的作用。

三次文献又称参考性文献，是在二次文献的基础上，对某一范围内的一次文献进行深入分析整理后所得的综合研究成果，如专题综述、专题评述、数据手册、字典、词典、百科全书等。

(二)文献资料的主要分布

文献资料的主要分布有报刊文摘、书籍、学位论文、会议论文集、专利和新闻等六大类。

1. 报刊文摘

是目前应用最广泛的情报源，具有出版周期短、信息传播速度快、内容新颖、品种多和发行量大等特点。

期刊和报纸一样，都属于连续出版物，有周刊、月刊、季刊等，可分为学术理论性期刊、情报性期刊、技术事业性期刊和普及性期刊。教育科学范围内的期刊主要有三类：一类是杂志，主要刊载有关科学研究论文、综述、研究报告、文摘、评述与动态。目前影响比较广泛的化学教育类杂志有《化学教育》、《化学教学》、《中学化学教学参考》、《中学化学》、《化学实验教学与仪器》等，各种期刊的侧重点有所不同，级别也不尽相同：一类是汇报、集刊、丛刊、汇刊及各高校的学报，学术性和专业性都比较强，如《北京师范大学学报》、《华东师范大学学报》等；最后一类是文摘及复印资料，这是一种资料汇编性的综合索引刊物，如“中国人民大学报刊复印资料”，收录了各学科的重要文章及信息资料，可供教育科学研究人员搜索和参考。

2. 书籍

具有内容全面系统、观点成熟的优点，缺点是出版周期长，信息传播慢。

化学教育类书籍主要包括：①专著，主要是古今中外的教育名著、教育科研专著、化学类书籍、参考书等；②教科书；③手册，集中编辑某种专业资料或综合性资料，一般内容简要实用，如各类化学小知识手册；④教育辞书和百科全书，如综合性的《中国大百科全书》，专业性的《国际教育百科全书》、《化学百科全书》等；⑤科普读物。

3. 学位论文

包括学士、硕士和博士三种论文，具有一定的独创性、学术性，有相应的参考价值。其中，博士论文的水平一般最高。

4. 会议论文集

是了解各学科前沿动态的重要情报，具有内容新、信息和观点云集等特点。

5. 专利

具有公开性和独占性，科研工作中经常查阅专利文献，不仅可以提高科研项目的研究起点和水平，而且还可以节约60%左右的研究时间和40%左右的研究经费。

6. 新闻

是报道学科前沿发展的最新资料，但学术性不强，提供信息不多。

三、文献检索的过程与方法

所谓文献检索，就是从众多的文献中找出所需文献的过程。现在全世界每年要出版100万种以上的图书，科技期刊在10万种以上，并以每七八年翻一番的速度继续增加。据不完全统计，一位化学工作者要把现今一年的文献全部看完需要46年。在现实工作中，研究者没有时间也没有必要阅读所有的文献，有选择地查阅与自己研究方向有关的文献，不仅能帮助研究者将精力更多地投入到研究问题上，还能帮助他们节约宝贵的时间。由此看来，在教育科研过程中掌握一定的文献检索方法、步骤以及途径是非常有益的。

（一）文献检索的方法

检索方法是指利用工具书并通过一定的检索途径或直接查找一次文献获取所需文献资料的手段。对于手工检索方式来说，检索方法主要有以下三种：

1. 直接检索法

这是直接依靠手工式的检索工具查找资料的方法，在选择一种检索工具书后，按年代开始顺查或倒查。

顺查法是由远及近直至现在，边查找边有目的地筛选，直到查阅的文献能满足自己科研需求为止。查找时要注意从某一专题开始研究或某一科研成果发明之时开始，按最初的线索逐步展开。顺查法能全面掌握有关课题发展的背景材料，查检率高，缺点是费时。

与顺查法相反，倒查法是由近期开始向过去查，回溯而上，一直查到资料足够用为止。利用倒查法进行检索，可以较快地找到近期发表的最新文献，这些文献能反映最新科研水平和科研动向，还能对早期文献资料有所引用、论证和评述，有利于检索工作的进一步开展，缺点是不易查全。

2. 追溯检索法

这种方法就是利用一篇文献后所附的参考文献，逐步追溯查找出这一专题文献的检索方法，有人形象地称之为“滚雪球法”。在没有工具书或者工具书不全的情况下，这种方法经常被采用。追溯法一旦离开具体文献就无法进行，而且原文献所引用的参考文献又不系统，因此在文献检索过程中，不提倡使用。

3. 分段检索法

又称循环法或综合法。这种方法实质上就是直接法和追溯法的结合，其具体做法为：先利用检索工具检索出一批文献，在认真阅读这批文献原文的基础上，按照文章提供的参考文献去查找另一批文献。如此循环下去，直至检索到足够量的文献。分段法比顺查法和倒查法检索效率高，不易遗漏，且费时少。

（二）文献检索的步骤

文献检索的步骤也叫基本程序，包括四个相互衔接的环节，即分析检索课题、制订检索策略、正式检索以及获取原文。

1. 分析检索课题

检索课题就是人们在工作学习或研究中提出的需要通过检索来解决的各种问题。就化学教育科研而言，可以是相关领域都有哪些新成果，该课题有没有进一步研究的必要等。课题分析得越透彻，文献检索就能越全面、准确、有针对性。

2. 制订检索策略

在对检索课题进行全面、准确的分析之后，就要制订合适的检索策略。检索策略的制订依赖于检索课题的选择，主要包括检索方法的选择和检索工具的选择等。

对于一些简单的课题，采用直接检索法就能满足检索需求。而对于一些复杂的课题，则要考虑多种检索方法的交叉使用。如先用直接法获得第一批文献，再用追溯法扩大检索范围，以最大程度地获得丰富、可靠的文献资料。

就检索工具的选择而言，选择检索工具就是选择工具书。选择时，应使被选用的工具书能够满足课题的文献需要，也就是说所选工具书的学科性质、文献类型、时限范围要与检索课题相一致。

3. 正式检索

这是进行文献检索的中心环节。根据所采用的检索方法，可能会直接查到课题所需的文献。在实际检索过程中，研究者也许会发现原先制订的检索策略并不能满足检索需求，这时就需要对检索策略作适当的调整，直至查到符合课题要求的文献资料。

4. 获取原文

在检索到与研究课题相关的文献之后，为增加检索的准确性，还应对这些文献作进一步的比较、鉴别和筛选。最终确定所需文献后，研究者就可以取走文献或对文献进行复制，以备后续研究工作用。

（三）文献检索的途径

运用不同的检索途径能够在检索工具中根据已知检索信息迅速检索到所需文献。

1. 分类途径

是按学科分类体系进行检索的途径，使用分类目录、分类索引等，这是我国目前常用的重要检索途径之一。使用分类途径进行文献检索之前，需要明确所查文献在分类体系中所处的位置，即属于哪一学科、哪一类别。《中国图书馆分类法》（第四版）将文献共分为五个基本部类，包括马克思主义、列宁主义、毛泽东思想和邓小平理论，哲学，社会科学，自然科学，综合性图书；每个部类下面又分为若干基本大类，共有22个大类；每个大类下面又分为若干小类，小类再加以细分，组成一个完整的体系。

以教育学为例，它属于：基本部类“社会科学”——大类“G文化、科学、教育、体育”——小类“G4教育”。

以化学为例，它属于：基本部类“自然科学”——大类“O数理科学和化学”——小类“O6化学”。

2. 题名途径

包括书名、刊名、篇名等途径。如果已知文献的书名，可以按照笔画或拼音在图书馆的书名目录中顺利查到所需文献；在计算机文献检索中，则可以直接输入文献题名或书名进行检索。

3. 著者姓名途径

利用著者姓名能方便地查找到名称不明确的文献，以及该著者所著的所有相关文献。图书馆均有按著者姓名笔画或拼音音序排列的馆藏文献著者目录。利用计算机检索文献时,则可以选择著者姓名检索途径直接输入著者姓名检索。

4. 主题途径

利用文献内容的主题作为检索标识,能够把与主题有关的文献较为全面地检索出来。国内主要使用主题索引的专用工具书有《汉语主题词表》、《中国分类主题词表》。计算机网络也提供了主题检索途径,方便查阅。

5. 引文途径

文献所附参考文献或引用文献,是文献的外表特征之一。利用这种引文编制的索引系统,称为引文索引系统,它提供从被引论文去检索引用论文的一种途径,称为引文途径。

6. 序号途径

有些文献有特定的序号,如专利号、报告号、合同号、标准号、国际标准书号和刊号等。文献序号对于识别一定的文献,具有明确、简单、唯一性等特点。依此编成的各种序号索引可以提供按序号自身顺序检索文献信息的途径。

7. 代码途径

它是利用事物的某种代码编成的索引,如分子式索引、环系索引等,可以从特定代码顺序进行检索。

四、常用的化学教育类文献检索工具

(一)工具书检索

工具书是供检索和查询知识及信息用的图书,一般不以提供系统阅读为目的,而是一种辅助性工具,旨在概括各领域的基本知识、基本数据或基本资料,向使用者提供较成熟的知识或相关信息。具有内容简要、信息密集、查阅方便等特点,是人们求知治学不可缺少的工具。

化学教育科学研究用到的工具书一般有三类:一是检索文献的工具书,主要包括书目、索引、文摘等;二是参考性工具书,它包括百科全书、年鉴、手册、图册、指南等;三是语言性工具书,包括各种字典、词典等。

1. 书目、索引、文摘

书目，又称为目录，是将文献资料按一定顺序进行编排以供检索的记录。如《全国总书目》、《全国新书目》、《全国高等学校社会科学学报总目录》、《中国教育书目》、《中国国家书目》等。

索引，是把文献中有检索意义的信息或事项按照一定的方式有序编排起来，以供检索的工具书。如《全国报刊索引》、《报刊资料索引》、《中文报刊教育论文索引》、《中小学教育论文索引》、《教育期刊索引》等。

文摘，就是简要而又准确地概括介绍文献的主要内容，并按一定方式有序排列起来的一种期刊性情报检索工具。如《中国学术期刊文摘》、《世界教育文摘》、《国内外教育文摘》、《新华文摘》等。

2. 百科全书

《简明社会科学辞典》中对百科全书的定义为，按"辞典"形式编排，系统概述人类各个方面或某一方面知识的大型工具书。常用的百科全书有《中国大百科全书·教育卷》、《中国中学教学百科全书》、《中学百科全书》等。

3. 年鉴、手册

年鉴，是全面、系统、准确地汇辑一年内的重要时事、文献和统计资料，按年度连续出版的工具书。如《教师百科辞典》、《当代教师小百科》、《小学教育大全》、《中国百科年鉴》等。

手册，是汇集某一领域、某一方面的常用基本资料，以供人们随时查检的工具书。如《化学实验手册》、《化学品电子手册》、《化学试剂手册》等。

(二)网络检索

随着科学技术的发展和计算机的广泛应用，传统的手工检索文献的方式已经不能满足人们的需求，而网络检索以其方便、快捷、全面、友好的优势日益受到人们的青睐，并有逐步取代手工检索的趋势。

1. 常用的化学教育文献资源

综合教育类网站：

中华人民共和国教育部网(http://www.moe.edu.cn)；

人教网(http://www.pep.com.cn)；

中国教育信息网(http://www.chinaedu.edu.cn)；

中国教育与科研计算机网(http://www.edu.cn)；

中国基础教育网(http://www.cbe21.com.cn)；

中国园丁网(http://www.teacher.edu.cn)；

中国教育先锋网(http://www.edudns.com)等。

化学教育类网站：

中国化学课程网(http://chem.cersp.com)；

我爱化学网(http://www.52hx.net)；

中学化学网(http://www.hx1234.com)；

中学化学资源网(http://www.chemsky.net)；

化学在线(http://www.chemonline.net)；

无忧化学网(http://www.51hx.net)；

先得化学教育资源网(http://cind.yeschool.net.cn)；

化学教育资源(http://www.chemsoc.org/gateway/)；

美国化学学会(http://www.chemistry.org)等。

2. 常用的搜索引擎及检索技巧

目前网上的搜索引擎比较多，就其检索功能而言也各有特色。作为一名化学工作者，掌握几种常用的搜索引擎是很有必要的。现介绍一种网上比较流行的搜索引擎——百度搜索引擎。

百度搜索引擎(http://www.baidu.com)，1999年底成立于美国硅谷，它的特点是全面、准确、快速、智能、灵活、人性化。在使用百度进行化学教育科研文献的检索时，最简单的方法是在搜索框内键入关键词，单击“百度一下”按钮或直接按回车键，百度就会自动找出相关的网页和资料。例如，如果我们想检索与化学合作学习相关的文献，只要在搜索框内键入“化学合作学习”并按回车键，百度就会在很短的时间内将与“化学合作学习”相关的所有文献检索出来。

这时我们可能会有一个疑惑：这么多文献，到底哪些才是我们真正需要的？为了解决这一问题，百度提供了高级搜索的功能，具体使用方法是：在搜索框内键入关键词后按一下空格键和“-”，再加一个关键词。例如，上面我们搜索“化学合作学习”，在检索到的网页中如果我们想删去含有“论文”的无关网页，只要在搜索框键入“化学合作学习 -论文”就可以了。另外，利用百度还可以进行并行搜索，使用“A—B”可以搜索到“或者包含关键词A，或者包含关键词B”的网页。例如，想检索“自主学习”或“探究学习”的相关资料，无需分两次检索，只需在搜索框键入“自主学习—探究学习”即可。

搜索引擎有多种，至于究竟哪种搜索引擎更好，这要视使用者个人情况而定。

3. 常用数据库简介

与搜索引擎一样，数据库的种类繁多，而且有很多是收费的，因此并不是所有的研究者都能很方便地使用数据库中丰富的资源。建议需要使用数据库进行检索时可到附近大学的图书馆，一般情况下那里都能提供利用数据库检索文献的服务。以下介绍两种常用的数据库。

（1）CNKI数据库（http://www. cnki. net）。该数据库属于中国期刊网，是一个电子学术期刊全文文献检索系统。进入主页后，可以在左栏一侧进行检索工作。首先选定检索字段，例如文献名、期刊名、主题、关键词等，一般我们常选择关键词。为了高效快速检索到所需文献，CNKI提供相关设定服务，如限定年限、学科范围等。检索完毕后，结果将在右侧以题录的形式列出即可选择所需文献进行下载阅读。

（2）万方数据库（http://www. wanfangdate. com. cn）。万方数据库包括中国学位论文全文数据库、中国数字化期刊群、中国法律法规全文库、科技信息子系统等，收录的论文最早始于1998年。它的检索方法因不同的子系统而有所区别，但基本的检索思路都是一样的，在此不再赘述。

五、研究案例

案例1:世界性课程改革的特征和趋势

【案例描述】:

1. 世界主要国家课程改革特征概述

(1)美国课程改革特征:

①强调价值观教育和道德教育;②政府主动引导,非政府组织和广大民众积极参与;③课程结构和评价上的统一与多元化协调发展;④课程内容上强调学术学科与人文学科的整合;⑤融合了以往课程改革理论的优点,进行综合改革。

(2)英国课程改革特征:

①寻找课程“质量”与“平等”的平衡点;②强调职业教育和普通教育的一体化;③加强灵活性和宽广性;④使人人都掌握关键技能;⑤提高证书的覆盖面。

(3)德国课程改革特征:

①教育机构向其他生活领域开放,学校教育综合利用多种学习环境;②学校教育注重获得知识的能力;③学校教育鼓励培养学习态度及合作能力的新方法;④重新评估教师和学生的角色;⑤努力培养学生的各种能力。

(4)法国课程改革特征:

①强调学习内容的生活化和实用化;②重视基础知识;③将各种教育活动结合起来;④地区化(把本地区的语言和文化作为教材加以重视);⑤个别化教育(因材施教)。

(5)日本课程改革特征:

①注重培养自主学习、自主思考的能力;②大力倡导学校教育观;③课程编制、组织和实施更加弹性化;④注重课程设置的个性化、多样化和综合化。

(6)韩国课程改革特征:

①从以学科为中心的课程改革过渡到更加重视人的发展和社会发展趋势的课程改革;②强调实验、学习、讨论、自由活动、社会服

务等亲身体验为中心的学习活动，注重培养学生解决问题的能力；③引入“区别性课程”，设置分层课程；④大量引入选修课程。

2. 世界性课程改革的总体特征

(1)课程研究的领域扩大，所涉及的学科内容深化。

(2)整合课程的科学性和人文性。

(3)课程目标的选择和确立视野扩大。

(4)课程设置要确立全球化的观念。

3. 世界性课程改革趋势

(1)不可逆转的趋势：

①课程改革的必然性。

②课程改革的进步性。

③课程改革的曲折性。

(2)量变的趋势：

①课程的整体量变趋势。

②实验实施的量变趋势。

(3)节奏渐趋稳定的趋势。

20世纪70年代以来，美、英、日、韩等发达国家实施课程改革的间隔时间如图3-1所示：

表3-1　美、英、日、韩实施课程改革的时间

课程改革	美国	英国	日本	韩国
第一次	1970年	1988年	1989年	1973年
第二次	1981年	1994年	1995年	1989年
第三次	1985年	1999年	1998年	1995年
第四次	1991年	2000年	2002年	1997年
第五次	1993年			2000年

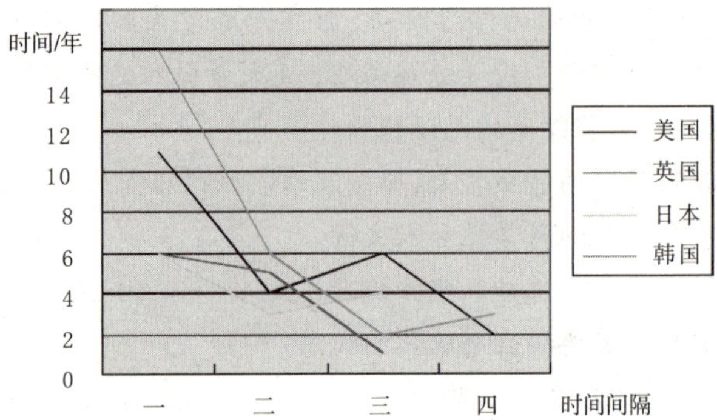

图3-1　美、英、日、韩实施课程改革的时间间隔

【案例点评】:该案例的研究对象是世界性课程改革的特征和趋势,其性质可以界定为文献综述,主要采用文献法进行研究。在文献检索过程中遵循以下检索步骤:

一是分析检索课题。本研究是一篇文献综述,文献检索的重点是围绕"世界性课程改革",主要检索世界范围内的主要发达国家,如美国、英国、德国、法国、日本、韩国等国的课程改革情况,以及对世界课程改革的特征与趋势的相关评述。

二是制订检索策略。首先是选择检索工具,可以到图书馆采用索引、文摘等工具书检索,也可以利用网络检索。本研究采用两种检索工具相结合的方式,主要是利用网络检索。检索方法采用直接法和追溯法相结合。

三是正式检索。在图书馆通过主题、书名和分类途径查阅到相关书籍,但数量有限。利用计算机网络,主要通过"中国期刊网"、"维普信息资源网"、"万方数据库"、"超星数字图书馆"、"人大复印资料"等渠道检索;另外还可通过百度、Google等搜索引擎键入关键词进行检索。这样,搜集到的相关资料就比较丰富。

四是获取原文。在对搜集来的文献进行比较和筛选之后,最终确定所需文献,做进一步研究。

该案例在大量查阅相关文献的基础上,对几个具有代表性国家的课程改革状况进行综述,总结出其主要特征;同时概括了发达国家课程改革状况及特色,包括美国、英国、德国、法国、日本、韩国六国改革方案及主要内容，并在此基础上归纳出世界性课程改革的总体趋势；最后用图表的形式将各国的课改时间展示出来，这样处理便于读者从整体上把握课程改革的基本动向。但是这样做容易产生一种弊端，即课程改革综述条目化，缺乏例证，不利于读者全面理解各国课改的具体实施情况。与其他科研方法相比，文献法有其自身的优势。探索文献法与其他科研方法的有机结合点，是发挥文献法自身优势的有效途径。

案例2：《化学教学》2005年载文和作者的统计分析

【案例描述】：

1. 统计对象和指标

《化学教学》2005年共出版12期，本文对其刊载的329篇论文进行了统计分析，会议纪要、试卷、书刊介绍、悼念铭文等内容不在本文的研究范围内。本文的统计指标分载文和作者两个方面。其中，载文统计指标包括栏目设置及载文量、摘要、关键词和引用文献等；作者统计指标包括作者的系统分布、合作情况、地区分布以及高产作者等。

2. 载文统计分析

(1)栏目设置及载文量。

2005年的《化学教学》主要栏目有21个，共载文329篇，其中实验与创新、教师论坛、教学设计、考试研究和问题解答与讨论5个栏目的总载文量为201篇，占66.1%。这充分表明《化学教学》是以反映化学教育教学研究状况为重点、紧密联系教学实际的刊物。

(2)摘要。

在2005年《化学教学》的329篇载文中，没有摘要的载文共182篇，占总载文量的55.3%(见表3-2)，且所有载文都没有英文摘要。中、英文摘要齐全的载文有利于期刊文献的国际交流和二、三次文献的编制，所以建议《化学教学》应在这方面做出努力。

表3-2　2005年《化学教学》载文的摘要情况统计

	中文摘要	中、英文摘要	无摘要	合计
载文数量	147	0	182	329
比例(%)	44.7	0	55.3	100.0

(3)关键词。

在2005年《化学教学》的329篇载文中145篇有关键词，这些载文共提供476个关键词，每篇载文平均关键词1.45个，与我国《文献叙词标引规则》中“手检系统平均标引用词2～5个”的要求相比，没有达到下限，因此，《化学教学》载文的标引深度还有待进一步提高。

(4)引用文献。

①引文数量。

329篇载文中144篇有引文，占43.8%。共引文490篇(含12个网站)，每篇载文平均引文1.49篇。所以，《化学教学》对投稿的引文情况还可提出更明确的要求。

②引文语种。

2005年《化学教学》的引文中有中、英2个语种，其中中文引文459篇，英文引文31篇，可以看出作者撰稿时主要参考的是中文文献，而英文文献又是目前我国化学教育教学工作者最常见的外语文献。这提示化学教育教学工作者在进行教育教学研究时，还应拓宽引文语种的面，多吸收一些国外的研究成果。

③自引率。

2005年《化学教学》自引的引文数量为31篇，占478篇总引文数的6.5%，自引率相对较小。这说明化学教育教学研究较繁荣，《化学教学》的吸收能力强，易于吸收和采纳新思想、新观点；另一方面也提示《化学教学》的作者研究的连续性和深入性还有待拓展。

3. 作者统计分析

(1)作者系统分布。

表3-3　2005年《化学教学》载文作者系统统计

	大专院校		中等学校		教研部门	合计
	师范	其他	普通中学	其他		
单一作者	29	11	193	5	5	243
多位作者	95	28	39	2	9	173
合计	124	39	232	7	14	416
比例(%)	29.8	9.4	55.8	1.7	3.3	100.0

由表3-3可以看出《化学教学》的作者是从《化学教学》的读者队伍中产生的,《化学教学》的读者构成与其为化学教育教学服务的办刊方向和宗旨完全吻合。

(2)作者合作情况。

329篇载文中有3篇作者不详(1篇作者为本刊评论员,另2篇为沙浯中学课题组),其余326篇载文由444位作者完成,每篇载文平均作者1.36人。实际每篇载文的作者人数分别为1～4人(见表3-4)。其中,独立作者完成的载文245篇,占75.2%,说明《化学教学》的大部分作者具有独立科研的能力。

表3-4　2005年《化学教学》载文作者人数统计

作者人数	论文篇数	比例(%)
1	245	75.2
2	55	16.9
3	21	6.4
4	5	1.5
合计	326	100.0

(3)作者地区分布。

表3-5 2005年《化学教学》载文作者地区分布统计

省份	论文篇数	省份	论文篇数
上海	58	山西	5
江苏	52	甘肃	5
浙江	36	吉林	4
广东	34	福建	3
湖北	28	四川	3
安徽	24	云南	2
山东	16	海南	1
北京	11	江西	1
河北	11	新疆	1
湖南	87	黑龙江	1
陕西	8	贵州	1
重庆	7	辽宁	1
河南	6	内蒙古	1
广西	5	天津	1

(4)高产作者情况。

以第一作者身份在2005年《化学教学》载文中占2篇以上的作者就有19位,共载文39篇,占总载文量的11.8%,其中包括4位高等院校的化学专家和15位普通中学的教师,若含第二作者身份在内则载文2篇以上的作者人数更多。

【案例点评】:该案例的研究对象是《化学教学》杂志在2005年全年的载文情况,主要通过两个大的方面即载文和作者情况进行统计分析。其中,在载文统计分析中又分别对栏目设置及载文量、摘要、关键词、引用文献进行统计分析。在作者情况统计中又分为作者系统分布、作者合作情况、作者地区分布、高产作者情况等几个方面。文章的特色不仅在于统计的科学合理,更在于作者通过统计等发现了一些问题,并提出了一些恰当而中肯的建议,不论是对杂志还是对读者都起到了一个很好的引导作用。

与案例1相比,案例2在利用文献法进行检索的过程中,所要检索的文献非常明确,不像案例1那样需要研究者对检索文献进行分析后决定取舍,因此,案例2的文献检索步骤相对简单。但是由于案例2的研究目的是通过对《化学教学》2005年的载文情况统计分析发现问题并提出解决问题的途径，因此，研究者在利用文献法进行该课题的研究时要注意挖掘文献中更深层次的东西。

第二节　比较法

比较是认识事物的基础，是人类认识、区别和确定事物异同关系的最常用的思维方法。比较法是人们认识客观事物的重要方法，在教育科学研究中也是一种应用广泛的科学研究方法。尤其是近年来，随着世界各国教育改革的兴起，各种新的教育方法、模式、制度的不断发展与完善，使得国家之间、地区之间、教育部门之间，以至学校之间的相互比较、借鉴与学习，既成为一种客观需要，也是教育形势发展的必然。

一、比较法的作用

比较(Comparative)一词的含义是：根据一定的标准，把彼此有某些联系的事物放在一起进行考察，寻求其异同，以把握研究对象所特有的质的规定性。一般来说，比较是一种和观察、分析、综合等活动交织在一起的复杂智力活动。所谓比较法，就是根据一定的标准，对某类教育现象在不同情况下的不同表现，进行比较研究，找出教育的普遍规律及其特殊本质，力求得出符合客观实际结论的方法。这种比较必须具备三个条件，即必须存在两种以上的事物，这些事物必须有共同的基础、不同的特性。

作为一种思维方法，比较研究贯穿于教育科研的全过程。在教育科学研究过程中，比较研究具有重要的作用，主要体现在如下几个方面：

第一，克服教育科研过程中的狭隘性，把所研究的个别事物纳入广阔的背景之中，从而更好地揭示教育的普遍规律。

第二，运用比较方法分析教育发展过程中的本质联系，有利于深化教育科学理论的研究。

第三，通过对教育现存问题的比较研究，为制定正确的教育政策提供科学依据。

所有这些，足以说明比较法在教育科研中的重要作用。比较法反映了事物普遍联系的规律，也正是由于这个规律，比较法才得以广泛、普遍地使用。应该看到，教育规律、教育理论、教育政策的研究囊括了十分丰富的内容，既包括了宏观层面，也包括了微观层面，这些都是比较法所要实施的对象。这些对象都是复杂的教育现象，如何进行比较？这就需要根据比较对象的特点，采取适宜的比较方法。

二、比较法的类型

在教育科学研究中，由于教育现象的复杂性和研究者视角的多样性，比较研究的方法也是多种多样的，一般分为以下几类。

（一）根据比较对象的历史发展和相互联系，分为纵向比较和横向比较

1. 纵向比较

纵向比较是对同一事物的历史形态进行比较。通过这种比较，可以追溯到事物发展的历史根源，也可以确定事物发展的历史顺序。所以说，纵向比较法也是历史比较法。

2. 横向比较

横向比较是对同时并存的事物进行比较。在进行横向比较时，那些不同的对象必须是互相有联系的，而且主要是同一历史时期的事物。

（二）根据所有事物都是质和量的统一的观点，分为定性比较和定量比较

1. 定性比较

任何事物都是质和量的统一。质是事物内部固有的一种规定性，是一事物区别于其他事物的特殊性。这里所说的定性比较就是对两类事物所具有的属性、本质进行比较，从而确定事物的性质。

2. 定量比较

事物不仅有质的方面，而且有量的方面。这里所说的定量比较，就是对事物的属性进行数量上的分析，从而准确地判定事物的变化。

(三)根据事物之间的差异性和共同性，分为同类比较和异类比较

1. 同类比较

同类比较是对两种或两种以上性质相同的事物所具有的特征进行比较，探索其相同之处和不同之处，以揭示事物发生发展的特殊性和共同的本质规律的方法。一般来说，同类比较的结论带有或然性，但它能使人触类旁通，由此及彼。总结先进的教育经验并推广就是该种方法的运用。

2. 异类比较

异类比较是对两种或两种以上性质相反的事物或一个事物的正反两个方面加以比较，寻找事物的相同之处，揭示其共同规律的方法。这种比较，可以使我们认识到相异的对象之间有其共同的地方，就是说异中有同。这种异中求同，其结果鲜明，有利于鉴别和分析。

当然，比较法的类型按照不同的标准还有很多，如宏观比较、微观比较、单项比较、综合比较等。这表明，在进行具体的科学研究过程中，所运用的比较法不是单一的类型，一般都要采用多种方法以求扬长避短、相互促进，从而真实揭示研究对象的客观规律。

三、比较法的应用

比较法在实际教育科学研究过程中，虽然没有一种固定的模式，但一般都要遵循一定的步骤。同时，应用比较法时，还需要遵守相关的要求，否则，比较就失去了应有的意义。

(一)运用比较法的步骤

(1)明确比较的问题。

(2)制定比较的标准。

(3)广泛搜集、整理资料。

(4)分析、解释比较内容。

(5)得出比较结论。

以上五个步骤形成了一个完整的比较研究的过程,各步骤之间相互联系,不可分割。明确比较的问题是比较法的前提,制定比较的标准是运用比较研究的依据,资料的搜集、整理是运用比较法的基础,分析、解释比较内容是比较的核心,得出比较结论是运用比较研究的目的。当然,比较研究不是为了比较而比较,而在于探索教育规律并得出符合客观实际的结论。

(二)运用比较法的要求

1. 注意事物之间的可比性

所谓可比性,指的是比较对象之间的规定性,指对象之间具有一定的内在联系,具有某些本质上的而不是表面上的共性。坚持可比性原则,是运用比较法的基本要求。

2. 保证资料的准确可靠

用于比较研究的资料必须是真实可靠的,具有客观性;能够反映普遍情况,具有代表性;能够反映研究对象的本质,具有典型性。

3. 坚持全面、本质的比较

任何事物都是相互联系的,其发展变化是受多种因素影响的。因此,在教育科研中,比较要从多方面进行,坚持全面比较,抓住本质比较,任何选择其中个别条件的片面比较,或者割裂事物之间的有机联系的孤立比较都是错误的。

4. 结合其他研究方法

比较法有自身的局限性,主要表现在以下两方面:其一,比较法有一定的应用范围;其二,任何比较只能拿所比较的事物或概念的一个方面或几个方面来相比,而暂时、有条件地撇开其他方面。因此,不能把比较法孤立化、绝对化。实际上,比较法与其他教育科研方法具有广泛的交叉性。教育科学研究的过程是多种方法综合运用的过程。

四、研究案例

案例1:普通高中新课程《化学与生活》(选修)教材比较研究

【案例描述】:为了帮助我们对比较研究方法有更具体的理解,下面以普通高中新课程《化学与生活》(选修)教材比较研究①为案例加以说明。

1. 确定比较的问题

我国正在进行的课程改革引起了教材的改革。教材是课程内容的重要载体,是课程实施的基本依据。因此,进行教材研究,从而为改进教学或修订教材提供建议成为一项迫切而极具实际意义的工作。普通高中化学新课程标准指出,化学课程由两个必修模块和六个选修模块组成。《化学与生活》(选修)作为六个选修模块之一被提出,配套的教材也于2004年被推出。目前,国内审核通过的《化学与生活》(选修)教材共有三个版本,即通常所说的"人教版"、"苏教版"、"鲁科版"。那么,三个版本的教材各有哪些优点和不足,如何改进?这就是进行系统比较的问题所在。

2. 制定比较的标准

要进行全面客观的比较,就需要选择参照点,这个参照点就是比较的标准。该文的比较标准有三个:内容选择、内容组织、内容呈现。内容选择是通过比较三版本教材内容与化学课程标准对《化学与生活》(选修)教材要求内容的吻合程度。内容组织方面是比较三版本教材的体系结构。内容呈现方面包括了编写体例、栏目设置、版面设计等方面的比较。

3. 广泛搜集、整理资料

资料的搜集需要从多方面着手。一是搜集与教材编写、比较、评价相关的理论研究文献。二是搜集关于三个版本教材比较的文献。三是通过设计问卷,并进行问卷调查,搜集一线教师和学生对三个版本教材的看法。搜集到大量的资料后,就需要对它们加以

① 蒲绪凤.普通高中课程标准《化学与生活》(选修)教材比较研究[D].芜湖:安徽师范大学,2007.

整理。对于文献资料要进行分析,对调查结果要进行统计,必要时要制成表或图。

4. 分析、解释比较内容

在进行资料分析时,首先采用的是同类比较、定性比较。具体比较了三个版本教材内容与课标要求内容的吻合度。即"人教版"吻合度较高,"鲁科版"与课程标准要求出入较大,"苏教版"与课标契合度介于"人教版"和"鲁科版"之间。然后,对三个版本的体系结构进行横向比较分析。"人教版"主要采用"章—节"的形式组织教材内容;"鲁科版"采用"主题—课程"的形式组织教材内容;"苏教版"采用"专题—单元"的形式组织教材内容。

通过问卷调查与具体的分析,得出结论:大部分学生喜欢《化学与生活》(选修);对于该门课程的学习,与必修课程有所不同;在平常的教学中该门课程都得到一定的重视,但也存在忽视这门课程的现象。

5. 得出比较结论

比较的结论有两个方面,一是教材的编写建议,二是教材的实施建议。教材的编写建议包括:以课程标准为指导、内容深广度恰当、联系目前我国国情和中学校情、栏目定位适量、为教师成长和学生发展提供平台、注重激发学生的学习兴趣、建立配套资源库、开发相关素材。教材的实施建议包括:以课标为参照,充分挖掘教材价值;以兴趣为指导,紧密联系社会生活;以教材为基础,采取适当教学方式;以发展为目的,注重学生能力的培养;以课堂为载体,不断总结经验。这些结论的得出,显示出比较教材的目的不在于单纯的比较,而是为了"改进",比较的真谛也即在于此。

【案例点评】:在这个案例中,作者充分运用了比较法的思维和方法。从选题中就确立了具体的比较对象,即三种版本的化学与生活教材。比较的对象确立之后,比较标准(维度)的选择就显得至关重要。恰当选取比较的视角,才能深刻揭示比较对象的本质以及达到比较的目的。比较标准需要根据比较对象的特点来确定,案例中选择了三个维度。从三个维度发散开去,既有宏观比较,又有微观比较；既有综合比较，又有单项比较；既有定性比较，又有定量比较；既有横向比较，又有纵向比较。总之，多种比较方法都被灵活恰当地运用。此外，比较法还通常与文献法、调查法综合运用于教育科研中，本案例中也明确反映了这一点。

案例2：新课程化学实验教科书（必修）习题的纵向比较研究

【案例描述】：本案例比较了人教版不同时期、不同版本化学教科书习题编制的特点。作者选取了多维度、多样化的比较标准，这些标准的成功选取，是比较目的得以实现的关键。在进行具体的教育科学研究中，定性与定量的比较方法会经常被综合运用。

1. 关注基础，淡化层次与计算　增强学习的动力

(1)关注基础(节选)。

人教版实验教科书注重习题特色和创新的同时，兼顾习题的基础性。实验教科书课后习题共有186道，其中基础型习题有105道，占课后习题总数的56.5%。

(2)淡化层次。

与人教版全日制普通高级中学教科书（必修）《化学》第一册（2003年6月第1版，以下简称“普通教科书”）相比，实验教科书淡化了习题的层次。普通教科书课后习题有节后习题、章后复习题以及总复习题三个层次，而且在章后复习题和总复习题中还有14道习题用“⋆”号标出作为选做题，体现了较强的层次性。实验教科书除《化学2》中有2道选做题外只有节后习题一种形式。这些习题一般是用于复习和巩固本节的知识，知识点单一，题目简单直观，体现了面向全体学生的特点。

(3)淡化计算(节选)。

实验教科书中与计算有关的习题难度较低，计算量较小，数量也相对较少，参见表3-6。

表3-6 两种版本课后习题中与计算有关的习题数量

	课后习题总数	与计算有关的习题数	所占比例
普通教科书	430	149	34.7%
实验教科书	186	17	9.1%

可见，实验教科书体现了淡化计算的特点。

(4)意义。

2. 注重习题类型与表征方式的多样化 发展学生的能力

(1)习题类型的多样化(节选)。

实验教科书正文中穿插的习题有……，课后习题有……，首次出现的习题有……

(2)习题类型与能力的发展。

实验教科书的习题从功能上我们认为可分为三大类型：基础型、开放型、实践探究型。在关注基础的同时，实验教科书也注重了开放型、实践探究型习题比例的提高。在课后习题中，开放题、实践探究题共有81道，占课后总习题的43.5%。

(3)表征方式的多样化。

实验教科书习题的表征方式也体现了多样化特点。除以传统的“文本”形式呈现外，出现了“图片”、“表格”等多种呈现方式。

①图片题。

如：《化学1》25页、44页的科学探究，42页、93页的思考与交流等习题是以图片的方式呈现的。图片特有的“思维驱动机制”，使它除具有激发兴趣、丰富表象等功能外，同时具有了引导学生活动、促进自学、发展学生实践能力的作用。

②表格题。

3. 注重习题量与质的辩证关系 挖掘学生的潜力

(1)实验教科书习题的量。

关于课后习题的多少问题，我们调查了芜湖市几所中学的高一化学老师和部分学生：“您认为化学课后习题的量是较多、适中还是偏少？”他们几乎无一例外地认为实验教科书的习题量偏少。两种版本教科书课后习题数量统计见表3–7。

表3–7　两种版本教科书章节后习题数量

	章数	节数	习题总量	习题总量/节数
实验教科书	8	24	186	7.75
普通教科书	7	23	430	18.7

从表3–7可见,实验教科书平均每节的习题量不到普通教科书的一半,相比之下,是偏少了。但是,习题的量不能只看数量,还要看学生完成这些习题所花的时间和精力。

(2)实验教科书习题的质。

4. 加强习题与STS的联系展示学科的魅力

实验教科书在内容体系的构建上充分体现了化学与科学、技术、社会的联系,并充分渗透到习题的设计之中。

(1)STS类习题的特点与编制的理论依据。

(2)STS类习题的意义。

【案例点评】:该案例是对人教版新老教材中习题的纵向比较研究。主体部分由并列的四个部分组成:“关注基础,淡化层次与计算 增强学习的动力”、“注重习题类型与表征方式的多样化 发展学生的能力”、“注重习题量与质的辩证关系 挖掘学生的潜力”和“加强习题与STS的联系 展示学科的魅力”。这四部分的标题,即是作者在深入比较人教版新老教材后的四个观点。这四个观点,其实也是四个大的维度上的比较标准。为了使比较更为微观和具体,作者将四个标准又分出更多小的标准,然后通过定性比较、定量比较等方法,一一进行翔实的比较论证。从案例中可以看出,除了比较法外,统计的方法、引用的方法、举例的方法、说理的方法等一起被作者综合运用。因此,综合掌握多种教育科研方法并能够灵活运用是进行教育科研的必要前提。

第三节 调查法

教育调查法是研究者为了深入了解教育实际、弄清事实、发现存在问题或验证假设、探索教育规律而采取的有目的、有计划、有系统的研究方法。

一、调查法的意义和特点

(一)调查法的意义

教育调查法的意义主要表现在以下几个方面:

首先,通过教育调查,可以观察和分析教育中的各种现象,揭示教育发展中存在的问题,并且通过对问题的分析提出解决的办法,从而推动教育事业的发展。

其次,调查法可以帮助教育科研者提供既定研究课题的第一手资料,同时为各级教育行政部门制定教育政策、教育规划和教育发展计划提供事实依据。

第三,通过教育调查,可以对现实的教育问题进行透彻的分析,发现、总结并推广先进的教育经验,以便更好地改进工作,提高教育质量。

(二)调查法的特点

1. 可以通过多种手段搜集材料

采用调查法,搜集资料的形式多、速度快,涉及人数和问题的范围广。它可以通过访问、座谈、问卷、测验等多种手段向熟悉研究对象的第三者或当事人了解情况;也可以通过测验、搜集书面材料等途径了解情况,掌握教育现状。

2. 简便易行

教育调查法是在自然状态中进行的,它主要通过考察现状搜集资料、进行研究,而不是像实验法那样通过控制实验因素的方法进行研究。

3. 可以对客观的教育现象(或现实)进行描述和解释

教育作为一种社会现象是包罗万象、复杂多变的。要研究它,就得进行调查研究，变复杂为有序、变模糊为清晰，在头脑里形成一个整体概况，以便进行正确的评价与判断。

二、调查法的种类

（一）依据调查的目的划分为常模调查和比较调查

常模调查是以了解教育现象中某个方面的一般情况，或寻找一般数据为目的的调查。如高师院校化学专业历届毕业生在中学工作情况的调查、性别与化学学习关系的调查等。这类调查可以为教育行政部门和教育科研者提供某个问题的基本情况和一些有价值的研究数据。

比较调查是以比较两个群体、地区或两个时期的教育情况为目的的调查，如甲地区与乙地区初中化学实验教学情况的调查、优秀化学教师与普通化学教师教学风格的对比调查等。这类调查往往能起到总结经验、吸取教训的作用，可为落后者提供先进的经验。

（二）依据调查内容的性质划分为事实调查和征询意见调查

事实调查是指在调查过程中调查对象提供现成的事实或数据，如安徽省中小学教师学历水平比例的调查。这类调查要求了解教育的现状。

征询意见调查是在调查过程中，要求调查对象提出自己对某个问题的看法和意见。这类调查一般是为了改进和提高教育教学质量而做的调查。如关于如何处理化学实验中学生意外事故的调查等。

（三）依据调查范围大小可分为全面调查和非全面调查

全面调查亦称普遍调查，即对调查对象全部加以调查。如高师化学专业毕业生在中学工作情况的调查。调查对象是分布在全国、全省的所有中学，需要逐一进行调查才能得到准确、总体的概念。其优点是可以了解一个问题的全貌，是一种可信度很高的调查，缺点是往往要花费很大的人力物力。

非全面调查是从调查对象总体中抽选一部分有代表性的对象作为样本进行调查，根据调查所得的数据资料，推断被调查总体的状况。这类调查的对象较少,因而比较省时省力。非全面调查若选择样本的方法正确,也会收到很好的研究效果,因此这类调查应用得比较广泛。

三、教育调查的步骤

教育调查的全过程,一般分为确定调查课题、制订调查计划;搜集资料;整理资料;总结、撰写调查报告四个步骤。

(一)确立调查课题、制订调查计划

1. 确立题目

在调查前,首先必须明确调查方向,确定调查课题。确立题目时,要注意所选题目应该具有研究的价值和可能性。题目切忌太大,要以小见大。另外,要重视参阅有关资料,弄清楚要调查的课题过去有没有人做过,达到了什么程度,避免无意义的重复劳动。

2. 拟定计划

拟定教育调查计划,是调查研究工作能否顺利进行的重要保证。教育调查计划一般包含以下内容:调查课题和目的、调查对象和范围、调查手段和方法、调查步骤和时间安排以及调查经费的使用安排。

(二)搜集资料

搜集资料是调查的关键。一般来说调查资料有两大类:一是书面资料,如教科书、学生作业、总结、计划等;二是来自调查对象的口述资料及由调查者观察所得的教育现象的事实材料等。资料的搜集力求全面、系统、典型、客观和真实。多个调查人员采用座谈会或谈话等手段搜集资料时,必须采用统一的标准、统一的表格做调查记录,否则会影响材料的信度和效度。在搜集材料时还要注意不能把事实和意见混在一起,“意见”往往带有主观色彩。对被调查者提供的材料需进行核实,以保证材料的可靠性。

(三)整理资料

对通过各种方法搜集来的资料必须进行整理和分析。整理资料的步骤主要有检查、汇总、摘要和分析四步。在对材料进行统计

分析之前，必须对材料的完整性、一致性、可靠性进行认真仔细的检查。然后把搜集到的分散、片断、零乱的原始材料归类、综合或分组，进行汇总统计。在资料的整理过程中，还要有系统地摘要记录那些内容丰富、生动具体的原始材料，使资料分析不局限于几个抽象的数据。任何事物都有其质和量两个方面，因此对调查材料的分析研究，应该从定性研究和定量研究入手，并尽量使两者结合起来。

（四）总结撰写调查报告

调查的材料整理完以后，应当进行分析和讨论，在此基础上，做出结论，提出建议。结论要准确，突出概括性；建议要从实际出发，中肯可行，并写成文字报告。调查报告的结构一般由导言、正文和结论三部分组成。调查报告的形式有描述性报告、解释性报告和建议性报告三种。根据读者对象不同，调查报告可以写成通俗性报告或专业性报告。但不论是什么形式的调查报告，只有把理论和实践结合起来，才有一定的深度和价值。

四、调查法的基本原则和要求

（一）调查法的基本原则

1. 客观性原则

客观性原则，是指在调查时，调查者应该按照事物的本来面目了解事实本身，必须无条件地尊重事实，如实记录、搜集、分析和运用材料。调查者在实施调查计划时，对调查对象不抱任何成见，搜集资料不带主观倾向，对客观事实不能有任何一点增减或歪曲，这就是教育调查中必须遵循的实事求是的科学态度，也是从事调查研究最基本的一条原则。

2. 多向性原则

多向性原则，是指调查者在调查中，应该多角度、多侧面去获得有关的材料，即进行全面调查，注意横向与纵向、宏观与微观、多因素与主因素的结合，使调查既全面又有代表性。教育调查的对象是干部、教师、学生……是活生生的人，是不断变化的。因此，在进行调查研究时，不仅要注意了解对象以往的特点，也要调查他们新产生的特点，了解他们的发展趋势。

3. 灵活性原则

在教育调查过程中，由于教育现象的复杂性，如调查对象的地位、职业、年龄、性别等的不同，或者调查题目、调查方法的不同，因而一定要适应情况的变化，注意灵活性。

4. 定性与定量分析相结合原则

调查者一定要在调查研究过程中坚持对调查材料进行定性和定量相结合的分析，在进行具体操作时，可以精确与粗略结合，有详有略。但不能使用“也许”、“大概”、“差不多”等词句，只有坚持定性与定量相结合的调查研究和分析，才能真实、具体地反映现象。这样的调查结果，才能成为了解实情、进行决策的基础。

（二）调查法的基本要求

1. 对调查者基本素质的要求

（1）为人正直、谦虚、诚恳，待人热情，能关心、理解、尊重人，富有同情心，仪态端庄大方，避免生硬、苛求和盛气凌人。

（2）教育思想端正，具有正确的教育观、人才观、学生观，教育方法正确、知识渊博、视野开阔、经验丰富。

（3）具有组织座谈会和访谈的引导能力、记录能力和交往应对能力。

2. 对调查者的工作要求

（1）能够透彻了解调查课题的实质及工作量，熟悉问卷、量表及有关资料，以认真负责的态度实施调查研究计划。

（2）遵守教育调查的工作（职业）道德，如尊重被调查者的人格、隐私权，尊重被调查者的保密要求，不刺激和欺骗被调查者。

（3）完整、客观地运用调查材料，不断章取义，不假借别人之口，说自己要说的话。

五、调查研究的方法

教育调查有多种方法，或者由调查人员直接访问、记录；或者发调查表由被调查者填写；或者由被调查人员回答问卷；或者查阅档案文件及统计资料。具体运用时，应根据实际需要选择最佳方法。下面着重介绍教育调查中常用的五种具体方法。

（一）开会调查

开会调查，即通过召开座谈会进行调查，是在小范围内、通过与少数人的谈话来了解情况、搜集资料的一种调查研究法。

开会调查有很多优点：通过召开座谈会，可以集思广益，互相启发，彼此印证。调查者可以根据众人提供的线索，顺藤摸瓜，一问到底，直到弄清事实真相为止。

开会调查要注意以下几点：

第一，到会的人必须是与调查课题有关的人员。调查某个问题时，和那个问题无关的人员不必在座。另外，开调查会，每次人数不必多，最好控制在十人以内。

其次，要事先拟定好详细的调查提纲，并尽可能事先发给每一位与会者，请他们事先做好准备。事前还要约好开会的地点和时间。

再次，调查者必须讲清楚开会的目的，采取谦虚的、同志式的态度，争取与会者的合作。调查者要按照提纲一一发问，也可以根据调查课题的需要临时提出提纲上没有的问题，请与会者作答。

最后，调查者要自己记录或者指定专人记录。

（二）填表调查

填表调查，是由调查者根据调查内容设定有一系列调查项目的表格，请调查对象如实填写的一种调查研究法。

1. 调查表的一般结构

调查表一般包括以下几个部分：

（1）填表说明。简要说明调查的目的、要求、有关指标的计算方法及填表注意事项。

（2）表的序号。对调查内容应分级分类编号。

（3）表的名称。标题应能反映调查表的基本内容，通常在标题下列出内容的年度期限。

（4）表身。表的行列之间的线条要明朗，重要部分可用粗线区分;表的左右两边不画线;为防止答案的虚假,宜有可以相互参证的项目。

(5)表尾附注。表身下面的标注,主要是对个别项目的要求特别说明等。

2. 分类

调查表有“单一表”和“一览表”两种。前者是在一张调查表上只登记一个调查事项的情况,如表3–8所示。后者是在一张调查表上登记若干个调查事项的情况。

表3–8 某市中学化学教师学历调查

调查对象	调查人数	硕士		本科		专科	
		人数	占被调查教师(%)	人数	占被调查教师(%)	人数	占被调查教师(%)

调查单位　　调查员　　填表者姓名　　填表日期

3. 填表调查时的注意事项

(1)表的标题应简明醒目,使人一望而知其意义。表的大小须能够容纳所有调查项目,并便于携带和保管。

(2)表中的调查项目应系统排列,要简明清晰,每一项目须留有足够填写该项答案的空白。

(3)表尾应注明调查单位,并留有书写调查员及填表者姓名和填表日期的空位。

(4)在调查中,首先应说明调查的目的和重要意义,以解除被调查者的怀疑,争取被调查者的协作和配合。其次,要说明填表要求、有关指标的计算方法及填表时的注意事项等。

(三)查阅资料

查阅资料,是调查者通过查阅书面资料来获得信息、掌握情况的一种调查研究方法。可查阅的材料一般包括:档案、文件、经验总结、汇报资料、统计数字等。在教育科学研究中,通常包括以下几个方面的资料：

(1)教育工作情况的资料，如总结、工作计划等。

(2)教学工作资料，如教师的教学计划、总结、工作日志等。

(3)学生方面的资料，如笔记本、练习本、作业本、试卷、班级日志、个人日记、成绩等。

(四)访谈调查

访谈调查，是调查者通过与调查对象面对面谈话的方式来了解情况、搜集资料的方法。适用于研究比较复杂的问题，及需要访问不同类型的人、了解不同类型的材料的调查。

访谈是了解情况、搜集正反两方面材料的一种最亲切、最深入的方法，但也有一定的局限性。访谈的最大障碍是被访者的“警戒心理”或个性特征。有的人对于素不相识的来访者常常不敢透露真情；有的人敢于直言，却往往言过其实；有的人不喜欢评判他人，也不喜欢评判自己，谈话时委婉曲折或“留有一手”，使访谈者得不到真实的答案。另外，访谈所费的时间和精力较多，对访问者的要求较严，甚至访问者的资格、态度、口气、问句都会影响到对方的回答。所以访谈要求访问者具有一定的水平和经验。

1. 访谈的步骤

(1)访谈调查的设计与准备。首先根据目的设计访谈提纲，然后联系商洽访谈的时间和地点，在访谈之前对访谈对象进行材料搜集和特点分析。

(2)访谈的实施与技巧。在访谈的开始阶段，主要是做这样几件事：打招呼、问好；自我介绍；说明访谈的目的和话题；安排就座与作好设备方面(摄像机、录音机等)的准备工作。提问是访谈中主要的活动，提什么样的问题，如何提问，决定能够获得什么样的信息和访谈的质量。在访谈中，访谈者就受访者交谈中出现的某些概念、事实、观点、疑问等还可以追问即进一步进行询问，以达到深入了解的目的。

访谈过程中，访谈者一定要注意边听边记录。访谈记录根据访谈的类型可以分两种：一是用笔记录；二是用录音机或者采访机记录声音。

如果使用录音机,需要事先做好准备,包括:电池是否有电、录音机是否工作顺利、磁带有多少、音量调到多大合适等。另外,录音时,录音机的位置要摆适当,尽量离受访者近一些,使录音清楚;录音机放在稍侧面的位置,不要放在正面,使人时时都能够看见和感觉到,产生心理上的压力。如果用笔记录,访谈者需要注意:第一,提高笔记的速度,可以使用缩语、速记及各种符号。第二,事后要进行整理,把记录不完整的内容补充完整,把没有记录下来的补上,还可以记一些心得感想。第三,处理好笔记与听的关系,不要一味埋头记录而忽视了适当的回应。最好能够盲记,即眼睛不看笔记本记录,这只要进行适当的训练就能够做到。

(3)访谈的结束。访谈结束的技巧有:第一,注意提问的方式,比如"我想再问您最后一个问题,就是……","您还有什么要说的?"以此表示访谈将要结束。第二,直接说明访谈的结束,比如"今天我们就谈这些。"第三,结束中最重要的是表示感谢。第四,就后续的联系作好交代。

2. 访谈调查时的注意事项

要使访问成为调查研究的有效手段,在访谈中应注意下列几点:

(1)选择访谈对象时应考虑到对方能否提供有价值的事实材料,是否乐于回答所提出的问题。因此访谈者对被访者的经历、地位、个性特征等个人资料要有所了解。

(2)访问的时间和地点应以不影响被访者的工作或学习为前提,最好利用课余时间或休假时间。应事先约定会晤时间和地点,切忌不期而至,使被访者心中不快,对不速之客产生怀疑,或由于被访者当时已有别的安排而无法接待,从而影响访谈。

(3)访谈者衣着要合适自己的身份与地位,既不要过分华丽也不要过于随便,防止被访者心理上产生不悦。

(五)问卷调查

问卷调查,是调查者设计一组与研究目标有关的问题,通过调查对象的回答来搜集人们对教育的意见、态度等方面资料的调查研究方法。

问卷法具有简便易行、省时、省力、调查面广、信息量大、真实性强等特点。特别是无记名问卷,调查者与调查对象不用面对面地谈论有强刺激性的问题,调查对象消除了心理方面的顾虑和障碍,从而提供客观真实的信息。问卷调查的质量主要取决于问卷题目的质量,若问卷题目设计不当,则难以收到有效的信息资料。

1. 问卷的分类

问卷的类型多种多样。根据问题形式的不同可以分为以下几种:

(1)结构型:也称封闭式问卷,是把问题的答案事先加以限制,只允许在问卷所限制的范围内进行挑选。

(2)非结构型:也称开放式问卷,问卷由自由作答的问题组成,属非固定应答题。这类问卷,提出问题不列可能答案,由被试自由陈述。就题型分析,可以是填空式的,也可以是回答式的。这种问卷搜集到的材料丰富、具体,往往能得到许多意想不到的很有价值的资料。缺点是答案不集中,材料分散,难于对答案进行横向比较,不易进行统计处理。

(3)综合型:问题形式是半封闭半开放的综合性问卷。也就是说,将研究者比较清楚、有把握的问题作为封闭性问题提出,而对那些调查者尚不十分明了的问题作为开放性问题提出,但数量不能过多。经调查,在积累一定材料的基础上,问卷中的某些开放性问题就有可能转为封闭性问题,这也是问题设计时常常使用的技巧。

根据调查方式的不同,可以分为邮政投递式、专门递送式、集中填答式和网上递交式。

(1)邮政投递式:研究者通过邮局向被选定的调查对象寄发问卷,并要求被调查者按照规定的要求和时间填答问卷,然后再通过邮局将问卷寄回给研究者。

(2)专门递送式:研究者派专人将问卷送给选定的调查对象,待被调查者填答完后,再派专人收回问卷。

(3)集中填答式:研究者亲自到被调查对象的单位,把调查对象集中起来填答问卷,然后再由研究者把问卷搜集起来。

(4)网上提交式:研究者把问卷发到网站上,根据网上的填答和提交情况直接搜集信息的一种方法。

2. 问卷的结构

问卷设计质量的高低是问卷法实施成败的决定性因素,因此有必要对问卷的结构做一个充分的了解。问卷一般由如下几个部分组成:

前言→指导语→问题—┬ 个人特征资料
　　　　　　　　　├ 事实性问题 →感谢语→其他资料
　　　　　　　　　└ 态度性问题

前言是说明研究者的单位、课题的来源或研究的目的、调查的主要内容及某些必要的说明等,以解除被试的思想顾虑。

指导语一般在正式问题之前,包括问题的类型和要求、指导被试如何回答、填答问卷所需的大致时间等,以帮助被试尽快了解问卷中的有关问题,对问卷有一个整体的印象和把握。

问卷题目是问卷的主体,问卷题目设计的科学性、合理性、针对性如何,是调查成败的关键。问卷题目有以下几种类型:

(1)是非题。问题的答案只有同意和不同意两种,回答者必须选择其中之一。如:你喜欢化学教师这个职业吗? 是( ) 否( )

(2)选择题。问卷的答案相互之间不是矛盾关系,只是类别、程度、数量的不同,回答者可以从中选择一个或几个答案,这是当前问卷调查中最常用的形式。选择题一般有等级式、并列式两种形式。

等级式:各备选答案是由具有等级意义的词汇或数字形式构成的问题。如:一年来你所学习的化学知识对你的兴趣起什么作用? A. 加强; B. 减弱; C. 没有什么作用。等级式常见的选项有:①极好,好,可以,一般,坏,不知道;②很满意,满意,一般,不满意,很不满意;③有规律性,偶然,极少,从不;④很喜欢,较喜欢,一般,不太喜欢,不喜欢;⑤非常同意,同意,中立,不同意,很不同意;⑥很重要,重要,较重要,不重要,不知道。

并列式：备选答案是由等价的、各自独立的词汇构成的问题。如：你认为你每天背诵英语的最佳时间是何时？ A. 早晨；B. 早自习；C. 中午；D. 课间；E. 晚饭后；F. 其他。

(3)填空题。它是在问题中留有一定的空白，让调查对象填写完成的问题。如：在没有学习化学以前，你喜欢哪些课程？____

(4)问答题。它是允许调查对象充分自由作答的开放式问题。如：你认为怎样才算一个好老师？

(5)排序题。它是让调查对象根据一定的要求给答案排序的问题。例如，调查学生对各门学科的喜欢程度：请按照你对各学科的喜欢程度由小到大编号排列(1~7)。

数学　语文　英语　物理　化学　生物　体育

3. 设计问卷问题的基本要求

问卷问题的设计是问卷编制的关键，应考虑以下几点：

(1)问题的设计和研究目的要一致。有人把它称作"适宜原则"，它强调问卷中所有问题应和研究的主题相符合，要切合主题、要针对主题。

(2)问题的内容：所列项目对研究目的要有较好的覆盖面，答案要能反映所研究问题的主要方面，且不交叉、重叠。

(3)问题的数量：问卷的长度要适度，一般以30~40分钟的作答时间为宜。问题太多，作答者容易产生厌倦情绪，导致敷衍塞责或不予回答；若问题太少，又不能得到有关研究的基本事实材料以致影响研究结论。因此，可问可不问的问题要删除，而一些较复杂的甚至要查资料才能回答的问题要尽量避免。

(4)问题的文字表达：一般要求文字准确、简明扼要、容易回答。在结构上，一个问题只宜含一个疑问，不应包含两种以上内容的提问。如：你喜欢生物和化学吗？这个问题实际上出现了两个选项，如果答卷人只喜欢其中一个选择项，就不知如何作答了。

在语言上，一般不用假设或推测用语，切忌繁杂和意义含混，如"假如……你是不是会……？""如果……你将会……"。问题的表述要避免对答卷者造成启发和暗示，如："很多专家呼吁不要择校，你的意见呢？A 要；B 不要。以专家的意见为开头的问题，很容易引导答卷人和专家意见一致。

(5)问题的排列顺序：调查表首先要说明为什么要进行调查，要解除被调查者的顾虑。关于被试的个人特征资料应放在问卷的前面部分；能引起兴趣的问题、简单的问题放前面，而容易引起紧张的、牵涉个人问题的或复杂的问题可放后面。同时要按内容或性质，把同类方式回答的问题编排在一起。封闭式问卷中，划分水平程度的答案，由低到高，或由高到低，要随机排列，以免产生定势而不认真作答。另外，问题的长短要适度，并尽可能在选择答案中分出等级。一般是 3～7 级，多为 5 级，如"很差、比较差、一般、比较好、最好"。

4. 问卷的编制与实施程序

问卷的设计过程，是研究者根据调查研究的目的和需要，编写问题和形成问卷的过程。编制程序包括下列步骤：

(1)明确研究目的，根据研究目的和假设范围搜集所需资料，并确定调查对象；

(2)列出问卷调查所需研究问题的纲要，确定所要搜集的信息和问卷类型；

(3)围绕主题草拟问题，列出标题和各部分具体项目；

(4)征求有关人员、专家的意见，修订项目；

(5)试测，从总体样本中抽取 30～50 人为试测样本，以检查问卷表述的方式、项目、内容能否被受试者所理解，并求出信度、效度；

(6)再修订，根据试测结果，对项目内容、排列方式等加以改进，然后打印。

至此，问卷的编制工作完成，可以按计划发放问卷，进行正式调查。

实施问卷法的基本程序可以概括如下：

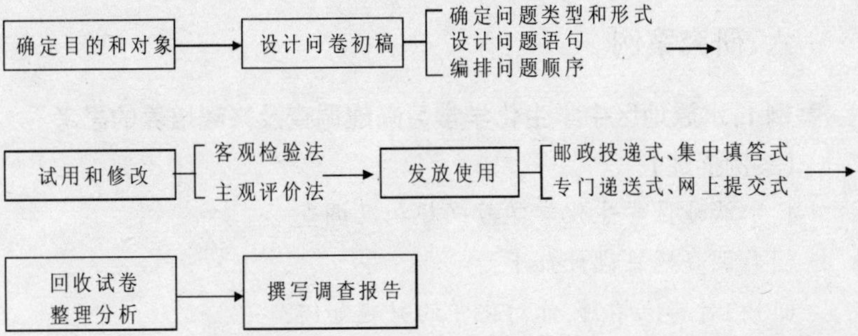

客观检验法是选择与被调查对象相似的个体进行预备测试，分析问卷质量；主观评价法是请有关专家根据问卷设计时的参考指标进行仔细审评，以提出一些建设性的意见和建议。两者结合使用，最后定稿之后即可发放使用并及时回收有关问卷。

5. 问卷的发放、回收

(1)确定发放的形式。问卷发放有不同的形式，且各有利弊。无论哪种形式，在卷首均应说明调查目的及填答要求。邮寄问卷时，应附回件邮资，收到填好的问卷后要写封感谢函。对于邮寄问卷，有时采取跟踪发信函的方法。跟踪发信函事先应有计划，有时还要进行两次或两次以上的跟踪发送，连续发出的信函应该始终是令人愉快的，但又是坚决地激励答卷人迅速回答的。跟踪发信函的方法有两种：①紧接着给那些没有回答的人寄一封信或明信片；②给每个人都发一个空白问卷的信封。前者更受欢迎，因为它较经济，而且排除了从同一个人那里收到两份已做好的问卷的可能。

(2)对问卷回收率的计算　一般而言，回收率如果仅30%左右，资料只能作参考；50%以上，可以采纳建议；当回收率达到70%以上时，方可作为研究结论的依据。因此，回收率一般不应少于70%。如果有效问卷的回收率不足70%，要再发一封信及一份问卷。

六、研究案例

案例1:水族地区中学生化学学习兴趣调查及兴趣培养的思考①

【案例描述】:

1. 水族地区学生化学学习兴趣状况调查

问卷调查题目设计如下:

(1)相对其他学科,你对化学的兴趣如何?

A. 十分喜欢　B.一般　C.不喜欢也不讨厌　D.讨厌

(2)你喜欢化学的原因是什么?

A.老师讲得生动　B.实验非常有趣

C.化学非常有用　D.化学课本好看

(3)你认为化学有什么用?

A.种田要用化肥和农药　B.外出打工需要化学知识

C.找矿、挖矿需要化学知识　D.酱油、盐巴、酒都与化学有关

(4)你为什么要学习化学?

A.因为学校开了这门课　B.为了中考、高考

C.为了丰富自己的知识　D.因为家长和老师的要求

E.学习化学知识能解决生产和生活中的实际问题

(5)与其他学科相比,你的化学成绩

A.最好　B.一般　C.最差

(6)你的老师是否经常讲到化学课外知识?

A.是　B.有时候　C.不是

(7)你的化学老师上课一般采用的方式是

A.以自己讲解为主

B.先将知识点讲完,然后留时间给学生自己做练习或看书

C.经常与学生交流,课堂气氛活跃

D.经常讲解生产、生活中的化学问题

(8)你做过化学实验吗?

---

① 邹洪涛,胡加丽.水族地区中学生化学学习兴趣调查及兴趣培养的几点思考[J].化学教育,2006(5):44-53.

A.经常做　　B.有时做　　C.很少做　　D.从没做

(9)你上课以前是否预习新课?

A.总是预习　　B.有时预习　　C.从不预习

(10)对于化学任课教师的语言、表情等,你的评价是

A.语言平淡　　B.语言平淡、表情单一

C.语言抑扬顿挫、表情丰富　　D.不好说

结果统计(略)。

数据分析(略)。

结论:水族地区中学生对化学学习喜爱程度不高,化学学习兴趣不稳定。

2. 培养水族地区学生化学学习兴趣的几点思考

(1)加强教师培训,使化学教学过程成为学生喜爱的活动过程。

(2)结合化学知识的"有用性",培养学生学习的直接兴趣。

(3)加强实验教学,培养学生的学习兴趣。

(4)加强课外辅导,帮助化学成绩较差的学生提高学习兴趣。

(5)利用化学知识的社会性和化学教育的社会学价值培养兴趣。

【案例点评】:案例1采用了教育调查中常用的问卷调查法,就水族地区中学生化学学习兴趣的现状展开调查,对水族地区10所中学初三及高中各年级学生发放问卷1200份,得出水族地区学生对化学的喜爱程度不高、化学学习兴趣不够稳定的结论。根据调查数据分析原因,并结合水族地区的实际情况对培养学生学习化学的兴趣提出了几点思考,强调从化学知识的社会性及化学教育的社会学价值出发培养学生化学学习兴趣。案例1的优点是采用了规范化的问卷调查法。问卷采用统一格式,统一回答,统一分析,操作相对简单、客观。另外,采用不记名的方式进行调查,还可以缓解或者消除被调查者的内心顾虑,得到更加真实的资料。但是,由于案例1采用的调查方式是一种间接的书面调查,信息量基本固定,无法进行深入的分析研究。而且,由于数据多,工作量很大,在数据分析方面会有一定难度。

案例2:中学生从化学视角理解自然与社会的调查研究[1]

【案例描述】:

1. 调查方法及对象

本调查主要采用问卷调查及个别访谈相结合的方法。调查对象是本校高二年级的2个实验班、2个普通班、2个文科班,共6个班。本次调查发放问卷300份,回收有效问卷288份。

2. 调查目的

(1)了解学生能否将书本知识与自然、社会中的实际问题联系起来。

(2)了解学生能否正确运用科学概念理解和解释有关的化学现象。

(3)了解学生是否有从微粒作用观角度解释化学现象的意识。

3. 调查结果与分析

4. 访谈分析举例

主试与S1 、S2 、S3 的访谈:

[项目1]银器时间久了变暗

……(被试长时间思考)

S1 :我想这银器在使用过程中必然要经历温度的变化,潮湿条件下可能会跟氧气发生反应。

主试:你肯定银器能跟氧气反应吗?

S2 :不一定。

S1 :银器也不是十分纯净,它里面肯定还有其他金属元素,氧气与银器反应就如同原电池一样。另一方面,即银器表面的其他元素与氧气发生化学反应,其他元素失去了光泽使得整个银器看上去失去了金属光泽。

主试:你的意思是说银器里面还有其他元素,其他元素跟氧气发生反应,使它看上去失去了金属光泽。

S1 :如果是纯的银器时间久了有一点点变暗,银器与氧气虽然不易发生反应,但受温度变化影响很有可能与氧气发生反应。

主试:你的意思是说银器要与氧气发生反应,是不是?

---

① 景海荣,梁永平.中学生从化学视角理解自然与社会的调查研究[J].化学教育,2006(3):46-47.

S1：……

S2：我觉得银器应该是由银化合而成，可能是时间久了，银原子有吸光的效应，所以会发生变暗的现象。

S3：我觉得银器与氧气的反应虽然很慢，但是时间一久，它表面可以形成一层致密的氧化膜，就像金属钠与氧气反应一样，它被氧化后，光泽就会变暗。

主试：你是说，银器跟氧气发生了反应，生成了氧化膜。

S3：是。

主试：请大家考虑一下是否有其他原因使银器变暗？

S1：其他的化合物附着在银器上面。

主试：你认为是其他的化合物附着在银器上面？

S1：空气中酸性物质、碱性物质比较多。

主试：空气中酸性物质？你考虑有哪些酸性物质跟它发生反应？

S1：硝酸吧。

主试：还有什么？

(被试长时间思考)

S1：我想就是银器与空气中的其他物质发生吸附作用。

[项目4]苹果从中间切开，放置一会儿就变成棕色了。能解释这是发生了什么变化吗？

(被试长时间思考)

主试：苹果从中间切开，放置一会儿就变成棕色了，这种现象大家都见过，这是怎么回事呢？

S2：我想应该是苹果中含有很多的葡萄糖，葡萄糖发酵生成了酒精。

主试：酒精有颜色吗？

S2：我们用的酒精肉眼看上去好像就有一种黄色。

S1：我认为苹果中含有大量的还原性物质和非常多的矿物质元素。从中间切开以后，由于与空气中的氧气接触，苹果中的矿物质元素与还原性物质反应生成棕色物质。

S3：(思考)

5. 调查的启示

通过调查，得到以下启示：

(1) 学生较少从化学视角思考社会生活中的一些与化学有关的实际问题。

(2) 结果显示多数学生不能正确运用科学概念理解和解释有关的化学现象。

(3) 学生较少从微粒作用观角度解释化学现象。

(4) 由于升学、就业等压力，老师和学生常常把“选学”、“插图”、“注释”、“参考文献”等与实际生活联系紧密的内容一起看作是“辅助部分”，对这部分内容进行冷处理，“教师不讲”，“学生不看”，在师生的眼里，这部分内容处于可有可无的状态，从而失去了这部分内容所具有的功能。

6. 课程实施策略

(1) 联系实际生活策略；(2) 教材优化策略；(3) 多种途径相结合策略。

【案例点评】：案例2以问卷调查和个别访谈法相结合的方式，对中学生从化学视角对自然与社会的理解水平进行了调查，对所得信息进行了总体分析和差异性分析。

第四节　经验总结法

经验总结法是化学教育科学研究的重要方法之一，也是教育工作者使用频率最高并且简单易行又行之有效的科研方法。化学教育经验总结是化学教育工作者以教育教学实践中形成的先进的感性认识为内容，经过进一步的思维加工、分析概括使之上升为理性认识的过程。化学教育经验的创造主体可以是集体或者个人，因此化学教育经验总结可以是集体的行为也可以是个人的行为。本节主要阐述了何谓化学教育先进经验、先进的教育经验从何而来、如何进行先进教育经验的总结。

一、化学教育经验的特点

教育工作者在教育教学实践中会积累很多经验,如怎样让初学者对化学感兴趣、怎样让学生理解“物质的量”的概念、怎样讲清楚“氮”在自然界中的循环、怎样做好某一章节的总结、如何复习迎考等,与之对应的处理方式都可称之为经验。但是,最值得教育工作者花时间和精力去总结的经验,往往是那些先进的教育经验。先进的教育经验一般具有有效性、创造性、稳定性、现实性、回溯性和普遍性等特点。

(一)有效性

先进的教育经验首先应该是有效的。也就是说,经验在产生与形成的过程中,已经在实践中引起了较强的反响,并取得了较好的教育教学效果。

(二)创造性

即教育经验具有革新的特点。创造主体或者独树一帜或者另辟蹊径,该种经验对于丰富教育实践或教育理论的内容有一定的贡献。

(三)稳定性

即教育经验经得起实践的检验和理论上的辩驳,它的形成与应用始终表现着相对较好的教育教学效果,不因教育者、教育对象、教育环境的变化而存在大的波动,经验的效果不是偶然的、随意的。

(四)现实性

即教育经验具有迫切的现实意义,对于提高教育教学质量或推动教育教学改革有积极的促进作用,或为解决教育教学中的困惑提供了具体途径和方法。在大力推行新课程的今天,教育经验的现实性比以往有着更加重要的意义。

(五)回溯性

教育经验总结总是在教育实践活动结果已经显现的基础上发生的,它不容许也不可能超越教育实践活动,是归纳思维的 活动。

它在研究过程中不对研究对象施加任何影响，以求得某种效果，而只对自己或他人实践中的经验进行回顾、反思，并总结与挖掘其中的价值[①]。

（六）普遍性

即教育经验能够解决带有普遍性的问题，能在教育教学改革中以点带面，推动全局。特别是那些抽象理论性的化学教育经验，更应权衡其普遍意义，以免产生不良影响和不必要的损失。

二、化学教育经验的来源

化学教育经验的来源广泛，对一线教师来说，经过一定时间的教育教学实践后，在备课、设计、课堂、作业、解题、辅导、学习等环节都可以找到灵感。

（一）备课

备课是教育教学的重要环节。在新课程实施的今天，备课显得尤为重要。如何落实新课程理念？如何科学地应用教科书中多样化的栏目？如何实现三维目标？诸多的问题都需要教师在备课中努力地探索，教师在探索过程中好的做法、好的行为以及由此产生的心得体会等，都可以成为经验的一部分。

有人根据自身的教育实践，总结了四条新课程化学教学的备课经验[②]：一是备熟化学课程标准——导课的目标；二是备细教材——导课的线索；三是备精学生——导课的主体；四是备活方法——导课的技巧。也有人提出新课程背景下化学教师备课应处理好六种关系[③]：备课与教案的关系，接受学习与探究学习的关系，预设和生成的关系，教学前、教学中、教学后三阶段备课的关系，教师备课和学生备课的关系以及个人备课与集体备课的关系。

① 刘志军.教育研究方法基础[M].北京：人民教育出版社，2006：9.

② 周军.浅谈新课程化学教学中的备课环节[J].黑龙江科技信息，2007(5)：101.

③ 许应华.新课程背景下化学教师备课应处理好六种关系[J].中小学教师培训，2006(1)：39-40.

(二)设计

教学设计是课堂教学活动成功与否的重要保证。在课堂教学设计活动中,需要研究教材,研究学生,选择教学方法与设计教学步骤。在这个过程中,很多情境会引发我们对过去教学经验的追忆,启发我们对过去教学经验的总结和修正。特别是在集体教研活动中,通过倾听大家的见解,考虑别人的做法,再结合自己的教学实践,很容易启发我们对某个教学问题做更深刻的认识,发现先进的化学教育经验。

(三)课堂

课堂是教师教学活动的主要舞台,也是一个较为复杂的系统。在这个系统中,教师常常会有一些教学的成功感,如果能够及时把那些做法和体验记录下来,再把该做法放回课堂中去验证,这样反复多次,便真正获得了某种课堂教学的经验。

1. 课堂提问

课堂提问是教师了解教学效果,启迪学生思维的重要方式。要想取得满意的提问效果,如何进行提问是教师必须思考的问题。

国家级著名特级教师曹洪昌根据自己的教学实践,早在1995年就提出了化学课堂提问的10条标准:提问要目的明确、提问要言简意赅、提问要有针对性、提问要有启发性、提问要难易适度、提问要层次分明、提问要新颖别致、提问要机动灵活、提问要把握时机和提问要面向全体学生,并对每一种标准或者举例或者进行了较有力的论述。

2. 课堂感悟

特级教师曹洪昌非常善于在课堂中运用幽默,总结了在化学课堂中运用幽默的10种方法:运用谐音融幽默、巧借错误出幽默、顺水推舟导幽默、形象比喻化幽默、活用教具显幽默、化学史话添幽默、生活现象增幽默、妙用诗歌孕幽默、拟人手法生幽默和精选谜语诱幽默。

(四)作业

作业是教学的重要环节,是检查教与学质量的重要手段,它在发展学生智能及反馈教情、学情等方面，发挥着重要的调节作用。因此，作业布置与批改的科学与否，将直接影响着教学质量的高低。

1. 作业布置

学生的化学作业有多种形式，如果以课堂为基准来划分，可分为课前作业、课内作业和课后作业三种形式，每种形式的作业都有其独特的功能。有人针对学生作业的量多而质差、无针对性、无创新性、形式单一等弊端，并结合化学学科的自身特点，提出了化学作业改革的三种策略[①]：课前作业，导乐学；课内作业，增能力及课后作业，拓发展。还把课内作业分为课堂讨论作业和课堂练笔两种形式，并进一步阐述了课堂讨论作业的分类、处理方式以及课堂练笔的功能等。他还把课后作业分为练习型家庭作业和化学课题研究作业两种形式，并分别说明了每种作业的注意事项。

2. 作业批改

在《浅谈作业批改的艺术》[②]一文中，作者针对目前作业中出现的反馈时间过长、反馈信息量过小、校正措施不力、作业形同虚设等作业批改中存在的普遍现象，结合自身的实践提出了精批细改、自我批改、分组批改和当堂当面批改四种作业批改方式。这四种方式可以大大提高作业的评批效率，起到作业教学应有的作用，也可以使教师从繁重的作业批改中解脱出来，不失为作业批改的好经验。

（五）解题

习题在理科教学中的重要地位是不言而喻的。一个优秀的化学教师也往往是个解题的能手，他们几乎对每一教学单元、每一类型的习题等都有自己独到的见解。这也是教育经验的来源之一。

（六）辅导

辅导提供了教师与学生直接接触的机会。在辅导的过程中，教师可以更好地了解学生的长处和短处，有利于经验的积累。

---

① 许海卫.高中化学新课教学中作业改革的探索[J].化学教学，2002(6)：24-25.

② 刘德兵.浅谈作业批改的艺术[J].考试：中考版，2005(12)：59.

1. 竞赛辅导

在《化学竞赛命题特点及辅导策略》①一文中，作者总结了多年辅导化学竞赛的经验：宣传化学，提高兴趣，吸引优秀学生参赛；脚踏实地，注重基础；拓宽知识面，培养自学能力；突破思维定势，引导学生创新；强化训练，使学生掌握有效的解题方法；捕捉社会热点，精心选编试题和加强学科渗透，培养学生综合素质。

2. 活动辅导

化学综合实践活动是化学课程的一部分。但是学生往往缺乏进行活动的必要技能，这就需要教师要适时地进行有关知识和技能的辅导，如：怎样进行调查？如何写调查报告？如何进行资料的搜集与整理？如何进行废弃物品的回收利用等。教师在长期的辅导与实践中自然会得到许多宝贵的第一手资料和活动的体验，如果能够把它们记录下来，便成了经验。

(七)学习

教育工作者除了在自身的教育实践中可以得到经验外，在学习的过程中也可以得到或发现先进的教育教学经验。教师可以阅读教育类的或本学科的期刊，这些资料中的一篇文章、一段话或是一句话也许就是你经验的源泉。特别是经过大量的教育学、心理学、学科教学论等书籍的学习，可以提高自身的理论水平，能够为自己原先在教育教学实践中得到的朴素经验在理论上找到依据，从而提升教育经验的水平和自身的教育教学实践能力。

如通过学习可以了解特级教师刘景昆的化学教育经验主要有两条，一是"激发学生的学习兴趣"：刘老师善于运用鼓励启发学生的思维，注意把学生学习的目的与国家、科学研究等宏观问题结合起来，注重学生学习的"三序"问题，还强调引导学生联系周围生活和生产实际中的问题来学习化学知识。二是"丰富多样的教学方法"：在刘景昆老师四十年教学生涯中，他没有受传统教学"五个环节"的束缚，他采用的教学方法丰富多样，有启发讨论式、讲解式、归

① 刘根厚.化学竞赛命题特点及辅导策略[J].中学化学教学参考，2007(4)：41.

纳对比式、启发探索式、边讲边实验边讨论、自学辅导等。可以看出他的教学方法的中心是"启发式"。另外,刘老师还用自己热爱教育事业、热爱科学的感情时时刻刻、潜移默化地感染着学生。

特级教师曹洪昌用"激励原理"为自己的教学经验锦上添花,也为"作业批语——不应遗忘的角落"找到了理论依据①。

此外,教育工作者在优秀教师的公开课、学术会议、经验交流会、集体备课等活动中都可以借鉴别人的先进经验为己所用。

由此可见,只要教师是个实践的有心人,有经验总结意识,注意不让那些宝贵的灵感体验擦肩而过,你会发现,教育经验无处不在。

三、化学教育经验的总结方法

化学教育经验的总结没有固定的方法。教育工作者在进行教育经验总结时,大体上可按以下几个步骤进行:确定选题、检索查阅、搜集记录、初步提出、核实验证、探寻理论、总结成文和经验推广。

(一)确定选题

如前所述,教育工作者在教育教学实践中随时都可能发现新的经验,这时,最好马上把实施方案、心得体会等记录下来,以免遗忘。一段时间后,他们可能会惊喜地发现自己已经积累了很多的"经验"。但是,并不是每一条经验都值得总结,真正值得花时间和精力总结的往往是那些具备上文所述先进经验特点的灵感体验。

(二)检索查阅

一般而言,总结课题选定以后,研究者不要急于总结成文,首先要做的是文献的检索与查阅。通过文献的检索与查阅,研究者可以了解该选题的研究情况,避免盲目摸索或重复已有成果,也可以为经验总结提供可靠的文献依据。

文献的检索与查阅主要有两种途径:一是上网检索。研究者可以通过"baidu"、"google"等搜索引擎,了解与本选题相关的内容及相

---

① 曹洪昌.作业批语——不应遗忘的角落[J].化学教育,2003(5):23-25.

关研究状况。通过期刊网络查询是最为方便快捷的方法。研究者通过搜索可以了解近几年化学重要期刊及相关期刊的总目录，找出有关课题的研究文章，了解前人对该课题已做过哪些研究。二是查阅期刊。除大学教育工作者可以方便地直接查阅期刊网络外，很多中学教师没有条件登录期刊网络。因此，他们只有通过查阅本校的或附近学校的相关现刊或过刊来了解本选题的研究现状。

但是，如果研究者已有较为深厚的研究功底，具有敏锐的洞察力及前导意识，在选题确定后，就可以动笔写作，在总结成文后，再检索查阅相关研究。在此过程中，研究者可以挑选那些影响力较高的期刊或书籍中的相关研究观点，为自己的研究提供强有力的支撑。成文后查阅文献，还可以有效避免自己的文章涉嫌抄袭或综述别人的观点，以保证总结成果的创造性。

（三）搜集记录

明确了选题与研究现状之后，研究者就可以着手对总结的经验进行资料的搜集与记录了。

在总结自己的经验时，研究者一定要实事求是地搜集有关资料并做好记录。经验资料的搜集力求全面，一般包括问题或现象的叙述、问题的分析与判断、问题的解决方法、解决问题的效果等。问题或现象的叙述是指某个化学问题或化学现象的产生原因、背景、发生的时间、地点、环境等；问题的分析与判断是指研究者对问题作出明确的判断并表明自己的观点；问题的解决方法是指经验获得者解决问题的具体方法、操作步骤及采取的态度等；解决问题的效果即经验实施效果的证明材料，可以是学生的学习成绩、兴趣、行为等的变化情况，也可以是学生或别的教师的反馈意见。

如果研究者是在总结别人的经验，搜集事实材料，则要围绕与经验创造者有关的人物和事件，可以是经验创造者本人从事化学教育活动的现成文字、音像与实物材料，也可以是经验创造者在从事化学教育活动的现场取得的观察材料，还可以是从其他途径得到的调查材料。调查材料中应含有能对该经验的实际效果进行评价的客观性材料。若经验创造者本人现成的事实并不多,那么现场的观察材料与调查材料就更为重要。

(四)初步提出

经验总结者搜集记录了一定的经验材料后,便可着手整理经验材料,归纳并提出初步经验。如在《高三化学作业布置的实践与思考》①一文中,针对作业的重要性与有的高三教师课后作业布置中存在题量过多、内容随意等诸多问题,作者根据自己的教学实践,总结提出了高三学生的作业"量要少、质要精",并从六个方面阐述了"量要少"的合理性,从三个方面说明了"质要精"的具体功能表现。

(五)核实验证

研究者初步提出教育经验后还要认真地进行经验效果的核实与验证。经验的核实验证是教育经验总结的必要环节,因为经验来自教育教学的自然状态,经验所提供的方法在实施过程中缺乏对微观变量的严格控制,所以经验往往只能单一地揭示教育现象中的因果关系,只有通过实验的方法来加以科学的验证。

如上文中陈建朝与杨小燕两位教师初步提出高三学生的作业"量要少、质要精"后,并在实践中进一步验证了该种方法的有效性。他们在《高三化学作业布置的实践与思考》一文中写道:在严格遵守诺言,按预先计划布置作业的长期教学中,师生间更有了一份默契,关系更融洽,学生对我更喜欢、更尊重,我对学生更理解、更热爱。在期末学生对教师满意率调查中,所任教的304、309班化学的满意率最高,且在同组成员中也名列第一(满意率94.2%,较满意5.8%,不满意0%),并在期末杭州市统测中,309班的化学成绩位于8个平行班第2名。特别是304班,在语、数、外、理、生五科均不理想的情况下,唯有化学成绩列重点班第一。304班的学生还相互交流说,"还是化学好,作业做得少,成绩反倒好",我听后也为自己的教学感到欣慰并更充满自信。

① 陈建朝,杨小燕.高三化学作业布置的实践与思考[J].教育前沿,2006(5):69-70.

（六）探询理论

教育经验的效果得到核实和验证后，研究者最好能够为经验之所以能够产生如此效果找到有力的理论依据。好的教育经验加上科学理论的支撑将更能令人信服，更具有科学性和稳定性，也将会有更大的推广价值。因此教育经验总结者为自己的经验探询相关的理论基础是很有必要的。

如在《高三化学作业布置的实践与思考》一文中，当提出作业"量要少"时，作者分别从素质教育、认知心理学及主动学习中找到了理论支撑；对于作业"质要精"的经验之谈，作者也能从化学学科的本质和孙悟空兄弟三人吃人参果的感觉中找到令人信服的理论支持。

（七）总结成文

教育经验总结论文和普通论文一样，要具备观点新颖、结构严谨、层次分明、语言简明、表达准确、观点和材料一致等特点。此外，经验总结论文还有其自身结构上的特点。普通的教育经验总结论文，通常包括化学教育实践活动的背景、过程、方法、效果、体会、认识等。

例如：在《初中化学探究教学之我见》[①]经验总结一文中，作者首先提出问题——目前探究教学中存在的问题：不真实的探究、只有少数学生参与的探究、思维受控的探究和没有思考深度的探究，接着作者给出了解决问题的过程和方法——探究教学实施策略：抓住探究实质、选取合适的问题、教一些基本方法、调控与指导和反思与交流，最后作者在结语中表明了自己对探究教学的认识和体会：……改变传统的学习方式无论从当前还是长远来看都势在必行，所以，我们要努力实现它。更具意义的是我们要将一种"研究"或"探究"的意识融入日常教学中去，时常抓住一些小问题，例如"二氧化碳能溶于水吗"、"用简单的方法比较金刚石和钢的硬度"等，让学生去研究，这样才能使学生对未知事物的探求变成一种习惯，能力和素质便会不

---

① 张晓玲.初中化学探究教学之我见[J].化学教学，2007(3)：30-40.

断提高……

较高级别的化学教育经验总结论文一般由经验的理论分析与实践操作两大部分组成。

例如,《新课程下化学教学过程与方法的思考与策略》[①]经验总结论文由三部分组成:第一部分是过程与方法目标的重要性。研究者分别从认知因素、情意因素、未来发展等几个方面进行了理论上的论述。第二部分是实施过程与方法目标的教学策略。作者从“利用好教材”、“创设教学情境”、“精心构思问题”、“关注师生互动”和“重视习题作用”五个方面进行了阐述。第三部分是对过程与方法目标达成度的评价。可以看出,文章的第一部分是经验总结者对“过程与方法”重要性的理论分析,第二和第三部分是实践部分,作者根据自己的实践经验,分别总结了“过程与方法”的教学策略和目标达成度的评价方法。

(八)经验推广

先进教育经验的推广,可以使教育经验在实践中进一步得到检验和发展,还可使经验发挥更大的社会效益。教育经验推广的形式多样,归结起来可分为直接推广和间接推广两种类型。

直接推广主要有经验交流会、专题讨论会、教育教学展览会、教育教学演示活动、教育教学传、帮、带等形式。

间接推广主要有书面经验交流、录音录像播放、组织专题研讨会等形式。

四、研究案例

案例:初中化学学生实验“四步教学法”初探[②]

【案例描述】:

1.“四步教学法”的意义和内容

随着素质教育的不断深入,实验,特别是学生实验不断得到加

① 杨军.新课程下化学教学过程与方法的思考与策略[J].化学教学,2007(2):26-28.

② 李邦武,杜振发.初中化学学生实验“四步教学法”初探[J].实验教学与仪器,2001(2):5-7.

强，但在教学实践中我们也发现如下不良现象……究其原因，这些情况大多是由“学生预习不到位”而引起的。学生预习得不好，必然心中无数，实验时不敢下手，致使少数人唱独角戏；或者硬去凑热闹，东拿试管西挪烧瓶。前者必然浪费大量时间，教师无时间指导，只能匆匆下课，收效甚差；后者必然引起错乱，既浪费时间，又多发生事故，教师往往顾此失彼。由此，我们设计了“说——拟——做——评”四步教学法。“说”和“拟”旨在让学生做好预习，前者目的是清除学生实验理论知识上的障碍，后者目的是清除学生实验具体操作上的障碍。“做”旨在让学生通过具体实验完成本节目标。“评”旨在让学生吸取经验教训，扬长避短，在理论上得以升华。这四步正如盖大楼，“说”和“拟”是打地基和备料；“做”是盖楼体；“评”是总体装饰。

(1)说。说是指让学生说实验，是使其在理论知识上做好实验预习，并将预习所得口头表达出来的一种自学形式。说的内容包括十二项。

说的形式有提问说、分组说、讨论说三种。

(2)拟。拟是指让学生模拟实验，是使其在实体操作上，做好实验预习，并将实验以划空形式演练出来的一种自学形式。

拟的内容有：实验组装(或装置图)、实验具体的操作步骤。

拟的方式从内容上看有全部模拟、重点模拟和细节模拟。

(3)做。做是指做实验。

做的内容是实验课的核心，其依据是教材目标。

做的方式从形式上看包括：以实验小组长为首，组员辅助做；学生轮流做；教师重点示范做。

(4)评。评是指实验结束后，评价总结其成败得失，使某些问题上升到理论角度，找出规律。

评的方式主要有：个人自评、小组互评、教师总评。评要实事求是，客观公正。

评的内容主要包括：这节课学到了什么？重难点是否完成？操作中有哪些失误和教训？你对这节课又有何建议？

2.“四步教学法”的作用与效果

实践证明,“四步教学法”特别适用于乡村中学,能够解决仪器数量不足、药品缺乏的问题,最优化地利用了现有条件,且在以下几个方面有了较大发展。

(1)提高了学生学习化学的兴趣。

(2)培养了学生多种能力,特别是自学能力。

(3)面向全体学生,大面积提高了学生素质。

3. 应注意的问题

(1)努力实现说、拟、做、评四步骤各种形式的最优化组合,合理把握各步时间,将大部分时间用在做上,不可平均用力。

(2)注意联系教材和学生实际。说和拟要不拘形式,有时部分内容可放在课前,只说、拟与本节课联系密切的部分,不宜面面俱到,要做好内容的筛选工作。

(3)“四步教学法”既适用于整堂实验课,也适用于教授某个实验知识点。

【案例点评】:这是一篇关于课堂教学设计的普通的教育经验总结论文。纵观全文可见,作者是从“四步教学法”研究的“背景与意义”、“过程与方法”、“作用与效果”以及研究的“认识与体会”四个方面做经验总结的。

“四步教学法”研究的背景与意义体现在论文的引言部分。作者以化学《教学大纲》对学生实验的要求为文章的开头:“《教学大纲》中明确指出:对于学生实验,要积极创造条件,努力完成,使每个学生都有动手做实验的机会。在实验前,要求学生预习实验内容;实验过程中,要仔细观察发生的现象,联想学过的知识,进行分析、判断,认真做好记录;实验后要如实地写出实验报告。”作者以此为背景提出研究的问题:学生实验的“四步教学法”,并指出其研究的意义在于“使学生的自学、讲说、操作、自测于一体,使学生通过实验,在各方面得到全面的发展。如此一来,实验课的实效性得到了大大增强。”

“四步教学法”的“过程与方法”及“作用与效果”主要是经验材

料的"搜集记录"的过程,体现在论文的第一和第二两部分。在文章的第一部分,作者搜集了教育实践中化学实验的不良现象:"学生预习漫无目的,重难点无法得知,预习内容如过眼烟云"、"除几个实验小组长外,其他学生很难有动手的机会,或者做实验一窝蜂,小组成员不能密切配合,操作观察无主"、"教师指导,面对多个小组顾此失彼"和"实验仪器零乱或损坏等情况多有发生";搜集了"说—拟—做—评"四步教学法中每个步骤的实践意义和实践的具体内容。在"说"、"拟"、"做"和"评"四点中,作者明确了各自的内涵(自定义)、具体内容和形式,并对内容和形式中不太直观的地方进行了举例说明。例如:"说"的内容包括12项,即"实验的目的"、"实验的要求"、"实验的原理"、"实验的器材"、"实验中的装置及其设计的依据"、"实验的步骤"、"实验中需特别注意的事项"、"实验用到哪些理论"、"做该实验可能有哪些地方搞不清楚或有哪些难度"、"实验的重难点"、"实验的关键"和"做该实验的建议或方法";"说"的形式有提问说、分组说、讨论说三种。四步教学法的内容和形式是经验总结最重要的组成部分。文章的第二部分是经验的"作用与效果"。在该部分中作者是从定性的角度去衡量"四步教学法"的作用与效果的。作者指出"四步教学法"的作用在于:"四步教学法"特别适用于乡村中学,能够解决仪器数量不足、药品缺乏的问题,优化利用了现有条件,经验的"作用与效果"也可以用学生成绩的提高、学生对教师的满意率大等定量数据来佐证。

文章的第三部分强调了"四步教学法"应注意的几个问题,这也是作者对该经验的进一步认识和体会。

但是,作者若能对"四步教学法"的作用与效果再从理论上寻求支撑,该经验的可信度就更高了。

第五节　案例法

近年来,案例研究以及案例教学问题,已引起教育理论和实践界越来越多的关注，案例正成为教育界使用频率越来越高的词汇。案例法首创于美国哈佛大学，最早运用于19世纪后半叶的法律教学中，后来又被运用到医学、工商管理学、心理学等教学和研究中。案例法代表着当代教师教育中比较新颖、颇有前景的一种有效的研究方法。那么，在教育科研中，究竟什么是教育案例法？案例研究又能发挥什么作用？怎样在教育实践中开发案例呢？本节将就此展开讨论。

一、教育案例法概述

（一）教育案例法的实质

案例，源于英文单词“case”，又称“个案”，是对个体对象、决策行为或对某个实践中发生的情景的真实描述，是一种描写性的研究文本。它可以是对学生、班级、学校等特定研究对象连续不断的成长过程的描述，也可以是学生学习的有趣故事，或者是教学过程的精彩回忆，还可以是对实践中的突发事件或遇到的困惑的记录，甚至是师生交往的曲折经历等。

教育案例法是以教育中的案例为研究对象，通过研究案例中的教育教学规律，归纳总结教育中的经验和方法并最终推广运用的一种研究方法。教育案例可以是故事，可以是日记，也可以是对特殊事件的描述。它通过对某种情形的真实描述，向大家提供具体的背景、场合、人物、事件及后果，引发人们反思。

（二）教育案例的特征

1. 所有的案例都是事件

案例所展示与反映的都是事件，教育上的案例也首先表现为一个事件。但并不是所有的事件都称得上是案例，能够作为案例的事件必须具备两个条件：

（1）事件中必须包含一个或多个疑难问题，同时也可能包含解决这些问题的方法。

（2）该事件必须具有一定的典型性，通过该事件能给人带来许多思考，若遇到同类事件，该事件就能产生借鉴的价值和意义。

2. 所有的案例都是故事

案例讲述的都是一个故事，并且在很多情况下，所讲述的都是有趣的故事，其中会有一些生动的情节、鲜活的人物。但并不是每个故事都可以作为案例，作为案例的故事，至少要满足两个条件：

(1)故事必须是一个真实的事例，不能是凭空想象杜撰出来的，没有真实发生的故事不能作为一个案例。

(2)该故事必须是情节完整的，片段的、支离破碎的故事也不能称之为案例。

3. 案例都是对一个事例的描述

案例在叙写上，要具备下列条件：

(1)事例的描述要包括一定的冲突。

(2)事例的描述要具体、明确，不应是对事情的笼统描述，也不应是对事情所具有的总体特征所作的抽象化说明。

(3)描述中，要把事例置于一个时空框架之中，要说明故事发生的时间、地点等，要反映出故事发生的特定背景。

(4)事例的描述，要反映出教育教学工作的复杂性，揭示出人物的内心世界，如态度、动机、需要等。

(三)教育案例与有关内容的区别

1. 教育案例与论文的区别

体裁上，教育案例以记叙为主，而论文以议论为主；思维方式上，教育案例以归纳为主，而论文以演绎为主。

2. 教育案例与教案的区别

教育案例是事后所做，教案主要是事前所做；教育案例往往是对某一点有感而发，教案则是对整节课的设计。

3. 教育案例与实录的区别

教育案例是对教育教学过程中的一个内容或片段的描述，是有所选择的，教学实录是对全程的记述，是有闻必录；教育案例往往有揭示分析，教学实录则是忠实记录。

二、教育案例研究的作用

每一位教师在其教育教学生涯中,都会遇到这样或那样的事件,如所教的学生中,可能会有学习困难的,学业成绩优良的,也会出现有偏科现象的学生,或者是认知与情感发展不均衡的学生等。诸如此类的事件,实际上都可以经过一定的思维加工,以案例的形式呈现,成为大家共同探讨的对象。将这类事件转变为案例的过程,就是一个重新认识此事件、整理自己思维的过程。具体来说,案例研究对于教师有以下益处:

(一)促进教师联系实际,学习理论

教师研究教育案例,必然激发起教师关注教育情境的热情。当具有研究价值的教育情境触动教育的实施者即教师时,教师必然寻求理论的支持,寻求问题的解决办法。这样,就会促使教师不断学习理论,从而增长才干。

(二)促使教师进行自我反思,提高专业化水平

教育案例是教师反思的外在表现,是教师梳理、记录自己教学生涯的一种独特形式。鼓励教师进行教育案例的写作,就是鼓励教师不断地自我反思,使日趋走向成熟期的教师在反思中验证理论假设,提高教师的教育机智。

然而,很多教师只有在期末或年终学校评价自己的工作时,才会系统地反思自己的教育教学行为,关于自己教学工作中的"是什么"、"为什么"、"怎么做"等问题极少有意识地加以探讨,而案例写作在很大程度上可以扭转这种局面。它通过促使教师反思自己工作的某些方面,可以发现某些问题,进而澄清相关问题。这就极大地促进了其向教师专业化方向迈进。案例写作若能渗透于教师的教学过程中,而不只是一时冲动或岁末特有的行为,就可以使教师把反思当成常规工作。

(三)促使教师深刻地认识自己工作的重点与难点

能够成为案例的事实,往往是教师工作中难以化解的难题。对教学经历进行梳理的过程,实际上会强化教师对自己的教学能力的

认识,将注意力集中于一些根本性问题上,同时也帮助教师认识到自己的不足。如果教师对案例的写作形成一种习惯,那么随着案例材料的增多,教师就能逐渐发现自身工作的重难点所在,从而明确未来努力的方向。

(四)为教师之间分享经验、加强沟通提供了有效途径

教师工作主要体现为一种个体化劳动的过程,平时相互之间的交流相对较少。案例写作以书面形式反映某位或某些教师的教育教学经历,它可以使其他教师有效地了解同事的思想行为,使个人经验成为大家共享的经验。这样就能形成一种新的教师文化,大家通过个人分析、小组讨论等,认识到自己所从事工作的复杂性,以及所面临问题的多样性和歧异性,从而将自己原有的缄默知识提升出来。

三、教育案例的开发与形成

(一)案例撰写的程序

教育案例研究的基本思路是:把教育事件发生和处理的全过程如实记录下来,写成“案例过程”,然后围绕问题进行分析、研讨,提出解决问题的策略,最终形成教育案例。一般来说,教育案例研究的撰写要经过前期准备、搜集材料、分析研究、形成案例四个阶段。

1. 前期准备阶段

该阶段要求研究者了解当前教育改革的背景和方向,通过相关的调研初步确定案例的研究目标、研究任务,以及案例的体例、类型、结构等。

2. 搜集材料阶段

搜集充分的案例材料是教育案例研究的基础,研究者在教育活动中只要留心就能捕捉到内容丰富的案例材料。搜集案例材料的具体方法主要有观察法、访谈法与调查法等。

3. 分析研究阶段

该阶段要求研究者围绕案例材料作多角度、全方位的解读。它可以是教师个体对案例的反思,也可以采用集体讨论(如教研活动)

的方法，共同研究。研究时尤其要注意对教育活动作整体的考察和深层次的分析，以免失去案例真正的意义和价值。必要时案例研究还可以进行文献分析，即通过查阅文献资料，从过去和现在的有关研究成果中受到启发，以此找到有关的理论依据，增强案例分析的说服力。

4. 形成案例阶段

在对案例作多角度研究分析的基础上，可按一定的结构进行表达，形成教育案例。

（二）教育案例的写作格式

1. 事实描述+点评

这类案例的书写分为二至三部分。第一部分为精彩片段的描述，其描述性语言应该是实录性质的，不带任何个人感情色彩。第二、三部分为分析和思考，这部分内容才是理性的思考点评过程，应提出自己的独特见解。

2. 问题+描述+点评

这类案例的书写可分为三部分。第一部分可以提出建议思考的问题，供读者在学习时定向思考。第二部分是案例实录。第三部分是作者的观点。与第一种格式相比，多了“建议思考的问题”这一部分。

3. 全程描述+反思

这类案例的书写分多部分，描述的是整个活动的全过程，包括准备、设计、活动、反思等，是目前教育界比较提倡的新颖的教学案例模式。

所谓全程描述，就课堂教学来说，应该包括教材分析、学生分析、设计理念（即指导思想）、教学目标等前期准备过程的描述，以及教学流程或教学过程等教学活动进行过程的实录性描述。这种描述可以是原汁原味的、客观性的，也可以在每一步骤后用括号或小号的字作一简要说明。

所谓反思，就是对过程中的某一方面提出自己的观点、问题或者是困惑，也可以对活动的全过程进行深刻的反思。

4. 教学日记

用日记的形式来记录教学过程,对教学过程进行深刻反思,这也可以作为案例的书写格式。不少教学专家都提倡教师要写教学日记,认为教学日记可以提高教师的教学水平,提升教师的教学理念,笔者对此十分赞同。但以日记方式来描述案例,仍要注意事实描述与分析点评两项内容都不可废弃。

(三)教育案例的撰写规范

案例是一种独特的文体,有着自身一些独到的风格和规范要求。在西方的案例写作中,大致形成了这样一些公认的规范:

1. 使用过去时态

案例用过去时编写,在一定程度上是为了保护提供资料的有关学校或教师,这样做可以防止今后某一天出现同样事实所造成的任何影响。同时,用过去时写的案例也可以在教学上使用更长一段时间。如果不使用过去时,就可能要标明写作案例的具体日期及案例事件发生的日期。一般地说,使用过去时可使得案例作者及教学者都能较为灵活地处理案例中反映的事实与问题。

2. 事实反映要充分

全部可得的有关事实都应该包括进去。在大多数情况下,每一案例只出示有关单位或个人关于该特定情景的资料。如果得不到某些必要的事实,往往应当加以说明。要注意的是,在案例中不应包括作者本人的观点,如果要写其他人的观点和看法,应当在案例中注明其为某某人的观点,而不得作为事实来加以报告。

3. 必要时列出实际采取的决策

案例反映的是一个个的问题情境,在案例中列入当事人实际做出的决策常常可以增加案例的趣味,并帮助学生澄清有关思想。然而,是否要在案例中列入有关决策,在很大程度上取决于案例的用途和目的。

4. 注明所引用材料的出处

如果是以学校或教师等的真实姓名(名称)编写的案例,应该在案例标题的脚注中说明材料的出处。

5. 核对有关数据

案例中列举出的所有数据都应该经过仔细核对,保持准确。为了便于核对,可以在案例底稿和初稿上频繁标明资料出处,它应该比正式出版或发表的文本中标明的资料出处更为详细。

6. 附表和附录

表格、图表及其他格式化的制表或地图都可以作为案例中的附表。这些附表应按其在案例中出现的顺序依次编号,在每一附表的下面都应标明材料的出处。不属于案例有机组成部分的材料,或因篇幅过长不宜列入正文的材料,可载于附录之中。附录通常以字母或数字标示,如附录1或附录A。

(四)教育案例编写的注意事项

(1)案例的编写与开发必须注意用于教学和实施的对象,要充分尊重实施对象的知识水平、原有的认识观等。同时更应注意学科特点、知识跨越度及学生可接受程度。

(2)案例编写应当坚持实事求是的原则,编写的内容是课堂真实活动的反映,或者生活情景的再现,严禁将杜撰和任意编造出的案例应用于教学中。

(3)要坚持以正面案例为主。案例编写的根本目的就是更好地应用于教育教学工作,因此所选用的材料、事件应当是正面积极的内容。

(4)案例编写不是个人的总结和回忆,当编写出一个案例后,应当依靠集体的力量,加以完善和改进,力争做到最好、最简洁、最优化。

(5)案例的开发与编写应当与教师的教学目标相匹配。教师的教学目标是课堂教学的主导,因此案例的开发和选取的内容必须符合教师的教学目标。

四、研究案例

案例1:教室里面的铁制品为什么会生锈?

——化学源于生活案例

【案例描述】:秋季开学了,经过一个暑假的风吹雨打,教室里面的铁制品很多都已经上锈。窗户上的钢筋生锈了,电风扇也出现了不同程度的锈蚀,连盛有半桶水的铁桶也生锈了。(背景)仔细观察后,请在座的同学们分析:为什么会生锈?所有的铁制品生锈程度都一样吗?有什么办法阻止它们生锈?(主题)下面请同学们先说出教室里面各种各样的铁制用品,然后小组讨论,分析总结。引导大家注意细节:(1)窗户里面的钢筋生锈为什么不一样?(2)铁桶什么部位生锈最严重?(3)风扇为什么生锈最轻?(细节描述)。

采用生动真实的案例旨在帮助学生通过比较的方法对比得出金属生锈的理化条件,在学生总结出相关知识后,教师再适当地拓展和延伸。(1)联系到生活中的其他铁制品如自行车链条、厨房中的菜刀等,出现生锈的情况,由学生加以分析和总结;(2)请学生通过互联网等方法查阅相关的资料,试总结出其他金属生锈和防护的知识,并与同学主动交流意见。(评价和问题延伸)

【案例点评】:此案例是由发生在中学课堂上的真实情景而编制的,属于“全程描述+反思”的案例格式。案例所选用的事件就发生在当时的课堂中,所涉及的内容难度也不大。利用案例问题的解决和拓展,进一步提供给学生学习的空间,使学生关心生活,体现了将化学知识融入生活的重要特点。同时由于案例生动、真实,学生容易接受,更激发了他们的学习热情。案例中呈现出了多种学习观:合作学习、探究学习等,是一个很实用的教学案例。

案例2:空气污染的来源与防治

——多媒体化学课件案例

【案例描述】:本案例以大气中常见的污染物及污染源为背景,利用多媒体课件播放,要求学生观看常见的大气污染源、全球大气的污染状况、世界各国采取的防治措施及遇到的实际问题,通过生动的图片和影音资料激发学生的环保意识。

最后，再指导学生从身边的“小事”做起，总结防治大气污染的可行性措施。课件最后通过“京都议定书”的签署，让学生对大气污染有全面的认识和了解。要求学生通过查阅资料，相互交流防治大气污染的可行性。

【案例点评】：本案例将先进的教学手段——多媒体应用于化学教学中，以描述呈现为主，通过生动的图片去吸引学生。案例呈现了化学学科热点问题——大气污染，通过案例使学生切身感受到大气污染的严重性，又通过案例激发了学生的环保意识。案例选用材料真实、有感染力，是案例教学应用于化学的典型代表作。

第六节　实验法

教育实验法和观察法一样，都是教育科学研究的重要方法。观察法和调查法是在自然状态下研究教育现象，很难把握事物间的因果关系，而实验法则是研究者主动地、有计划地控制和改变条件，研究教育现象的方法。实验法能够表明事物的因果关系，有利于揭示教育规律。因此，随着我国教育改革的深入发展，它越来越受到广大教育工作者的重视。

一、教育实验法概述

（一）教育实验法的概念

广义的教育实验法泛指一切实证性的教育科研方法，狭义的教育实验法是指通过探索性的工作安排来检验某种教育思想与预期结果关系的方法。而我们在教育科学研究中常涉及的经典的教育实验法，是指研究者根据某种研究假设，合理地控制或创设一定条件，主动引起或改变研究对象的发生发展过程，并通过观察、测量和分析研究来探索因果关系的一种科学研究方法，其目的在于揭示单个或多个自变量与单个或多个因变量之间的因果关系。实验中的变量（variable）有自变量、因变量和无关变量。

自变量(independent variable)又称刺激变量(stimulus variable),是由实验者主动操纵、掌握,从而引起因变量发生变化的因素或条件,因此自变量也被看作因变量的原因,也叫实验因子(实验因素,也简称实验变量)。

因变量(dependent variable)又称反应变量(response variable),是因自变量的变化而产生的现象或结果。衡量因变量的指标主要有:反应的正确性、速度、难度、强度和反应的次数等,据此来判断由于刺激变量的作用是否引起反应变量的变化及变化的大小。

无关变量(irrelevant variable)又称控制变量(controlled variable),或非试验因素,指在实验中除所规定的自变量以外的一切能影响实验结果的变量。实验中除了有意识操纵的自变量外,可能影响因变量的因素很多,必须对这些无关的变量加以控制,务必不使它们影响、干扰实验的进行,以免发生不必要的误差,以保证自变量和因变量的因果关系的确定和证实。

案例:一项关于某种教学方法影响高中生化学成绩的研究

被试:同校、同一教师任教的两个平行班,共计90名学生。

自变量:教学方法。

因变量:一学期以后学生化学成绩。

无关变量:学生自身对化学学科的兴趣、智力差异等。

(二) 教育实验法的特点

教育实验法是教育科研的一种方法,和其他方法相比,具有以下特点:

1. 以科学的假设为前提

教育实验,从逻辑意义上来说,就是针对教育中存在的问题,提出有科学根据的设想或假说,然后付诸实验检验,从而得出结论,接受或拒绝假设。假设是实验研究的核心。假设作为一种暂时性的结果陈述,它表明了研究变量之间存在的因果关系,依据这种假设性关系,研究人员可以有目的地选择测量方法、工具,控制实验条件。科学的假设能够为研究提供依据,指明方向。

2. 要控制实验条件

实验法可以对各种条件进行人为控制,排除干扰,将需要研究的因素从诸多因素中提取出来,予以独立观察,并控制无关变量,使自变量作用于实验组,而不作用于对照组。

3. 揭示了变量间的因果关系

实验法的主要特点是能准确地把握事物本质,揭示教育现象中的因果关系。调查法等方法力求保持研究对象的"自然"状态,不能很好地控制条件,因而难以确保研究工作是在最少干扰和影响的时间、条件下进行,某些无关变量的影响和干扰就会掩饰事物的本来面貌,人们只能等待所研究的现象自然呈现,而很难主动引起或控制所要研究的现象和过程。教育实验法则不然,它不是对教育过程的消极旁观,而是进行积极的操作和控制,比较准确地揭示事物间的因果关系。

4. 具有可重复验证性

教育实验法由于强调控制条件,每一项具体的教育实验对如何操纵自变量,如何控制无关变量,如何观测因变量都作出具体的规定,因此对已经完成的教育实验可以再次重复进行,并通过重复实验对已有的实验结果进行验证。这就增强了教育实验法的科学性。

(三)教育实验的基本要求

在教育实验法的实施过程中,必须遵循一定的原则和方法,方能使教育实验法科学、正确。

(1)教育实验的操作直接关系到学生身心的健康和发展,实验者必须以高度严谨的科学态度,提出实验假设,对实验方案的效应作严密的科学论证,以避免负效应的出现。

(2)从检验假设的需要出发,根据研究的性质任务,适度控制实验条件,采取有效措施,尽可能地避免或减少与实验目的无关因素的干扰。

(3)坚持以实验事实为依据,公开实验操作过程和操作方法,实事求是地报告实验结果,让不同的研究者进行重复验证,确保假设检验的客观性。

(4)在遵循教育性原则的前提下开展实验,使实验研究控制在社会道德允许的范围内。

(四)教育实验的层次水平及基本类型

1. 教育实验的三个层次水平

教育现象和过程的丰富性和复杂性,使得教育实验呈现出不同类型和不同层次。总体分析,大体有以下三种不同的层次水平。

(1)搜集资料水平。这是在教育实验初期,研究者对研究对象的认识比较模糊,对事物因果关系还不十分清晰,对所要采取的变革措施还不能完全"到位"的情况下,研究者所能做的是凭已有研究成果、知识经验作出初步判断。尝试采取一定的变革措施,及时搜集资料数据,不断反思提炼,从而逐步使实验处理明晰和完善。

(2)内在效度水平。效度,即有效性。内在效度在教育实验中指的是自变量与因变量的因果关系的真实程度。一个实验是有效的,意思是指:得到的结果仅仅是由于操作了自变量和控制了无关因素的干扰,而非其他未加控制的因素所致。没有内在效度的实验研究是没有价值的,因为内在效度决定了实验结果的解释——因变量y的变化在多大程度上来自自变量x。

教育实验研究如果处在内在效度水平时,一般表现为以下特征:研究之前有明确的研究假设,围绕研究假设安排自变量和因变量,对实验对象进行均等化处理,尽可能排除影响实验结果的主要无关因素的干扰,并且运用定性研究和定量研究相结合的方法,探讨事物内在的因果关系。教育实验只有在这个水平阶段,才能对事物因果关系有一个清晰的了解,获得比较客观的普适性结论,将经验提升到理论水平。回答的问题是:"为什么会发生这种现象。"

(3)迁移推广水平。迁移推广水平即研究的外在效度水平。外在效度表明实验结果的可推广程度,涉及教育实验研究结果的概括化、一般化和应用范围问题。即研究结果是否能被正确地应用到其他非实验情景,其他时间、地点、总体中去的程度。

教育实验达到迁移推广水平,不仅有明确的对该实验结果推广范围的界定,而且有可操作性措施。回答的问题是:"在不同的环境条件下将发生同样现象吗?”

2. 教育实验的分类

根据教育实验的本质和特点,从不同的方面或按照不同的标准,可以把教育实验分成不同的类型。近年来,大致有以下几种不同的分类:

(1)按实验研究的质与量,分为定性实验与定量实验;

(2)按教育实验的目的,分为探索性实验、验证性实验和应用性实验;

(3)按教育实验研究范围,分为单科单项实验、综合(整体)教改实验;

(4)按实验涉及因素分为单因素实验和多因素实验;按分组形式分为单组、等组和轮组实验;

(5)按教育实验进行的场所,分为现场实验和实验室实验;

(6)按教育实验控制的程度,分为前实验、准实验和真实验等。

从我国学校教育实验的实际出发,与教育实验三种层级水平相适应,我们可以将教育实验归纳为以下两种基本类型:

(1)确认性实验;

(2)探索性实验。

(五)教育实验的基本实施过程

化学教育实验一般分为三个阶段进行,即:准备阶段、实施阶段和结束阶段,这是一个相对稳定的、有序的结构程序。

1. 实验的准备阶段

教育实验成功与否,很大程度上取决于实验前的准备工作。教育实验的准备阶段,首先就是选定实验研究课题。

实验研究课题的选定,不仅关系到研究者或某个研究群体(如教研室、学校)今后科研的主攻方向、目标和内容,而且在一定程度上规定了实验研究应采取的方法和途径,同时制约了实验研究结果的层次水平。因此,选好实验研究课题是进行实验研究的第一步,而且是关键性的一步。

教育实验研究的选题范围是非常广泛的,涉及教育的方方面面。从近年来我国教改实验的选题看，主要涉及教育教学体制改革实验、整体综合改革实验、课程与教材改革实验、教育教学模式与教法改革实验、儿童发展实验等五个方面内容。

在确定研究课题的基础上，研究者必须科学地确定教育实验的计划、构架和策略，描述教育实验进行过程的一系列活动，论述它的内容和方法，这就是教育实验的设计。

教育实验设计一般需要形成研究假设，明确界定该教育实验要解决研究的具体问题，确定实验的自变量及呈现方式、因变量及其测定方法、无关变量的控制措施，并确定取样大小及方法、选择实验设计类型、安排实验的具体步骤及选择适当的统计方法。

2. 实验的实施阶段

按照实验设计进行教育实验，采取一定的变革措施（实验处理），观测由此产生的效应，并记录实验所获得的资料、数据等。

3. 实验结果的总结评价阶段

要对实验中取得的资料数据进行处理分析，确定误差的范围，从而对研究假设进行检测，最后得出科学结论。在实验研究结果分析基础上，写出实验报告。

二、教育实验设计

实验设计，是指对如何在一个实验中安排自变量及其呈现方式、因变量的指标及测定方法、控制无关变量的具体措施，及确定抽样大小及方法、安排实验的具体步骤、选择适当的统计方法等做的一种规划和构架。

（一）教育实验研究的假设

教育实验研究的第一步是确定合适的研究课题，接着要提出研究假设，并对假设作出清晰的陈述。假设的陈述涉及有关实验变量和条件，对这些变量及条件必须作出可操作的定义，即操作性定义。操作性定义是一种规定，使确定出的变量及条件的操作具体化，也就是说，使研究者知道如何或用什么方法去测量变量或选择与控制条件。

假设的陈述应符合以下三个标准:

(1)含有两个或两个以上变量及其之间的期望关系;

(2)陈述句明确无误的表述;

(3)假设最终可以得到检验。

案例:

质疑问难有助于化学创新思维的培养

变量一:质疑问难　变量二:化学创新思维　期望关系:有助于

(二)教育实验设计的组织形式

教育实验设计的组织形式有多种,这里主要介绍单因素实验设计方法中的单组法、等组法和轮组法。

所谓单因素实验,就是在实验时只施加一种实验因素,其他因素都控制不变,从而研究该实验因素(自变量)与实验效果(因变量)之间的关系。其基本方法有以下三种:单组法、等组法和轮组法。

1. 单组法

(1)单组法的实验程序。单组实验法是向一个或一组研究对象施加某一个或数个实验因子,然后测量其所引起的一种或数种变化,借以确定实验因子的效果如何。单组法可以用下面这个基本公式来表述:

S——(IT——EF1——FT——C1)

——(IT——EF2——FT——C2)

C=FT-IT　实验结果=C1-C2

符号解释:

S表示实验对象(被试),IT表示初次测验(前测),EF表示实验因子,FT表示末次测验(后测),C表示产生的变化,"——"表示实验进程前后连接顺序,"-"表示减号。

案例:

为了解释高一化学教学质量问题,可以有两个假设或答案,一个是认为甲种教学方法好,另一个是认为乙种教学方法好。为了确定究竟哪种教学方法好,我们就可以考虑在一个班级里采用单组实验法。这时,甲种方法和乙种方法就是我们打算实验的两个实验因子

(EF1和EF2),这个实验班级就是实验对象(S)。在即将实行甲种方法之前,要举行一次测验叫做初试(IT),拿两次测验的成绩一比较,便可求出所产生的变化来(C=FT−IT),用同样的办法再与乙种方法所产生的变化加以比较(C1−C2),就可以知道到底哪一种方法的效果比较好。这时候实验的结果便求了出来。

(2)单组法的优缺点。单组法避免了被试的差异对实验结果的影响。由于实验因素的两个水平都施行于同一组被试,所以被试的智力、原有学习成绩等对实验因素的每个水平的影响都是一致的,这样,就不会因为被试的差异而影响试验结果。由于单组法只需要一组被试,不必分组,省去了分组的麻烦,实验手续简便,可以在规模比较小的学校实行。

但是由于单组法先施行的实验因素第一水平的效果会影响后施行的实验因素第二水平的效果,并且难以保证实验前后期(实验第一水平的时期和实验第二水平的时期)的情况一致,也难以保证各次测量的单位具有等值性,从而影响了实验结果的精确性与可靠性。

2. 等组法

(1)等组法的基本程序。以不同的实验因子分别施行于两个或几个情况基本相同或相等的组,然后比较其所发生的变化。这种方法叫做等组实验法。等组实验法的基本公式如下:

S1——(IT——EF1——FT——C1)

S2——(IT——EF2——FT——C2)

实验结果=C1−C2

如果实验因子加多,组数也要相应增多,公式也可相应地加长:

S3——(IT——EF3——FT——C3)

那么实验结果就是把C1、C2、C3三种变化互相比较。

等组实验法要求的最重要的条件是各组必须尽量均等。均等的含义是,各组除实验因子外,所有能影响实验的其他因素,特别是实验对象的原有水平,必须基本相同或相等。为了使各组均等,一般采用随机取样法、测量选择法、逐个分配法等。

●随机取样法。这是按自然呈现的机会来分组,常用的方法有以下两种。

a. 抽签法。把参加实验的学生的名字或号数写在纸片上,混匀以后,按需要抽足各组人数。

b. 排列法。先把参加实验学生的名字按笔划或汉语拼音字母等方法,排成固定的顺序,然后再按这个顺序每隔几人抽取一人,抽足各组人数。

●测量选择法。随机取样法虽然简便省力,但一般只在人数太多的情况下才使用,而且严格来说,这种方法未必能使各组均等。为了更进一步做好均等工作,一般采用测量选择法。这是把参加实验的对象全部测量一下,然后根据测量的结果,予以合理的选择与分配。

为了使各组均等而编制或采用的测验,必须合乎实验因子的要求。

案例:

如果打算用等组法来实验两种化学教学方法的效果,那么所要测量的就是学生原来的数学水平。测量的结果出来后,就按分数多少的顺序排列好,然后再按排列顺序上的位置,把他们均等地分布在各组里面。为了使各组真正均等,在实行分组的时候往往采取下列方式:

A式　甲组 1 4 5 8 9 12……

　　　乙组 2 3 6 7 10 11……

(数字代表按分数排列的顺序位置,下同)

B式　甲组 1 6 7 12 13……

　　　乙组 2 5 8 11 14……

　　　丙组 3 4 9 10 15……

以上A式是分两个等组的方法,B式是分三个等组的方法,组数再多时仍可依次类推.这样的分组法就不会使任何一组常占优势。为了各组的均等更接近于理想状态,可在依前法分组以后,再求得各组的平均分数而加以比较,若仍发现有彼此悬殊的情况,就可把这一组中分数较高的人和另一组中分数较低的人加以调换。另外,仅仅在总平均分数上相等还不算相等,必须在差异量数(如平均差、标准差等)上也力求相等,只有这样才能使两组在原有水平上更接近于真正均等。

●逐个分配法。按照一定的标准,对实验对象一个一个地进行考察,然后将每两个(或三个)情况相同的对象分别分配到两个(或三个)不同的组中。这样,既然每次分配的对象都是相等的,那么,由他们分别组成的两个(或三个)组别当然也就是相等的了。

如果由于行政上的原因,把原来的班级分为两个均等的组有困难,也可以不把原来的班级打破,只需在计算成绩求得试验结果时,把影响均等的部分学生除掉,不列入计算就可以了。

(2)等组法的优缺点。等组法由于设置了对照组,避免了实验因素的两个水平之间的互相影响。外界情况等其他非实验因素对实验结果的影响可以互相抵消,两组所用的测量单位容易相等。但是很难找到完全等同的两组被试,同时分组工作比较麻烦。

3. 轮组法

轮组法也叫循环实验法,它是把各实验因子(不管是几个),轮换实施于各组(各组不必均等),然后根据每个实验因子所发生变化的总合来决定实验的结果。轮组法的基本公式如下:

S1——(IT——EF1——FT——C1)——(IT——EF2——ET——C2)

S2——(IT——EF2——FT——C3)——(IT——EF1——ET——C4)

EF1=C1+C4　EF2=C2+C3

实验结果=(C1+C4)-(C2+C3)

如果实验因子变为三个,那么实验组别也应增为三个,每组仍对所有实验因子轮流实验一遍,各实验因子的次序应用下面的办法来排列:

S1——EF1……EF2……EF3

S2——EF2……EF3……EF1

S3——EF3……EF1……EF2

这样的排列方法使每一个实验因子不但在各组中循环了一遍，而且在实验次序的每一个位置上也都循环了一遍。这就不至于使某一实验因子由于总是排列在最先、最后或中间而蒙受有利或不利的影响。

(2)轮组法的优缺点。轮组法可以减少无关的混杂因子的影响。由于各个实验因子的次数加多，因而可以使实验结果的正确性增加。轮组法不必要使各组均等，因此省去了分均等组别的麻烦。

但是轮组法要求每个实验者(教师)掌握实验因素的多种水平(如多种教材、多种教学方法等)，这对实验工作者来说，是比较困难的。轮组法增加了实验次数，延长了实验时间，自然就增大了实验的工作量，在测量与核算实验结果时也较为麻烦。

(三)实验的操作与控制

实验过程是通过对变量的操纵和控制，从而揭示因果关系的过程。实验者在操纵自变量、观察自变量对因变量的影响时，要保证观察的结果不被无关变量的影响所混淆。为了使实验正常进行，结果有效可靠，达到实验目的，要对实验进行操作与控制。

1. 自变量的操作定义与控制措施

给自变量下操作定义就是把抽象的概念形式的自变量转化为客观的具体的指标或行为措施，从而使理论观念的教育设想科学地转化为具体的可控制的操作步骤，以便于实验者作严密的操作和观察记录。

实际上对自变量下操作定义就是规定变量在实验过程中的操作程序。如果自变量不能以程序的形式给出，那么就要把变量分解成一项具体可遵照操作的要求。

2. 因变量的观测指标与观测方法

(1)中小学教育教学实验的观测指标多数是学生的考试成绩及自身素质的变化。

(2)确定因变量的观测指标就是把因变量的变化用数字表示出来。

(3)在选择实验的因变量即反应变量时,最好选择那些有量表或自己能够制造测量手段的品质来作反应变量,而且,要在实验计划中说清究竟怎样测出这些品质的变化。

3. 无关变量的控制措施

在教育实验中,通常采用消除法、恒定法、抵消法、随机抽样法和盲法控制来控制无关变量。

(1)消除法。消除无关变量是最简便的控制无关变量的方法。在实验期间,可以设法消除某些无关变量的影响。如比较不同的化学作业类型、作业量对学生学业成绩影响的教育试验中,应避免学生自己课后自我加压做大量习题。

(2)恒定法。不能消除的无关变量,使其在实验过程中保持恒定,在实验组与对照组中也保持平衡。如在教学方法的比较试验中,除教法外其他条件如教师水平、所学材料等应保持相同。实验组和对照组的前测也应尽可能均等。由于两组无关变量的影响基本相同,所以两组反应之差,就可以认为是自变量带来的结果。当然在真正的化学教育实验中,难以做到使众多因素保持恒定,所以恒定法一般需要和其他方法一起使用。

(3)抵消法。使顺序变量(自变量出现的先后顺序)对实验组和对照组的影响彼此相等。轮组实验就是采用这种方法,对顺序变量加以控制的。

(4)盲法控制。使被试人员处于并不知道教育实验实施的自然状态,避免被试由于知道在进行教育实验,而表现异常,如格外努力地学习等,影响教育实验的真实性。

4. 被试选择

被试选择,即实验对象的选择,一般是对学生的选择,除代表法外,常使用的是抽样法。抽样法即从总体中抽出一定数量的个体组成一个既比总体小,又能反映总体性质的样本。化学教育实验中常用的抽样方法有以下几种。

(1)简单随机抽样,也叫纯随机抽样,SPS抽样。也就是从总体中不加任何分组、划类、排队等,完全随机地抽取调查单位。特点是:每个样本单位被抽中的概率相等,样本的每个单位完全独立,彼此之间无一定的关联性和排斥性。简单随机抽样是其他各种抽样形式的基础,通常只是在总体单位之间差异程度较小和数目较少时,才采用这种方法。

(2)机械抽样,也叫等距抽样或系统抽样,SYS抽样。是将总体各单位按一定标志或次序排列成为图形或一览表,然后按相等的距离或间隔抽取样本单位。特点是:抽出的单位在总体中是均匀分布的,而且抽取的样本少于纯随机抽样。等距抽样既可以用同实验项目相关的标志排队,也可以用同实验项目无关的标志排队。如可使用学生学号机械抽样,抽取学号尾号为7的学生参加实验。

(3)分层抽样,也叫类型抽样,STR抽样。就是将总体单位按其属性特征分成若干类型或层,然后在类型或层中随机抽取样本单位。特点是:由于通过划类分层,增大了各类型中单位间的共同性,容易抽出具有代表性的调查样本。该方法适用于总体情况复杂,各单位之间差异较大,单位较多的情况。

(4)整群抽样,又称集团抽样。就是从总体中成群成组地抽取实验对象,而不是一个一个地抽取实验样本。特点是:实验对象比较集中,实验工作的组织和进行比较方便。但实验对象在总体中的分布不均匀,准确性要差些。因此,在群间差异性不大或者不适宜单个地抽选实验对象的情况下,可采用这种方式。如在某项化学教育实验中,抽取两个学校的同一年级学生作为实验对象。

(四)教育实验结果的统计分析

教育实验结果的统计分析就是运用统计的方法对实验结果予以科学的计算、分析和解释,以得出有意义的结论。

教育科研中常用的统计检验方法有:Z检验法,它是用正态分布理论来推论差异发生的概率,应用于大的研究样本;t检验法,它是以t分布的理论来推论误差发生的概率,从而判断两个研究样本均数差异是否显著,适用于$N<30$的小样本。此外还有适合于计数资料的x^2检验法,适合于对多个均数差异全盘检验的F检验法(在方差分析的基础上)以及符号检验法等非参数检验方法。具体的统计检验方

法将在后续章节中详细介绍。

三、教育实验报告的撰写

教育实验研究工作的最终产物，就是教育实验研究的新成果，它是以实验报告的形式表述出来的。因此，撰写教育实验报告极其重要，其目的是总结和巩固全部研究工作的新成果，把自己进行研究的成功经验和全部新成果加以普遍地推广、交流，同时为后人进行教育科学研究提供资料。人们在长期的写作实践中形成了一种适合于实验报告表达的书面形式，写作时可以参考以下基本结构逐项写出。

（一）题目

题目要具体、简明、有个性，避免笼统抽象。题目要与实验的课题相符，反映实验的中心思想和主要内容；要指出实验研究的自变量，如“实验报告”；有时还要指明因变量。如“发现法教学在促进学生思维能力发展中作用的实验研究”，这一题目既指明了自变量——“发现法教学”，也指明了因变量——“学生思维能力发展”。

（二）署名与摘要

摘要是研究工作的概述，必须能够准确地反映报告的内容和目的，文字清晰、易读，要力求忠实于报告，并避免评述，其字数以200～300字为宜。

（三）前言

这部分主要介绍实验的背景与目的，主要包括：

（1）实验课题确定的过程；

（2）实验的假说；

（3）实验的目的及意义。

这部分与实验计划的内容基本相同，但是如果在实验的实施过程中对实验计划中的这部分内容有所改变，那就要以改后的内容为准。

（四）介绍研究方法

（1）被试的选择方法与组织形式；

（2）实验变量的操作方法及辅助措施；

（3）无关变量的控制方法；

（4）因变量的观测方法。

（五）实验的结果与分析

（1）实验中得到的原始数据的描述统计结果；

（2）根据描述统计结果，采用推断统计获得的结果。

结果部分所列的全部内容必须来自本实验，既不能任意修改、增删，也不要添加自己的主观见解。

（六）讨论与结论

（1）是否验证了假说，为什么？

（2）对实际教育教学有什么促进作用？

（3）有哪些意外的发现？

（4）有什么建议？

“结论”部分要特别注意以下几点：首先，结论要简短，不要长篇大论；其次，结论一定要以本实验的结果和分析为依据，不能夸大，也不能缩小，要确切、客观地反映出整个实验的收获。

（七）参考文献及附录

最后要写明参考文献，以便查找。

附录附在实验报告后。实验中一些重要的材料和统计图表，在实验报告中未能全部引用，如有必要，可列在附录中。

四、研究案例

案例：样例学习在中学化学教学中应用的初步研究[①]

【案例描述】：

1. 实验方法

（1）被试。本实验以南京师范大学附属中学高二年级某文科班为研究样本，该班42名学生被随机分配到常规学习和样例学习条件下，其中常规组21人，样例组21人。实验之前他们已经完成了高一学年

① 张四方，李广洲.样例学习在中学化学教学中应用的初步研究[J].现代中小学教育，2005(6)：37–39.

和高二上学期的化学学习，实验时正开始学习高二化学有机部分。通过作者同学生之间的接触发现，学生对化学学科比较重视，课堂纪律和气氛也比较正常，所以选择该班级为研究对象是比较适合的。

(2)材料。本实验所选教材为人教社2000年12月第二版全日制普通高级中学教科书《化学》第二册(实验修订本·必修)。教学内容主要以该书第四章第二节“烷烃的命名”部分为主。之所以选此研究内容，主要基于以下因素：①第四章是学生第一次比较全面地接触有机化学部分，学生对有机知识的了解基本上相互接近，可以排除前知识对研究结果的影响；②因为学生是第一次学习有机化学，相对来说都是新手，所以易于研究新手在样例学习和常规学习方式上的差异，从而更好地探究样例学习的有效性；③“烷烃的命名”中所隐含的命名规则比较明显，易于学生进行学习和归纳。

实验中我们按照由易到难的原则设计了样例、练习、测验三份材料。样例材料主要为样例组设计，包括6道已经标好碳原子数、标示起点并正确书写命名的例题和6道相似习题，要求学生在仔细学习样例的基础上完成这些练习。而练习材料则主要用于常规组，6道练习与样例组中完全相同。测验材料则作为两个不同实验组测验所用，主要分为近迁移(共6题)和远迁移(共2题)两类，其中近迁移题和练习题比较相似，要求学生根据化学式对烷烃进行命名，而远迁移题则正好相反，它要求学生根据烷烃的命名写出化学式。

(3)实施程序。

研究主要分为一般介绍、实验、测验三个阶段，但在具体操作上两实验组略有差异，具体程序见表3-9。

表3-9　实验设计程序

一般介绍阶段(10min)	实验阶段(30min)		测验阶段(40min)
	样例组	常规组	
简要介绍烷烃命名的一般规则及步骤，并辅以例题讲解	仔细学习样例并完成6道相似习题	完成6道习题，题目与样例组完全相同	一周后进行

注：每节课课时为40min。

2. 结果与分析

在记分上，我们确定样例学习材料和练习材料中的练习每题为4分，具体评分从以下4个方面考虑:(1)主链是否正确?(2)起点和支链位置是否正确?(3)数字和汉字之间是否用一短线隔开?(4)不同取代基的位置排列和合并是否正确? 每正确一项给一分，总分为24分。测验材料记分方式则采用了两种不同的标准，其中6道近迁移题评分标准与练习材料评分方式相同，也是从以上四个方面进行考虑，总分24分;而远迁移题中由于是根据命名写出化学式，所以我们选择从以下三个方面进行记分:(1)主链是否正确?(2)支链是否书写正确?(3)支链位置是否正确? 每项1分，2道远迁移题一共6分，所以测验试卷的总得分是30分。下面，我们从学习时间、学习结果和测验成绩三个方面进行分析。

(1)学习时间.

由表3-10中两组学习时间统计可以看出，在学习阶段样例组所花费时间要比常规组稍微多一点。这是因为样例组不仅要完成和常规组相同数目的练习，同时还要研究样例，但通过t检验我们发现，二者之间并不具有显著差异。这一点应该是广大教育工作者所乐于见到的，在一定程度上消除了人们对于进行样例学习时间消耗太多的担忧。但是我们也应意识到，本实验中这种差异之所以不显著，其中一个可能很重要的原因是学习内容不够复杂，而更广阔背景下二者时间的差异则有待我们作进一步研究。

表3-10 样例组和常规组学习时间统计结果

样本	容量	均分	标准差	t检验结果
样例组	21	18.57	3.36	t=0.365
常规组	21	18.14	4.03	

注:时间单位min。

(2)学习结果。

表3-11为我们提供了样例组和常规组在学习结果上的统计结果。从中可以看出，6道练习题中，样例组的均分为17.95，标准差为3.07;常规组均分为14.95，标准差为3.17，样例组均分成绩要明显高

于常规组,通过t检验发现二者差异显著(t= 2.027 *),说明了样例在学习阶段起着非常重要的作用。但同时我们也在思考这样一个问题:之所以造成学习结果的差异,可能并不是由于样例组被试从样例中学到了其中隐含的原理和规则,而是由于样例和习题的相似性使得样例组学生能够很容易地进行套用,并不一定能表明被试进行了有效的学习。所以学习成绩的差异还不一定能使人信服地说明样例对认知技能习得的促进作用。

表3–11　样例组和常规组学习成绩统计结果

样本	容量	均分	标准差	t检验结果
样例组	21	17.95	3.70	t=2.027*
常规组	21	14.95	3.17	

(3)测验成绩。

为了解答以上所提出的疑问,我们有必要对测验成绩进行分析。之所以将测验选择在学习该内容之后的一周进行,这也是其中一个非常重要的原因。如果学习成绩的差异确实是因为有样例可以套用,那离开了样例之后的样例组学生和常规组学生二者之间的成绩应该不存在显著差异,但事实是否如此呢?

表3–12为我们提供了两种不同学习条件下二者在近迁移题目上的成绩统计。从近迁移上我们可以看到,样例组均分要明显高于常规组,分别为20.81和17.43,t检验结果显示,二者之间存在着高度显著性差异(t=3.070**),即样例学习要明显优于常规学习方式。在测验阶段由于二者均没有可以参照的样例,所以我们可以推测,造成显著差异的原因是由于样例组被试在学习阶段就已经从样例中习得了关于烷烃命名的更系统全面的规则,而不是仅仅简单生搬硬套。这从远迁移统计数据中得到了验证。

表3–12　样例组和常规组测验成绩统计结果(近迁移)

样本	容量	均分	标准差	t检验结果
样例组	21	20.81	3.36	t=3.070**
常规组	21	17.43	3.60	

通过分析表3-13的数据我们可以看出，样例组被试均分要明显高于常规组，t检验表明样例组和常规组之间存在高度显著性差异（$t'=2.728^{**}$），这表明较之常规学习方式，样例学习体现出明显的优越性。通过分析样例组和常规组在远迁移上的差异，我们可以推断出样例组被试在样例学习中确实比常规组习得了更具体全面的解决问题的方式和规则。

表3-13 样例组和常规组测验成绩统计结果（远迁移）

样本	容量	均分	标准差	t'检验结果
样例组	21	3.95	2.81	$t'=2.728^{**}$
常规组	21	1.25	1.33	

3. 结论

根据上面的分析可以看出，对于新手而言，样例学习比常规的学习方式具有明显的优越性，它对近迁移、远迁移有着很好的促进作用，而二者在学习所需要的时间上并没有显著差异。迁移能力一直是教学所重点关注的，样例学习不仅可以促进学生在类似问题（近迁移）上有很好的迁移表现，更可喜的是它对不同类型（远迁移）的迁移也表现出较大的优越性，这说明了通过样例学习学生更容易习得样例中所隐含的抽象知识。同时样例学习是学生自己主动探究和学习的过程，这对培养学生自主学习的能力有很大帮助。样例学习摆脱了课堂上教师一味讲解、学生被动接受的局面，使学生真正成为学习的主体，这对提高学习者的学习兴趣、培养学生的思维能力、问题解决能力都起着重要作用。我们随后进行的对于学生的访谈也验证了这一点：在可以选择的情况下，更多的学生愿意选择样例这种学习模式。

【案例点评】：本案例是一则结构较为完整的化学教育实验报告论文。文章标题中即指出自变量样例教学，简洁明了，反映了实验的主要内容。文章开篇简要介绍了样例教学的优点，较为笼统地阐述了实验的假说和意义。

该教育实验对被试采用了随机分配，以南京师范大学附属中学高二年级某文科班为研究样本，该班42名学生被随机分配到常规组和样例组，采用等组法实验。

在实验教材的选择上体现出了实验者的细心与缜密，巧妙地选择便于进行样例教学研究的教学内容，并且有效地排除了前知识等影响实验的无关变量，保证了实验结果的有效性和准确性。

实验时间为一节课，在对样例组和常规组均简要介绍烷烃命名的一般规则及步骤，并辅以例题讲解后，对两组分别教学，一周后对教学内容进行测验。论文对实验产生的学习时间差异、学习结果、测验成绩等进行统计分析，分别得出结论。对由一个自变量对因变量产生的多方面的影响进行分析的方法，值得借鉴，可以使教育科研进行得更加有效，对实验结果的认识更加全面。

文章最后对本教育实验进行了总结并提出了继续实验的设想。虽然无论是从被试人数还是实验时间来说，该案例都是一则微型教育实验，但无论是实验的组织实施、数据的统计分析还是论文的撰写都较为标准和规范，符合教育实验的一般要求。此外，在教学中进行此种简便易行的微型教育实验也利于广大教育工作者在教育实践环节中更加有效地进行探索和改革。

第七节　行动研究法

随着基础教育改革的全面推进和新课程试验的不断深入开展，中学教学工作中出现了大量新的问题，广大教师面临着新的机遇和挑战。如何改变旧的教学和管理方法以适应新课程改革的需要成为广大教育工作者关注的热点问题。传统的教育科研方法已经不能解决好这一问题，这就需要引入先进的教育科研理念。行动研究法是一种新兴的教育科研方法，在我国一些地区进行了推广，在教育实践中取得了很好的效果，对提高教师的教育实践水平有着积极的促进作用。

一、行动研究概述

（一）行动研究的缘起

“行动”和“研究”，在西方社会科学工作者那里，是两个用以说明由不同的人从事的不同性质的活动的概念。“行动”主要指实践者、实际工作者的实践活动和实际工作；“研究”，则主要指受过专门训练的专业工作者、学者专家对人的社会活动和社会科学的探索[①]。

行动研究这个术语最早出现在20世纪中期的美国。一些学者开始对行动研究产生兴趣，他们对行动研究的思想进行了研究。20世纪40年代，美国社会心理学家勒温对行动研究进行了比较系统的阐述，他指出了行动研究的几个特征：参与、民主、对于社会知识及社会变化的同时贡献。他用“计划”、“发现事实”或“观察”、“实施”、“评价”等字眼，把行动研究描述成一个螺旋状逐步行进的过程。到了20世纪50年代，行动研究被广泛地介绍到教育领域，70年代以后，行动研究再次受到教育界的关注。今天，行动研究在中国受到广大教育工作者的青睐，它逐渐成为中小学教师进行教育科学研究的好方法。

（二）行动研究的定义

当今行动研究的主要倡导者、英国学者艾略特认为，行动研究旨在提供社会具体情景中的行动质量，是对该社会情景的研究。

《国际教育百科全书》中把行动研究定义为：“由社会情景（教育情景）的参与者，为提高对所从事的社会或教育实践的理性认识，为加深对实践活动及其依赖的背景的理解，所进行的反思研究。”

行动研究被运用到教育领域即是教育行动研究。教育行动研究是教育理论和实践工作者，以研究解决教育教学的实际问题为根本目的，以“对行动进行研究，以研究促进行动”为基本方法的教育教学实践研究方法。

教育行动研究是解决传统教育科研中理论脱离实际倾向的良

---

① 邹芳.行动研究：一种日益受到关注的研究方法[J].上海高教研究，1997(1)：23-27.

好途径。教育行动研究既重视实践性，同时又很重视理论的作用。它强调理论研究者和实践行动者的结合，这两者之间是民主、平等的合作关系，联合起来，各取所长，共同促进教育理论和教育实践的发展。

教育行动研究有利于突破科学实验的种种限制，比较简单易行，容易为广大中小学教师所接受。同时教育行动研究有利于改进学校工作，提高教学质量；有利于提高教师的教研水平和教学能力。

二、行动研究的程序

自从行动研究产生以来，许多学者都试图找寻一种可以普遍推广的操作程序，以便使行动研究的执行规范化、明确化。国内外比较有代表的有以下几种操作程序：

（一）国外行动研究的程序

行动研究的开拓者勒温在20世纪40年代就提出一种循环的模式，他认为可以用计划（planning）、调查（fact-finding）、实施（execution）等概念来描述行动研究的过程。凯米斯等人把勒温对行动研究过程的论述概括如下图：

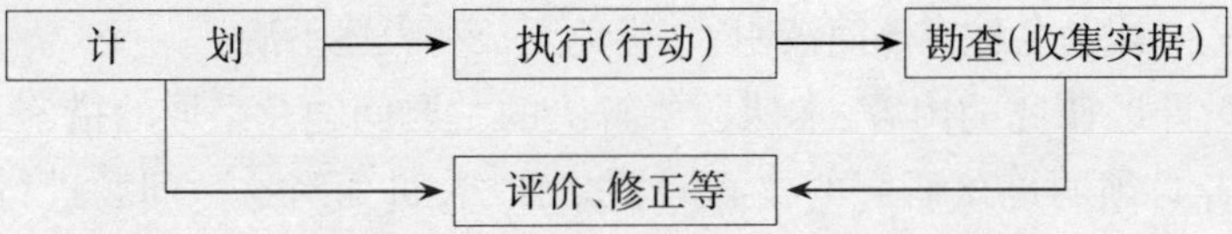

凯米斯对行动研究程序的描述进一步继承并发展了勒温的传统，他认为行动研究的核心就在于由计划（planning）、行动（action）、观察（observing）与反思（reflecting）等环节构成的、螺旋式推进的循环过程。凯米斯广泛倡导教育行动研究，鼓励教师成为自己教育工作的反思性实践者，认为教育行动研究是一个可行性相当高的研究方法。

（二）国内行动研究的程序

我国学者对不同行动研究流派的操作程序进行了整合，逐渐形成了独具特色的观点。笔者认为总体而言，行动研究的操作步骤大体涉及确定问题、制订计划、实施行动、进行反思、总结成果等几个环节。下面就从这几个环节对行动研究的实施进行分析和介绍。

1. 确定问题

进行教育行动研究必须要发现和确定问题。中学教师应该从自己的教学实践中去寻找问题，对自己的实际工作中已经存在的问题展开研究。

中学化学教师一直生活在教育工作的第一线，而在教育教学场景中存在大量亟需解决的问题，而教师在自己的教学实践和与学生交往的过程中，应当密切观察，透过表面现象思考具体问题的存在，力求及时发现和捕捉到问题。

2. 制订计划

在确定具体的问题领域后，教师需要对问题进行界定和分析，诊断其原因，并确定其范围。不但应对问题予以缜密的界定，且须在问题界定的同时，能对问题的本质有较清晰的认识。接下来教师需要在搜集相关资料的基础上，提出一个总体的计划，表现形式可以是写出开题报告。总体计划一般包括以下一些内容：

课题名称：课题名称应该能准确反映研究的范围、对象、内容、方法。课题名称应该简洁明了，避免冗长和表述不清。

课题研究的内容：本课题要解决的主要问题及采取的措施，研究者必须明确该研究的核心问题是什么，进而对这一问题进行细化，形成更为具体的子问题，这有利于我们制定解决问题的具体行动方案。

研究方法：研究者可以综合采用多种方法对课题进行研究。既可以使用观察法、访谈法、个案研究法等“质”的研究方法，也可以采用问卷法、实验法等量化的方法。研究者经常将这两类方法结合使用[①]。

计划的步骤及时间安排：为了确保研究的顺利开展和按时完成，研究者必须制定总体性的研究进度表，把工作进行合理的分割，

① 刘加霞，申继亮. 行动研究：中小学教师参与教科研的最佳选择[J].中小学管理，2003(10):9-10.

规定各个工作项目完成的期限。

成果形式:行动研究的成果表现形式包括研究论文、调研报告、教育教学行为观摩等。

行动研究的计划并不是一成不变的,研究者应该在行动研究的过程中根据出现的新情况不断对计划进行修正和改进。

3. 实施行动

实施行动是研究者把计划中设计的解决问题的途径和方法付诸实施的过程,它既是问题解决的实际操作过程、使研究计划付诸实施的过程,也是后续反思的实践基础。这是行动研究的核心步骤,主要包括两个方法:行动及对行动的观察。在行动研究的实施过程中,研究者要对行动研究情况进行观察和记录,搜集有关资料,以便及时地对计划实施情况有一定的了解,并最终对本研究的过程和结果做出比较全面、深透的分析[1]。

4. 进行反思

反思是在行动和观察后做出的,它是对计划—行动—观察进行再认识的过程。经过一段时间的观察和研究,对前一段的行动研究结果进行分析和判断,反思的目的在于弄清计划的实施在多大程度上解决了计划要解决的问题。

5. 总结成果

行动研究结束后,研究者对研究的过程进行记录、描写、阐释和反思,表现形式可以是:研究论文、研究日志、教育案例、教学反思等。

三、教育行动研究的意义

教育行动研究是针对教育领域实际情境而进行的研究,它着重解决教育现场出现的实际问题。因此它适用于教育教学中实际问题的研究,以及中小规模的实际研究。

① 袁振国.教育研究方法[M].北京:高等教育出版社,2000:216.

（一）通过开展行动研究提高教师的教学实践水平

教师通过亲自参与行动研究，对自己已有的教学经验进行反思和分析，从而提高教学能力。还可以通过撰写反思日志的方式总结归纳自己日常教学的效果、上课的具体感受、缺点、存在问题和反思后得出的解决办法与设想等，从而不断地改进研究计划进行再研究，使自己的教学实践水平得到不断提高。

（二）通过开展行动研究使"实践者"真正成为"研究者"

在教育领域里，"研究者"和"实践者"长期处于分离状态，行动研究理论认为：这种状态阻碍了教师专业实践水平的提高。教师通过进行行动研究，使自己成为实践情境的研究者，自己在不断改进教学实践的同时，又通过批判和修正不断提高对教育实践情境的理解水平，从而真正从"实践者"成为"研究者"。

（三）通过开展行动研究促进教师的专业成长

教师通过合作开展行动研究，在研究中实践，在实践中研究，这有利于教师专业素质的全面快速提高，不仅使教师走上不断改进教育实践的良性循环，而且也使教师体验到从教的乐趣、创造的乐趣。

四、研究案例

案例：某市某中学初三化学教学中实施合作学习的行动研究[①]

【案例描述】：

1. 确定问题

新课程改革强调转变学生的学习方式、全面提高学生的素质。目前的教育过分强调竞争与单干的学习方式，学校教育对学生合作意识与合作技能关注不够，学生合作意识与合作技能发展水平处于一种较低的现状，学校教育质量徘徊不前，而学生缺乏学习动力，尤其是学业成绩较差的学生缺乏学习的信心，厌学心理突出。面对这些问题，发展学生的合作意识与合作技能，转变学生的学习方式，提

① 孙正霞.兰州六中初三化学教学中实施合作学习的行动研究[D].陕西：西北师范大学，2005.

高教学质量，已成为我国教育的一个非常紧迫而重要的课题。因此，选取初三这个学段，对合作学习促进学生合作意识与合作技能，提高学生的学习兴趣，改善学生的学习态度等方面进行研究。

2. 制订计划

课题名称：初三化学教学中实施合作学习的实践研究。

课题研究的内容：

合作学习对初三学生合作意识与合作技能发展水平影响的研究；

合作学习对初三学生学习化学的兴趣与态度影响的研究；

合作学习理论研究。

研究方法：问卷法、观察法、访谈法、实验法。

计划的步骤及时间安排：该研究分三个阶段进行。

第一阶段：准备阶段

第二阶段：具体研究、搜集资料阶段

第三阶段：整理研究资料，撰写研究论文

成果形式：研究论文

3. 实施行动

采取行动：

首先对“初三学生合作意识与合作技能以及学生学习化学的兴趣与态度现状”进行问卷调查，并进行结果分析。在实验班级组建合作小组，设计合作学习的教学设计，分阶段组织学生进行合作学习，并设计评价表对合作学习中学生的表现进行评价。作者在研究的过程中对学生在课堂教学中的表现及上课中出现的问题进行了记录，并通过访谈法对学生的想法进行了解。

通过一段时间的合作学习指导，再次对“初三学生合作意识与合作技能以及学生学习化学的兴趣与态度现状”进行问卷调查，并进行结果分析。

结果分析：

经过对“初三学生合作意识与合作技能问卷调查表”的前后测进行结果分析，得出绝大多数学生的合作意识与合作技能在实施合作学习后有了明显提高的结论。通过对学生档案袋中搜集的有关内容进行分析,得出"实施合作学习,学生的合作意识和合作技能有了不同程度的提高"。从学生的自评、案例记录及学习后的感想均能体现出合作学习对他们的合作意识和技能产生了一定的影响。经过对"学生学习化学的兴趣与态度现状"的前后测进行结果分析,得出"实施合作学习后,学生学习化学的兴趣提高,学习态度改善"的结论。

结论:经过近一年的理论研究、问卷调查、实验研究、质性研究等,获得了一系列实验结果。对这些实验结果分析研究,得出以下结论:

(1)初三化学教学中运用合作学习能有效地促进学生合作意识与合作技能水平的发展。

(2)初三化学教学中运用合作学习能有效地提高学生学习化学的兴趣,改善学习态度。

4. 进行反思

通过近一年的初三化学合作学习的研究与实践,虽然开展了一些有益的探索,得出了一些结论,取得了一定的积极效果,但由于研究时间和水平的限制,仍存在不少缺憾和值得继续探讨的问题,主要有以下几个方面:

(1)合作意识与合作技能水平的测试主要是通过学生的问卷来进行的,易受到人为因素的干扰,表现得往往不够客观,虽辅之以《观察量表》来进行校正,但由于这是一项工作量非常大的工作,实验教师很难顾及全班同学,就是对有限的几位观察对象往往也是不够全面,观察结果主观性强。

(2)本实验采用的是4人异质分组法,对其他的分组方式未做探讨。合作学习是丰富多彩、开放性的活动,不同的学习内容,往往需要不同的分组形式与之相适应,一成不变的4人分组形式往往不能适应其活动要求。本实验研究中笔者在进行不同内容学习时,只是简单地进行重新分组,而对合作学习中多种类型合作小组并存问题未做过多探讨。

(3)异质分组优于同质分组,但异质分组中好、中、差的个体能力有时差异较大,易造成沟通上的困难。本实验对适度减少这种过大差异,如用“好、较好、中等”“较好、中等、较差”等分组方式,未能进行探索。

(4)在研究中发现,学生的性格与学生的合作意识与合作技能发展水平之间有一定的关系,如性格活泼开朗的学生更容易与他人相处,由于时间过短,在这方面笔者未能进一步深入研究。

(5)一个好的评价体系是合作学习成功实施的关键,在合作学习中如何将学生个人的评价与小组评价有机地结合起来,选择哪些内容进行评价,随堂评价与周期性评价如何结合等评价问题有待于在今后的研究中进一步探索。

(6)在大班额条件下,小组讨论时如何保持一个良好的课堂环境,笔者采用的方法单一,效果不是很有效,其他方法有待于探索。

(7)在学生成长档案袋的管理方面,档案袋中资料的选择,如何让学生对档案袋的搜集兴趣保持得持久等问题都有待于进一步探索。

学生合作意识与合作技能的发展是一项系统工程,仅仅靠一个学科、几个实验老师的工作是远远不够的,从促进学生全面发展的高度来认识,必须各个学科协同、课内课外结合,尤其要从基础抓起,从起始年级抓起。本课题的研究目标之一,就是希望通过对化学学科的研究和探索,对合作学习在学校教学中全面有效地开展起到一个积极的推动作用。

5. 总结成果(即研究论文略)

【案例点评】:教育行动研究旨在解决教育实际工作中已经存在的问题。文章作者发现传统学校教育对学生合作意识与合作技能的关注不够,学生合作意识与合作技能发展水平处于一种较低的现状,发展学生的合作意识与合作技能,转变学生的学习方式已成为当前我国教育的一个非常紧迫而重要的课题,因此作者选择初三学段对合作学习促进学生合作意识与合作技能,提高学生学习化学的兴趣,改善学生的学习态度等方面进行行动研究。

作者按照行动研究"计划—行动—观察—反思"的一般程序对问题进行研究,首先对现状从历史的层次上进行详细的理论分析,然后制订出详细的研究计划,其中包括课题的名称、研究的内容、研究方法及研究步骤等。准备工作完成后,作者开始实施行动,通过问卷法、观察法、访谈法、实验分析法等多种研究方法进行分析研究。通过对实验数据的分析,最后得出结论,并对研究结果进行反思和总结,最终写出研究论文。

文章作者的研究过程符合行动研究的一般程序,作者善于发现和解决问题,对问题的研究较为深入,研究方法得当,研究结果具有一定的实用价值。此案例对我们学习和初步掌握行动研究的方法有一定的借鉴意义。

第四章　化学教育科学研究的定量分析法

在化学教育科学研究过程中,人们通过观察、问卷、访谈、报告和测验等方法,可以获得大量的原始数据资料。通过对这些资料或数据的进一步分析,可以挖掘其中隐含的、潜在的有用信息,进而使其成为确凿的证据,赋予其意义。对科研初步结果的分析,包括对研究对象及其影响因素间联系的性质分析(定性分析)和对其属性进行的数量分析(定量分析)两类。

对研究获得的有效内容进行统计处理,使其成为数据形式的研究材料,以数量化的方式说明研究结果,称为研究结果的定量分析。定量分析法可以更有效和准确地反映问题。本章主要介绍化学教育科学研究中的定量分析法,包括描述统计和推断统计的基本内容。通过案例的介绍和分析,运用SPSS(Statistical Product and Service Solution)统计软件实现化学教育科研定量分析的自动化、简约化和程序化。

第一节　教育统计的基本知识

例4-1:教育统计的基本概念知识举例。

1. 什么是数据,什么是变量

(1)孙同学在班上名列第3名。

(2)李同学化学成绩是126分。

(3)高一(2)班有男生24人。

(4)刘同学体重48千克。

(5)张同学跑100米用了15秒3。

(6)周同学做对了5道题。

2. 何为次数、频率

高一(2)班60人参加某化学测验,成绩为90分的共有3人,不及格的有6人。

3. 何为抽样,有哪些方式

某市初三学生参加化学考试的有5000人,从几所中学中抽取350名学生化学成绩组成样本。

一、基本概念

(一)数据类型

化学教育科学研究中要进行大量的调查、实验、测验等,从中会获得大量的数据资料,一般把用以反映和标志对客观事物观察、测量结果的数值,称为数据。在例4-1中,测量某学生的体重为48千克、某学生化学成绩为126分,这里的48千克、126分都是测量结果的标志,称为数据[①]。

对研究数据进行分类,了解数据类型和水平,对于选用恰当的统计方法至关重要。根据不同的分类标准,可以把数据分为不同的类型。在化学教育科学研究中,应用较多的是计数数据和测量数据,它们是按照数据的观测方法和来源进行划分的。计数数据(Count Date)是指计算个数的数据,一般属性的调查获得的是计数数据,它具有独立的分类单位,如学校数、男女数、测验次数等,一般都取整数形式。测量数据(Measurement Data)是指借助于一定测量工具或一定的测量标准而获得的数据,如身高、体重、考试分数等。

(二)随机变量

在获得研究结果之前,并不能预料到取得什么样的具体数值,只能用X_i代表身长、体重或考试成绩,以表示它是一个可以取不同数值的量,这个可以取不同数值的量,称为变量(Variables),它是心理与教育实验、观察、调查中想要获得的数据,其数值具有不确定性[②]。变

① 金玉章.实用教育统计与测量[M].北京:教育科学出版社,1988:10.

② 张厚粲,徐建平.现代心理与教育统计学[M].北京:北京师范大学出版社,2003:20.

量分为连续变量和间断变量。连续变量指在量表单位上任何两点之间都能加以细分，并得到无限多大小不等的数值的变量，如在例4-1中，化学成绩、体重、百米速度等都属于连续变量。间断变量是指在量表单位上任何两点之间不可细分，如班级人数、排列名次等。

由于在测查之前，不能准确地预料变量会是什么样的值，在统计学上把取值之前不能预料取值的变量称为随机变量（Random Variables）。随机变量所取得的值，称为观测值（Observation），也就是具体数据（Data）。一个随机变量可以有许多个观测值。

（三）次数、频率、概率

对随机现象进行观察试验时，在一定条件下，本质不同的事情可能出现，也可能不出现，这种事情称为随机事件。次数分布是指一群分数中每一个数值（或一组数值）所出现次数的分布情况，又称为频数分布（Frequency）。如例4-1中，某化学测验成绩为90分的共有3人，3就是90分这一事件出现的次数。

频率又称相对次数，即某一事件发生的次数被总的事件数目除，亦即某一数据出现的次数被这一组数据总个数去除。如例4-1中，60人参加化学考试，其中有6人不及格，则6是次数，6/60=0.1或10%就是频率。

概率又称几率，用符号P表示，指某一事件在无限次的观测中所能预料的出现的相对次数，也就是某一事物或某种情况在某一总体中出现的比率。如果知道了某事件的概率，就可知道该事件在实验中出现的可能性，因此概率又是反映某一事件发生可能性大小的量。

（四）总体、样本与个体

抽样是化学教育科研中经常使用的技术手段。在选择实验对象时，不可能逐个去分析，这就涉及选择什么样的人作为被试、选择多少个被试的问题，于是就要考虑到如何从全部研究对象中抽取有代表性的一部分进行研究，然后从对这一部分研究的结果，推断全部对象的特性。选择有代表性的研究对象的过程就是抽样的过程。如例4-1中从5000名考生中抽取350人作为样本，就涉及抽样问题。统计学上把研究对象的全体,称为总体(Population)。在例4-1中某市全部初三学生5000人就是总体。构成总体的每个基本单元,每一个具体研究对象,称为个体(Individual)。从总体中抽取具有代表性的一部分个体,称为总体的一个样本(Sample)。从某市中抽取某几所中学的350名初三学生,就是研究全市初三学生化学学习成绩的样本。抽样的方法可采用抽签法、查表法、等间隔法和分层法等①。样本中包含的个体数,称为样本的容量,通常用n表示。例4-1中被抽取出来初三学生的数量350人就是样本容量。一般情况下,把样本容量超过30的样本称为大样本,等于或小于30的样本称为小样本。样本容量要适当大,太小时样本的代表性不高,有时反映的是极端情况,这样会使结论失真。

(五)参数与统计量

参数(Parameter)是表示总体特征的量数,统计量(Statistic)则是直接从样本计算出的量数,代表样本的特征。参数代表总体的特征,它是一个常数,统计量代表样本的特征,它是一个变量,随着样本的变化而变化。参数与统计量的区别还在于参数常用希腊字母表示,而样本统计量则用英文字母表示。如总体平均数通常用小写希腊字母μ表示,而样本平均数的表示符号是$\overline{X}$或M。反映总体分散情况的统计指标标准差用小写希腊字母σ表示,方差用σ^2表示,对应的样本标准差和方差符号是s和s^2。

例4-2:描述统计知识举例。

(1)计算某班53名学生化学学习成绩的平均分:

124,119,105,122,111,119,110,129,111,124,125,110,78,108,120,87,130,110,104,95,82,112,103,94,77,103,102,114,118,120,97,

123,106,119,115,109,106,112,104,102,90,127,117,106,101,136,140,135,139,122,110,135,114。

(2)在一次化学考试中,某中学高一年级中106名学生成绩分布

① 金玉章.实用教育统计与测量[M].北京:教育科学出版社,1988:22-24.

如表4-1所示,试问其众数是多少?

表4-1 106名学生化学考试成绩次数分布表

分数	90~94	85~89	80~84	75~79	70~74	65~69	60~64	55~59	50~54	Σ
次数(f)	1	3	5	15	21	26	18	10	7	106

(3)通过比较以下三个小组化学考试的成绩,说明什么是标准差?有哪些应用?

第1组:72,80,89,90,85,93,87,82,90,92;

第2组:79,81,86,87,84,89,86,85,90,93;

第3组:65,71,78,87,90,99,86,96,95,93。

(4)用全距和四分位差标志某班16名学生化学考试成绩的差异情况,并比较全距和四分位差在标志该班成绩差异情况上的优缺点。其成绩按顺序排列为:

21,66,68,69,72,72,74,75,77,79,80,81,82,83,94,96。

二、描述统计

描述统计是对化学教育实验或调查所获得的数据加以整理(如制表、绘图)、概括,显现其分布特征,并计算其各种代表量数(如集中量数、差异量数、相关量数等),描述一组数据的全貌,进而表达一件事物的性质。通过描述统计的工作,可以把大量零散的、杂乱无章的资料加以简化、概括,从而更加清晰明确地显示出这些数据的分布特征。对一组数据的描述一般可以从两个方面来进行,既要描述数据的集中趋势,又要描述数据的离散趋势。此外,在化学教育统计中还用相关系数描述事物之间的相关关系大小,反映事物间相关关系的程度。

(一)集中量数

在实验、测量或调查中获得的大量观测数据,具有一种向数据中央某一点靠拢的趋势,这种趋势在统计学中称为集中趋势(Central Tendency),它是数据分布的特征之一。用于描述观测数据集中趋势的量数称为集中量数(Central Mmeasures)。集中量数是一组数据的代表值，用以说明一组数据分布的典型情况或一般水平，它比个别数据更能反映客观现象或事物的实际情况。集中量数还可以用于组与组之间的差异比较。例如，某化学教师在两个平行班进行了传统教学方法和实验探究教学的对比实验研究，通过一年实验后，观测到两个班级的平均成绩之间出现较大的差异。

描述客观现象集中趋势的数量指标有算术平均数、中数、众数、几何平均数和倒数平均数等。

1. 算术平均数

（1）定义：算术平均数（Arithmetic Mean）是所有观测值（或变量值）的总和除以总数所得的商，简称平均数、均数或均值。其符号既有表示样本平均数的数学符号和英文符号（Mean），又有表示总体参数的希腊字符。

（2）计算公式：

$$\overline{X}=\frac{\sum X_i}{N}$$

例4-2的（1）中53名学生化学成绩的平均分为：

$$\overline{X}=\frac{124+119+\cdots\cdots+114}{53}=111.9$$

（3）特点：

特点一：一组变量值的和等于变量的个数与其平均数的乘积，即

$$\sum X_i=N\overline{X}$$

特点二：一组变量值的离均差之和等于零，即

$$\sum\left(X_i-\overline{X}\right)=0$$

特点三：在一组变量值中，每个变量值加上或减去、乘以或除以常数所得的平均数，等于原平均数加上或减去、乘以或除以这个常数。

特点四：一组变量值的离均差平方和最小，即

$$\sum\left(X_i-\overline{X}\right)^2\ 最小$$

2. 中数(中位数)

(1)定义:中位数(Median)又称中点数,简称中数,用符号*Md*或*Mdn*表示。中位数是位于按一定顺序排列的一组数据中居于中央位置的数值,它是把一组数据按次序划分为两半,即在中位数前后的数据分布各占一半。例如,有一组数据为3,5,6,7,10,位于中央位置的数是6,而在它两侧各有两个数据分布。

(2)计算方法:中位数的计算因数据形式不同而有不同方法,大致可分为原量数(即原始数据)计算法和次数分布计算法。使用原始数据计算法时,在一组原始数据中,要确定中数又需分两种情况进行。一是考虑数据个数(*N*)是奇数还是偶数,二是考查靠近中数附近有无重复的数据(不在中数附近的重复数不作考虑)。由于计算方法较复杂,可参阅相关统计书籍[①]。

3. 众数

(1)众数的定义:众数(Mode)是指在次数分布中出现次数最多的那个数的数值,又称范数,用符号*Mo*表示。例如,有一组数据3,5,8,10,10,10,11,15,15,16,其众数为10,因为在这组数据中10出现的次数最多。在例4-2中,53名学生化学成绩分布的众数是110。

(2) 众数的确定方法:众数的确定方法大致分为观察法和计算法两种。

① 观察法。

对于一组数量较少的原始数据,可以根据众数的定义直接采用观察法来确定众数,即以次数最多的数值为众数。如果数据经过整理形成了次数分布表,则可以确定次数最多一组的组中值为众数。观察法所确定的众数是非常粗略的。

② 计算法。

从理论上来说,众数是与次数分布理论曲线最高点相对应的横坐标上的一点,但是理论上的众数求解方法太复杂,而粗略众数又太不稳定,折中的方法是常采用经验公式来寻找理论众数的近似值。常用

① 张厚粲,徐建平.现代心理与教育统计学[M].北京:北京师范大学出版社,2003:67-70.

的经验公式是皮尔逊经验公式和金氏插补公式。

【资料卡片】计算众数的经验公式介绍

(1)皮尔逊经验公式。英国统计学家皮尔逊研究发现,均数、众数、中数之间存在着一定的联系,当一组数据的分布呈正态分布或近似正态分布时,众数会近似地等于3倍的中数减去2倍的均数,即有

$$Mo=3Mdn-2\overline{X}$$

(2)金氏插补法。如果众数所在组以上各组次数的总和与以下各组次数的总和相差较大时,即次数分布呈偏态分布时需用金氏插补法,其公式为:

$$Mo=L_b=\frac{f_a}{f_a+f_b}$$

式中L_b为众数所在组的精确下限,f_a为众数所在组上一组的次数,f_b为众数所在组下一组的次数。

例4-2(2)中,基本数据如表4-1所示。由表4-1可知,出现最多的组为65~69分数段,共26次,故有L_b=64.5,f_a=18,f_b=21:

$$Mo=64.5+\frac{18}{18+21}=65$$

4. 几何平均数和倒数平均数

几何平均数(Geometric Mean)是几个变量值乘积的n次方根,用符号Mg或GM表示。设$X_1,X_2,X_3,\cdots,X_n$为变量值,n为变量值的个数,Π表示连乘的符号,则有

$$\overline{X_G}=\sqrt[n]{X_1X_2X_3\cdots X_n}=\sqrt[n]{\Pi X_i}$$

调和平均数是指一组数据倒数的算术平均数的倒数,又称倒数平均数,用符号$\overline{X}_H$或M_H表示。其公式为

$$\overline{X}_H=\frac{n}{\sum\frac{1}{X_i}}$$

几何平均数和倒数平均数计算较为复杂,在化学教育科学研究中应用较少,在这里不作具体介绍。

5. 平均数、中数、众数的关系

平均数、中数、众数的大小与次数分布的形态有关。在一个正态分布中，平均数、中数、众数落在横坐标上重合为一点，三个集中量相等，即

$$\overline{X} = Mdn = Mo$$

在正偏态分布中，$\overline{X}>Mdn>Mo$；在负偏态分布中，$\overline{X}<Mdn<Mo$。在偏态分布中，平均数永远位于分布图的尾端。

平均数是数据分布的重心，它是一个平衡支点。平均数是集中量数中性能最好的一个统计量，中数是处于数据分布中间的数值，众数是一组数据中出现次数最多的数值。在描述数据分布的总体特征时，要根据不同的数据分布类型和平均数、中数、众数的特性，灵活选用。下面就几个典型的集中量数进行比较分析。

表4-2　集中量数的比较

指标	符号	定义	公式		应用
平均数	$\overline{X}$ M	所有观测值总和除以总数所得的商	定义式	$\overline{X} = \frac{\sum X_i}{N}$	1.加权平均数 2.离差相关计算，进行统计推断 3.考试评估
			加权式	$\overline{X} = \frac{\sum fX}{\sum f}$	
中数	Mdn Md	位于按一定顺序排列的一组数据中间位置的数	$Mdn = L_b + \frac{i}{f}\left\{\frac{N}{2} - F_b\right\}$ $Mdn = L_a - \frac{i}{f}\left\{\frac{N}{2} - F_a\right\}$		1.有极端数值时 2.对测量单位性质有怀疑时 3.上下端距离不确定时 4.采用百分体制时
众数	Mo	在一组数据中次数出现最多的那个数	皮尔逊：$Mo = 3Mdn - 2\overline{X}$ 金氏：$Mo = L_b = \frac{f_a}{f_a + f_b}$		1.粗略估计集中趋势 2.出现多峰分布时
几何平均数	$\overline{X}_G$	几个变量值乘积的n次方根	$\overline{X_G} = \sqrt[n]{X_1 X_2 X_3 \cdots X_n}$ $\overline{X_G} = \sqrt[n]{\Pi X_i}$		1.用于偏态分布 2.等距或比率变量 3.平均进步率
倒数平均数	$\overline{X}_H$	一组数据倒数的算术平平均数的倒数	$\overline{X}_H = \frac{n}{\sum \frac{1}{X_i}}$		1.平均速度 2.单位时间的工作量 3.单位工作量的时间

(二)差异量数

差异量数(Divergence Measures)是对一组数据的变异性,即离中趋势特点进行度量和描述的统计量,也称为离散量数(Measures of Dispersion)。这些差异量数有方差、标准差、全距、四分位差、百分位差等。

1. 方差

方差(Variable)是离均差平方的算术平均数,表示一列数据平均差距的平方,其样本方差用符号s^2表示,总体方差用符号σ^2表示。方差又称变异数,用符号V(Variation)表示,或称均方差、均方。如果把每一个原始数据与平均数之差,即离均差的平方相加起来,就得到了离均差的平方和,即$\sum\left(X_i-\overline{X}\right)^2$。用这个平方和再除以总个数,得到的值就是方差。其基本公式为:

$$s^2=\frac{\sum\left(X_i-\overline{X}\right)^2}{N}$$

2. 标准差

在例4-2(3)中,为了比较三个小组化学成绩的差异情况,将各数据按组从低分向高分依次排列:

第1组:72,80,82,85,87,89,90,90,92,93;

第2组:79,81,84,85,86,86,87,89,90,93;

第3组:65,71,78,86,87,90,93,95,96,99。

通过计算三个组的平均分可知,三个组平均分都是86分,说明三个组数据的集中趋势是一致的。但通过排序,发现三组分数的分散程度不相同:第一组最高分93,最低分73,全距(最高分减最低分)为21;第二组最高分93,最低分79,全距为14;第三组最高分99,最低分65,全距为34。从分数分布离散情况看,第一组居中,第二组最小,第三组最大。以上分析说明比较两组或两组以上分数时,只求得平均数是不够的,有时看不到差异,所以要分析题中三个组化学考试成绩,还需要了解其他差异量数。

标准差(Standard Deviation)就是方差的算术平方根,即各数据与其平均数离差的平方和的平均数的平方根，表示一列数据的平均差距。样本标准差用符号s表示，总体标准差则用符号σ表示。标准差的公式为：

$$s=\frac{\sum\left(X_i-\overline{X}\right)^2}{N}$$

为了进一步比较三个小组化学考试成绩，可以利用上述公式求出各组成绩的标准差。虽然三个小组平均分相同，但三个小组化学成绩是不平衡的，标准差大，说明得分分散，好差悬殊；标准差小，说明得分比较集中，好差之间差距较小。但是标准差只表明数据的分散情况，不能用标准差的大小判断成绩的优劣。

方差或标准差能够很好地度量数据的变异性，它们是统计描述与推断统计分析中最常用的差异量数。

3. 全距

全距是指一列数据中的最大差距，即一列数据中最大数与最小数的差距，又称极差，用符号R(Range)表示，其公式为$R=X_{max}-X_{min}$。在化学教育科学研究中，全距易受极端值的影响，不能反映全部数据的差异情况，因此使用价值极小。

4. 百分位差和四分位差

百分位差(Percentile Deviation)是表示某两个百分位数之间差异程度的指标。其分析过程是先求出百分位数，再用两个百分位数相减。四分位数在化学教育科学研究中经常用到。将一组数据按大小顺序排列或编成次数分布表后，把总次数分为相等的四部分，每部分包括总次数四分之一的数据，把位于分界点的数据称为四分位数。四分位差(Quartile Deviation)是百分位差的特例，是指第3四分位数与第1四分位数之差的一半。这个差异量数能够反映出数据分布中间50%数据的散布情况①。四分位数往往与中位数结合使用，一般用中位数表示集中趋势时，同时采用四分位数表示离中趋势。

① 张厚粲，徐建平. 现代心理与教育统计学[M]. 北京：北京师范大学出版社，2003：92.

在例4-2(4)中,求四分位差用下面的公式:

$$Q=\frac{Q_3-Q_1}{2}$$

21,66,68,69,72,72,74,75,77,79,80,81,82,83,94,96

Q_1=(69+72)/2=70.5,计算方法:将总次数16除以4得4,即第4、5两个数的平均数就是Q_1。

Q_3=(81+82)/2=81.5,计算方法:将总次数16除以4所得的商乘以3得12,第12、13两个数据的平均数就是Q_3。

$$Q=\frac{Q_3-Q_1}{2}=(81.5-70.5)/2=5.5$$

上例中的数据极端数值非常明显,极差为75,在标志此组数据差异情况上不具有代表性,而四分位差主要是根据中间大部分数据而求得的,能较好地反映数据的变动情况,具有一定的代表性①。

5. 标准分数

标准分数(Standard Score)又称Z分数,是以标准差为单位表示一个原始分数在团体中所处的相对位置的量数。计算公式为:$Z=(X-\text{平均数})/s$(X:具体数据值,s:标准差)。

Z分数没有实际单位,只有正值和负值的区分。

$X>$平均数,则Z分数为正数;

$X<$平均数,则Z分数为负数;

$X=$平均数,则Z分数为零。

在化学教育实践中,可将不同质的原始观测值转换为Z分数,进行加减运算,求出平均Z分数或Z分数的和,用以比较或表示个体在总体中的相对位置。

例如,高考中的转换分(标准分)就是先求出学生个体各科成绩的Z分数,求Z分数的总和(Z分数多为小数,不容易比较),再依据一定的转换算出标准分。用标准分来综合评价学生的成绩,从而解决了各科分数因不同质而无法计算平均数的问题。

集中量数是量尺上的一个点值,差异量数是量尺上的一段距

① 金玉章. 实用教育统计与测量[M]. 北京:教育科学出版社,1988:103.

离。二者同时使用,才能把一组数据概括为少数几个有代表性的统计量,清晰地描述它的集中趋势和离中差异,完整地反映其全貌。下面就对几个典型的差异量数进行比较分析。

表4-3 差异量数的比较

指标	符号	定义	公式	应用
方差	s^2 V	一列数据离差平方的算术平均数	$s^2=\frac{\sum(X_i-\overline{X})^2}{N}$	1.反映变量值的离散程度 2.进行统计估计和假设检验 3.用于求正常范围 4.计算变异系数、标准分数和标准误差等
标准差	s SD	方差的算术平方根	$s=\sqrt{\frac{\sum(X_i-\overline{X})^2}{N}}$	
全距	R	最大值与最小值的差	$R=X_{max}-X_{min}$	使用价值极小
平均差	AD	离差绝对值的平均数	$AD=\frac{\sum\lvert X-\overline{X}\rvert}{N}$	使用极少

【资料卡片】Excel统计技巧

应用Excel计算集中量数和差异量数有两种方法。

(1)使用相应的函数,如AVERAGE(算术平均数函数)、MODE(众数函数)、MEDIAN(中数函数)等。

(2)使用数据分析功能,在Excel中加载"分析工具库"宏后,点击"工具"、"数据分析",勾选"描述统计",选定数据后会生成一个描述性分析报表,包括平均值、标准误差、样本方差、全距、最大值、最小值、总和、数据个数、偏度值、峰度值、置信度(95%)等信息。

(三)相关系数

相关系数用于描述双变量数据之间的关系或联系程度,常用r表示。相关关系分为三种情况:正相关、负相关、零相关。取值为-1.00~+1.00,其正负号表示相关的方向,正值表示正相关,负值表示负相关。绝对值表示相关的程度,"1"表示完全相关,靠近1表示相关程度密切,靠近"0"表示相关程度低。一般用高度/中度/低度相关来描述相关程度。计算相关系数的成对数据数目一般要求大于30个。

依据不同的研究设计和数据资料有不同的相关计算方法，常用的有积差相关、等级相关、点二列相关和二列相关。

(1)积差相关(又称皮尔逊相关)是测量直线相关的基本方法。具体应用将在下一节作详细介绍。

计算公式：

$$r=\left[\sum\left(X-\overline{X}\right)\left(Y-\overline{Y}\right)\right]/\sqrt{\sum\left(X-\overline{X}\right)^{2}\left(Y-\overline{Y}\right)^{2}}$$

式中，X：一列数据观测值，$\overline{X}$：观测值平均数，Y：另一列数据观测值，$\overline{Y}$：观测值平均数。

例如，有10名学生的身高和体重资料，求身高和体重之间的相关程度。

(2)等级相关是根据两种顺序变量数据中，各对等级数据的差数来计算相关系数的方法。肯德尔和谐系数法包括无相同等级的相关系数计算和有相同等级的相关系数计算两种情况。当遇到顺序变量(等级变量)、相应的数据总体并不是正态分布且抽样的样本容量小于30时，可采用等级相关法计算变量之间的相关性。

(3)点二列相关适用于两种变量中，一种为来自正态总体的等距或等比的测量数据；另一种为二分称名变量，即按内容的某一性质分为两类相互独立的变量。

(四)数据分布

正态分布属连续型数据的概率分布，中间量数次数分布多，两端量数次数分布少，呈对称型概率分布，是最常见的概率分布，在化学教育科研中有广泛的用途。例如，在通常情况下，若把学生成绩分为好、中、差三种情况时，一般是“好、差”总是少数，中等成绩的人数居多；若测量学生身高、体重时，身高和体重居中的人数最多。当把统计的人数加到一定数量以上，然后用坐标上的点来描绘各档次的人数时，就会发现，将这些点连接起来就会得一条钟形的曲线，如果从曲线顶点作横坐标的垂线，若垂线左右两侧完全对称，这就是正态分布曲线，这些数据的分布形态一般称为正态分布（如图4–1）。

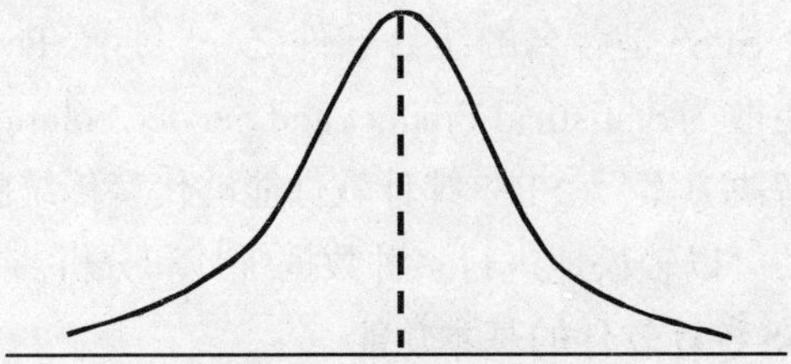

图4–1　正态分布曲线图

【资料卡片】数据分布特征

在化学教育科学研究中，通过对研究数据的分类整理，可以得到一组或多组有序的数据，这些数据具有一定的分布特性。常见的数据分布有正态分布（$y=\frac{1}{a\sqrt{2\pi}}\mathrm{e}^{\frac{-(\lambda\mu)^2}{2\sigma^2}}$）、二项分布、$t$分布、$F$分布和$\chi^2$分布等。数据分布具有一些重要的特征，可以借助图示说明这些特征。图4–2中显示了数据分布情况特征图形。

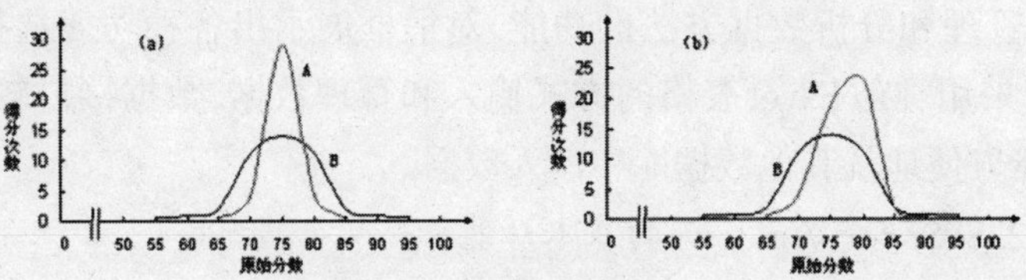

图4–2　数据分布特征

通过图(a)可以看到，分布A比分布B具有更好的集中趋势程度；分布A中的得分次数比较密集地聚集在一起，而分布B的得分次数则比较分散，说明数据分布具有不同的离散程度。从图(b)中可以看到，分布B的得分次数分布基本是对称的，而分布A的得分次数分布却是偏斜的。集中趋势、离散程度、对称性的分析研究是数据的重要特征，也是研究数据整理、分析的内容。

三、SPSS统计软件的基础知识

随着计算机的普及和人工智能的发展，化学教育统计中的量化分析不再是复杂、耗时的工作了。这里主要介绍SPSS(Statistical Package for the Social Science)社会科学统计软件在化学教育统计中的简单应用。SPSS是著名的统计软件之一,目前SPSS公司已将它的英文名称更改为Statistical Product and Service Solution,意为"统计产品与服务解决方案"。SPSS统计软件能够代替传统的手工计算方法,方便快捷,可以轻松地进行多种数据统计和分析。

(一)SPSS统计软件的基本功能

1. SPSS for Windows的运行环境和特点

教育统计学中所采用的SPSS产品主要是SPSS for Windows。SPSS for Windows可以在Windows 2000, Windows NT 4.0, Windows ME, Windows 2003和Windows XP等操作系统上运行。SPSS软件运行环境要求很低,可汉化,目前最新版本是SPSS14.0。

SPSS是世界上最早采用图形菜单驱动界面的统计软件,它最突出的特点就是操作界面极为友好,输出结果美观、漂亮,它将几乎所有的功能都以统一、规范的界面展现出来,使用Windows的窗口展示各种管理和分析数据方法的功能,对话框展示出各种功能选择项。SPSS采用类似Excel表格的方式输入和管理数据,数据接口较为通用,能方便地从其他数据库中读入数据。

2. SPSS for Windows的基本功能

SPSS共有三种显示窗口,分别为数据编辑窗口(Data Editor)、结果输出窗口(Viewer)和语法编辑窗口(Syntax Editor)。前两种窗口较为常用。对于一般用户来说,应用较多的是数据编辑窗口和结果输出窗口(如图4-3和图4-4所示)。SPSS软件在数据管理、统计分析、图表分析、输出管理等基本统计功能方面操作简单、功能齐全,而且用它处理正交试验设计中的数据程序简单,分析结果明了。各种操作命令直接在数据编辑窗口中完成,其功能主要是建立新的数据文件,编辑和显示已有的数据文件。它可以完成所有SPSS提供的统计分析功能。与其他标准的Windows应用程序相似,SPSS的数据编辑窗口包括标题栏、菜单栏、工具栏、状态栏,此外就是编辑栏、数据显示区(类似Excel的工作表区)。在SPSS运行过程中,一次只能打开一个数据文件。打开一个新的数据文件的同时,旧的数据文件将自动关闭,因此应及时保存。结果输出窗口的功能在于显示所有SPSS分析过程的统计结果,主要有文本、表格和图形三种形式。打开的方式有两种:一是在第一次产生分析结果的SPSS过程后,结果输出窗会被自动打开;二是从菜单选择:"文件"—"新建"—"输出文件"。

图4-3　数据编辑窗口

图4-4　结果输出窗口

(二)数据的整理

1. 单元值的修改

直接在每个数据单元中进行修改。

2. 增加和删除一行数据

选择"Data"中的"Insert case"(或"delete")命令,也可选中一行,单击右键,选择"插入"(或"删除")。

3. 数据的排序

选择"Data" 中的"Sort case "命令,弹出"Sort case "对话框,在左框中选取一个需要按其数值大小排序的变量(也可多个)添加到右框图中,并选择按升序还是按降序,单击"OK" 即可。

4. 数据的行列互换

将数据管理器中原先按行(列)方向排列的数据转换成按列(行)方向排列,即将个案和变量进行转换。这时可选"Data"—"Transpose",弹出一个对话框,再在变量名列表中选择1个或多个需转换的变量,使之添加到"variable(s)"框中,单击"OK"即可。

5. 选取个案子集

在数据统计中可从所有资料中选择部分进行统计分析,选择"Data"—"Select cases"命令。

(三)统计图的生成

在SPSS统计图的使用过程中,以直条图最为常用,直条图分为单式直条图和分组直条图。

1. 单式直条图的生成

(1)打开或建立一个数据文件。

(2)单击“Grapha”,再单击“Bar”,弹出“Bar Charts”对话框,内有三种图标和直条图反映的数据类型。

三种图标为:① Simple:单式直条图;② Clustered:分组直条图;③ Stacked:分段直条图。

直条图的数据类型:

① Summaries for groups of cases:以某个分类变量为个案分组的标准,反映以组为单位个案的情况。

② Summaries of separate Variables:反映统计资料中若干变量或同一个变量的各种参数的情况,即反映单个变量的情况。

③ Values of individual cases:反映对应某个变量的所有个案的取值情况。

(3)单击“Simple”,再单击“Define”,出现“Define Simple Bar: Summaries for groups of cases”对话框。在“Bar Represent”中选“Other summary function”,将因变量调入“Variable:”,再将自变量调入“Category Axis:”,单击“Continue”返回,再单击“OK”则生成直条图。

(4)图形编辑:对生成的图形进行编辑,使其符合自己的需要。

第一步:双击直条图的任一处,出现“Chart1 – SPSS Chart Editor”对话框。

第二步:单击某一图形块,则该图形块被激活。

① 单击工具栏的“Fill Pattern”图标,可进行条纹修饰。修饰后,单击“Apply”。

② 单击工具栏的“Colors”图标,可进行颜色修饰。修饰后,单击“Apply”。

③ 单击工具栏的“Bar Styles”图标,可进行图形式样的编辑。图

形式样有三种:“Normal”表示通用图形;“Drop shadow”表示有阴影的图形;“3-D effect”表示三维效果的立体图。

④ 单击工具栏的“Bar Lable Styles”图标,可进行图块标签编辑。其中,“None”表示无标签,“Srandard”表示使用标准签,“Framed”表示用框架的标签。选择后两项,单击“Apply All”,则会显示各自的例数。

⑤ 双击图中“专业直条图”文字,出现“Titles”,单击其中的“Title Justification”选“Center”,再单击“OK”,则标题居中。图中其他文字也可照此编辑。

⑥ 单击“File”,取文件名保存输出的图形。

2. 分组直条图的生成

(1)打开或建立数据文件。如研究性别与考试焦虑问题。

(2)单击“Grapha”,选“Bar”,再单击“Clustered”,选择“Summaries for groups of cases”。

(3)首先单击“Define”出现其对话框,将“性别”调入“Category Axis:”,将“考试焦虑水平”调入“Define Clusters by:”。然后选择“Bar Represent”中的“Other summary function”,将“考试焦虑分数”调入“Variable:”。最后单击“OK”,生成按年级分组的考试焦虑分组直条图。

【资料卡片】其他统计图的生成

1. 圆形图的生成

(1)打开或建立一个数据文件。如中学化学教师职称结构问题。

(2)单击“Grapha”,选“Pie”,选择“Summaries for groups of cases”。

(3)单击“Define”出现其对话框,将变量“职称”调入“Define slices by:”;在“Slices Represent”中选择“Other summary function”,将“人数”调入“Variable:”。

(4)单击“Titles…”,在标题中录入“职称结构圆形图”,单击

"Continue"返回，单击"OK"生成"职称结构"圆形图。

(5)单击"Edit"或双击圆形图进行编辑。

(6)取文件名保存。

2. 简单线图的生成

(1)打开或建立一个数据文件。如绘制高中一年级标准化化学成就测验的线图。

(2)单击"Grapha"，选"Line"；再单击"Simple"，选择"Summaries for groups of cases"。

(3)单击"Define"出现其对话框，将变量"总分"调入"Category Axis:"；在"Line Represents"中选"N of cases"。

(4)单击"Titles…"，在标题中录入"化学成就"；单击"Continue"返回；再单击"OK"生成高中一年级标准化化学成就测验的线图。

(5)单击"Edit"进行编辑。

①单击图中任一线条，确定其等级，如优秀或良好等。

②单击第4个编辑图标出现"Line Styles"，在"Style"中选择线条式样，在"Weight"中选择线条粗细，再单击"Apply"。每一线条均照此编辑。

③取文件名保存。

3. 直方图的生成

(1)打开或建立一个数据文件。如绘制某班级化学期中测验成绩分布的直方图。

(2)单击"Grapha"，选"Histogram"。

(3)将变量"化学成绩"调入"Variable:"。若选"Display normal curve"还可同时输出正态曲线。单击"OK"生成化学期中测验成绩分布的直方图。

(4)单击"Edit"进行编辑。

①运用工具栏对图形进行加工。

②取文件名保存。

4. 散点图的生成

(1)打开或建立一个数据文件。如绘制语文成绩与化学成绩关系的统计图。

(2)单击“Grapha”,再单击“Scatter”,选择“Simple”。

(3)单击“Define”,将“语文”调入“Y Axis:”,将“化学”调入“X Axis:”。单击“OK”生成语文成绩与化学成绩的散点图。

(4)单击“Edit”进行编辑。

①单击任一散点,散点被激活。单击工具栏第4个图标出现“markers”。在“Style”中选择符号,如“+”;在“size”中选择符号大小,如选“Medium”。再单击“Apply”,则符号式样及大小均发生变化。

②取文件名保存。

(四)统计表的编辑

SPSS输出的表格需转换成学术性表格,具体操作步骤如下:

(1)单击菜单“format”,再单击“TableLooks...”出现其对话框。

(2)单击有“academic”选项即可。

(五)基本操作举例

数据输入是进行SPSS分析处理的第一步,也是关键的一步,数据没有输入或者变量没有定义好,很多后续工作将不能展开。SPSS的工作流程为:

SPSS界面→定义变量→输入数据→保存数据→数据分析→保存分析结果

例4-3:某中学高一上学期期中考试化学科总平均分为94.68分,其中高一(1)班的人数为53人,其化学考试成绩如下:124,119,105,122,111,119,110,129,111,124,125,110,78,108,120,87,130,110,104,95,82,112,103,94,77,103,102,114,118,120,97,123,106,119,115,109,106,112,104,102,90,127,117,106,101,136,140,135,139,122,110,135,114。根据以上数据,对该班化学成绩作出基本描述统计分析。

1. SPSS界面

打开SPSS,界面见图4-5,为一空白数据编辑窗口“SPSS Data Editor”。

图4-5 SPSS的数据编辑窗口

2. 定义变量

(1)统计软件数据的录入格式和平时记录数据的格式不太相同,大致有以下原则①:

① 同一观察对象的数据不能在同一条记录中出现,即同一观察对象的数据应独占一行。

② 一个测量指标只能占一列的位置,即同一指标的数值都应录入到同一变量中去。

③ 最终的数据应能够包含原始的所有信息。

(2)定义变量。

① 单击"variable view"(变量视图窗口)。该视图的每行分别表示对一个变量的定义,每一列表示定义该变量时所用的某种属性。如名称(Name)、变量类型(Type)等。如对例4-3定义变量,把化学成绩定义为变量名称(Name),变量类型(Type)选择默认状态的数值型(Numeric),变量宽度(Width)为默认的8位,小数点(Decimals)保留2位。

② 定义变量后,单击"Data View"(数据视图),定义名称均为深色显示,即为定义的"化学成绩",其余各列名称均为灰色的"var"。

(3)数据输入。

输入变量"化学成绩"的值,确认一行一列单元格为当前单元格,输入第一个数据124,然后回车,再输入第2个数据,以此类推将学生化学成绩输入完毕。

(4)数据保存。

选择菜单"File"—"Save",因该数据从未被保存过,故弹出

① 范晓玲.教育统计学与SPSS[M].长沙:湖南师范大学出版社,2005:18-21.

"Save Data As "对话框。注意:在11.0以上版本中,对话框中下部多了一个Variables,可用于选择保存数据集中的某些变量。单击保存类型可看到SPSS中数据保存的各种类型,如DBF,FoxPro,Excel,Access等。在此以SPSS保存数据。

(5)数据统计与输出结果。

对例4-3中化学成绩的基本统计分析包括对集中量数和差异量数的分析及统计图表的生成。应用SPSS统计软件计算集中量数和差异量数有两种方法。

① 点击"Analyze"(分析)—"Descriptive Statistics "(描述统计)—"Frequencies"(频数)(如图4-6),选定变量"化学成绩",打开"Statistics"对话框,点选有关复选框,即会得到平均数、中数、众数、总和、方差、标准差、标准误、极差、最大值、最小值、偏度和峰度等集中量数和差异量数(如图4-6)。打开"Charts"对话框,可以选择统计图表的形式,如直方图、圆形图、线图等。

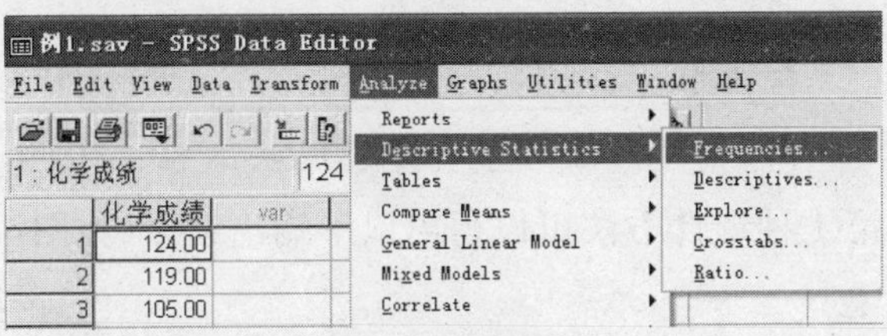

图4-6　选择分析模型方法1

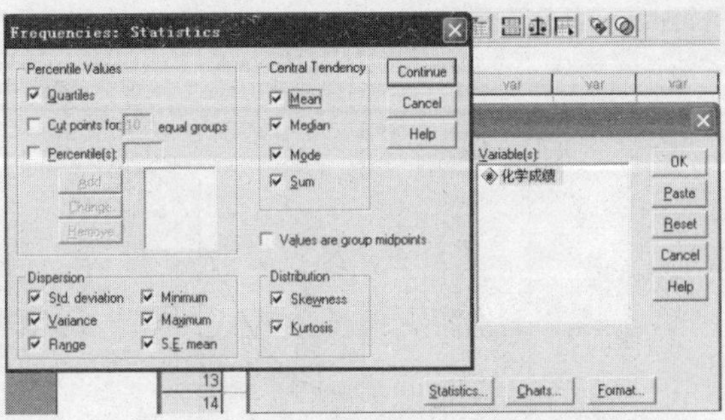

图4-7　选择分析对话框

图中各项含义:Qualities:四分位差,central tendency:集中量数,Mean:均值,Median:中位数,Mode:众数,Sum:总和,dispersion:差异

量数，Std. Deviation：标准差，Variance：方差，Range：极差，Minimum：最小值，Maximum：最大值，S. E. mean：均值标准误，Distrbution：检验正态分布统计量，Skewness：偏度，Kurtosis：峰度。

② 点击“Analyze”—“Descriptive Statistics”—“Descriptives”，选定变量后，打开“Options”对话框（如图4-8），点选有关复选框。这种方法除了得到上述差异量数和集中量数外，可以统计出变量的标准分。

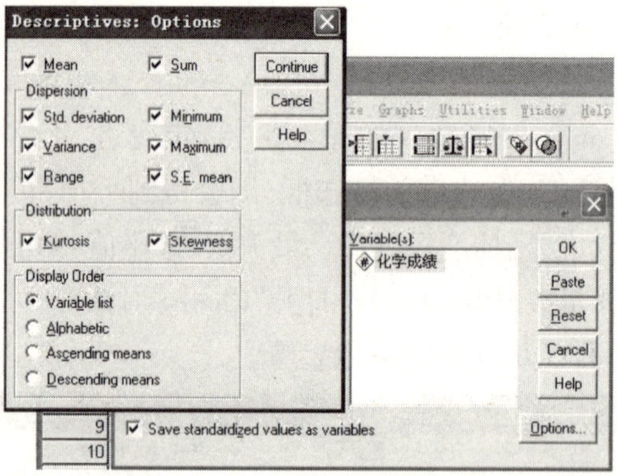

图4-8 选择分析模型方法2

选择第①种统计方法可以得出以下输出结果（如图4-9、图4-10）。

统计结果

化学成绩

N	Valid	53
	Missing	0
Mean		111.9057
Std. Error of Mean		2.01181
Median		111.2500a
Mode		110.00
Std. Deviation		14.64617
Variance		214.510
Skewness		-.305
Std. Error of Skewness		.327
Kurtosis		.081
Std. Error of Kurtosis		.644
Range		63.00
Minimum		77.00
Maximum		140.00
Sum		5931.00
Percentiles	25	103.6250b
	50	111.2500
	75	121.7500

a. Calculated from grouped data.
b. Percentiles are calculated from grouped data.

图4-9 基本描述统计量

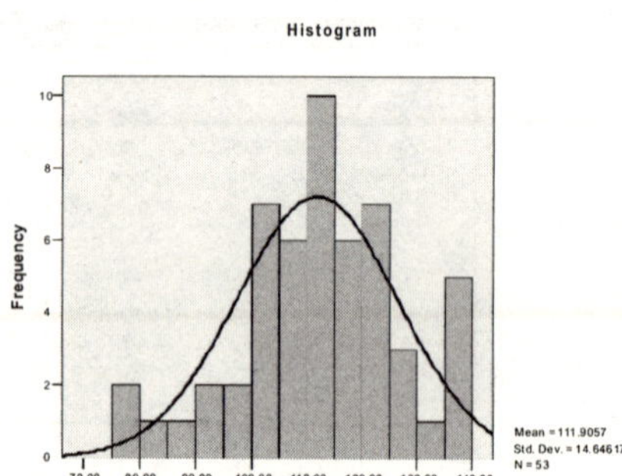

图4-10 附有正态分布曲线的柱状图

图中各项含义：Mean：均值，Std. Error of Mean：均值标准误，Median：中位数，Mode：众数，Std. Deviation：标准差，Variance：方差，Skewness：偏度，Std. Error of Skewness：偏度的标准误，Kurtosis：峰度，Std. Error of Kurtosis：峰度的标准误，Range：极差，Minimum：最小值，Maximum：最大值，Sum：总和，Percenties：频数。

(6)结果分析。

结果分析是化学教育科学研究工作中非常重要的一部分，其意义在于从大量繁琐的数据中挖掘出潜在的信息，进而改进教学工作。从对例4-3的数据基本描述统计分析来看，平均分在全年级之上，总体成绩近似正态分布，但若要分析与整个年级的差异水平，还要进行平均数的差异性检验，这部分将在下节进行详细介绍。

例4-4：以下是某班甲、乙两组化学单元测验成绩，请计算这两组数据的平均数、方差和标准差。

甲：8，9，10，13，13，14，14，15

乙：3，5，5，7，9，13，21，33

第1步：录入数据，定义变量。变量为化学成绩、组别，甲组=1，乙组=2。

第2步：选“Analyze”，展开下拉菜单。单击下拉菜单“Compare Means（均值比较）”中的“Means（均值）”出现“Means”对话框，将左变量框中的“成绩[化学]”选入“Dependent List（因变量）”中，“组别”选入“Independent List（自变量）”。

第3步：单击“Options（选项）”，出现“Means ：Options”对话框，将“Statistics”框中“Mean，Std. deviation，Variance，Number of Cases”选入“Cell Statistics”中。

第4步：单击“Continue”按钮，返回“Frequencies”，单击“OK”即可。

输出结果与解释：

表4-4 基本统计分析

组别	Mean	N	Std. Deviation	Variance
1.00	12.0000	8	2.61861	6.857
2.00	12.0000	8	10.25392	105.143
Total	12.0000	16	7.22957	52.267

平均数与标准差的结果为:甲组平均数为12,方差为6.857,标准差为2.618;乙组平均数为12,方差为105.142,标准差为10.254。两组平均数相等,但乙组方差、标准差大,说明乙组数据分布离散程度大,平均数代表性较差。

第二节 推断统计与SPSS软件的应用

推断统计又称抽样统计,它是根据对部分个体进行观测所得到的信息,通过概括性的分析、论证,在一定可靠程度上去推测相应的总体。换言之,就是根据已知的情况推测未知的情况。推断统计主要用于两个方面,一是从单一样本得到的统计量去推断较大总体的有关特征,称之为统计估计或参数估计;二是比较多个样本或总体的差别情况,评价一项实验的结果,称之为假设检验。推断统计一般涉及两类问题:样本平均数和总体平均数之间的差异问题以及由两个样本平均数差异推断总体平均数的差异问题。

一、假设检验的基本问题和步骤

(1)假设检验首先是建立H_0(零假设),任何一种统计量的假设检验,其出发点都是对H_0的检验,统计结论是对H_0能否被拒绝作出推断。

(2)假设检验的基本思想是一种"反证法"式的推理,即通过检验H_0的真伪来反证研究假设H_1的真伪,若H_0为真,则H_1必为假;若H_0为假,H_1即为真,而且无论作出H_0是真还是假的结论都是在一个概率水平意义上的推断。

(3)假设检验中的"显著"与实际问题中效果的"显著"既有联系又有区别。前者是统计学概念,而后者是专业上常用的术语。以两个样本平均数差异为例，当t检验的结果在0.05水平上“显著”，这是从统计学意义来说由样本平均数之间的差异可以作出“两个总体平均数存在差异”的结论。但两总体平均数之间的差异是否具有专业意义（即有否实际上的“显著”效果）还要根据专业上的标准而定。就是说，统计结论“显著”并不一定意味着实际效果的“显著”。

在具体应用假设检验时，一定要根据各种条件，使用相应的公式，不可错用，尤其是平均数差异的t检验，条件较多，相应的公式不少，切不能以一代全。每一种统计检验方法都有它的使用条件和对数据资料的要求，在实际应用中，要注意它们的使用条件和应用范围，要对相应的前提条件进行检验和证明。

【资料卡片】假设检验中的小概率原理①

假设检验中的“反证法”思想不同于纯数学中的反证法，后者是在假设某一条件下导致逻辑上的矛盾从而否定原来的假设条件。假设检验中的“不合理现象”是指小概率事件在一次试验中发生了，它是基于人们在实践中广泛采用的小概率事件原理，该原理认为“小概率事件在一次试验中几乎是不可能发生的”。例如：飞机失事是小概率事件，所以人们深信在一次外出旅途中乘飞机几乎不会遇到意外，因而人们总是安然地飞来飞去。假设推断的依据就是小概率事件原理。通常情况下，将概率不超过0.05的事件当做“小概率事件”，有时也定为概率不超过0.01或者0.001。

推断统计中的差异是指有95%或99%的把握这样认为，此时得出的总体统计差异显著的结论还可能犯5%或1%的错误，或者说还有5%或1%的可能二者的差异不显著。统计学认为发生率小于5%的事件是小概率事件，小概率事件基本不可能发生。因此，有95%的把握认为差异显著就可以说差异显著。在报告中就可以说差异的显著水平为0.05；有99%把握推断出差异显著时，称差异的显著性水平为0.01。一般把在0.05水平上的差异称作差异在0.05水平上显著；0.01水平上的差异被称作差异在0.01水平上显著。

① 张厚粲，徐建平. 现代心理与教育统计学[M]. 北京：北京师范大学出版社，2003：247.

二、Z检验

在化学教育科学研究中，对总体正态分布、方差已知或独立大样本的平均数的显著性和差异显著性的检验，可以用Z检验。具体SPSS操作方法见例4-6。

例4-5：某区学生的化学实验技能测试成绩的平均数为50，标准差为10，该区某学校的一个班（41人）的平均成绩是52.5。问该班成绩与全区成绩是否有差异？

具体计算过程：

计算Z值：

$$Z=\left(\overline{X}-\mu_0\right)/\left(\sigma_0/\sqrt{n}\right)$$

$\overline{X}$：样本平均数，μ_0：总体平均数，σ_0：总体标准差，n：样本大小。

$\sigma_0/\sqrt{n}=10/\sqrt{41}=1.562$，$Z=(52.5-50)/1.562=1.6$。

查Z界值表，0.05显著性水平的Z值为1.96，本例Z值未达到规定值，故可推断出该班成绩与全区成绩差异不显著。

三、平均数差异显著性检验

平均数的差异显著性检验是常用的参数检验的方法。平均数的差异显著性检验分两种情况：其一是关于样本平均数与总体平均数差异的显著性检验，在总体服从正态分布、总体方差已知的情况下，用Z检验；总体方差未知的情况下，用t检验。其二是平均数差异的显著性检验，在两个总体都服从正态分布、总体方差均已知的情况下，用Z检验（相关样本和独立样本所用统计量不同）；在两个总体都服从正态分布，但是总体方差未知时，用t检验（所用检验统计量方法与两个总体是否独立以及方差是否相等有关）。

（一）单一样本t检验[①]

例4-6：某中学高一年级上学期期中考试化学学科总平均分为94.68分，高一（1）班的人数为53人，其化学考试成绩如下：124，119，

① 唐力.化学教育研究方法论[M].桂林：广西师范大学出版社，2002：269-274.

105, 122, 111, 119, 110, 129, 111, 124, 125, 110, 78, 108, 120, 87, 130, 110, 104, 95, 82, 112, 103, 94, 77, 103, 102, 114, 118, 120, 97, 123, 106, 119, 115, 109, 106, 112, 104, 102, 90, 127, 117, 106, 101, 136, 140, 135, 139, 122, 110, 135, 114。

试问(1)班的成绩是否与总分具有一致性？这次期中考试(1)班平均分的95%的置信区间是多少？

1. 案例分析

首先认为(1)班的化学成绩是来自正态总体$X \sim N(\mu, \sigma^2)$，则该问题即为总体标准差σ未知情况下的t检验。由此可以建立以下统计假设：

$H_0: \mu = \mu_0 = 94.68$，即(1)班的平均分与全年级平均水平没有显著性差异。

$H_1: \mu \neq \mu_0 = 94.68$，即(1)班的平均分与全年级平均水平存在显著性差异。

2. SPSS操作过程

(1)定义变量：单击左下角变量定义窗口“Variable View”，然后将数列名称“化学”定义为数值型变量，宽度为8，小数点后位数为2。

(2)输入分数：单击左下角“Data View”图标，即弹出数据窗口，输入化学成绩。

(3)分析过程：按“Analyze”—“Compare Mean”—“One Sample T Test”(单一样本t检验)顺序选择菜单或菜单项，最后弹出如图4-11所示的对话框。

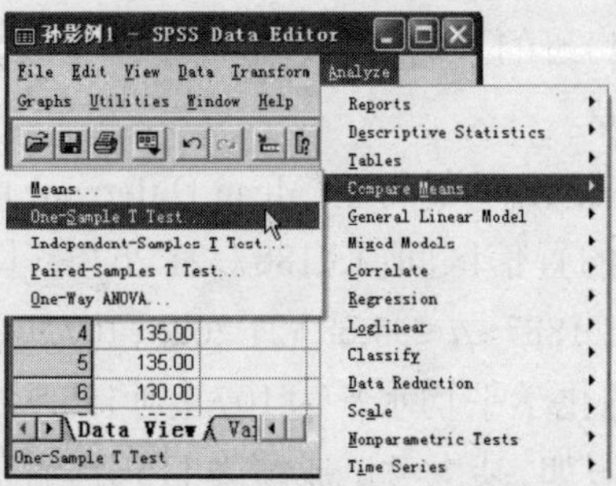

图4-11　单一样本t检验分析模型

将左边源变量x送入“Test”右框中，在底部“Test Value”中输入检验值μ_0=94.68。单击“OK”，即输出表4-5和表4-6等结果。

表4-5 单一样本统计量(One-Sample Statistics)

	N	Mean	Std. Deviation	Std. Error Mean
化学	53	111.9057	14.6462	2.0118

表4-6 单一样本t检验(One-Sample Test)

Test Value =94.68						
	t	df	Sig.(2-tailed)	Mean Difference	95% Confidence Interval of the Difference	
					Lower	Upper
化学	8.562	52	.000	17.2257	13.1887	21.2626

表中各项含义：

t：t检验的t值，df：自由度，Sig.(2-tailed)：双侧检验的概率，Mean Difference：两个平均数之差，95% Confidence Interval of the Difference：差值的95%的置信区间。

3. 结果分析、作出决断

表4-5列出了样本数(N)、样本均值(Mean)、样本标准差(Std. Deviation)以及样本平均数的标准误(Std. Error Mean)。在此，样本均值标准误=样本标准差/样本数N的平方根。表4-6列出了t检验及区间估计的结果，t值为8.562，自由度为53-1=52时，由t值计算出显著性水平为0.00，小于给定的显著水平0.05或0.01，表明当自由度为52时，t值的大小(8.562)远远大于所给定的显著水平0.05或0.01时的t值($t_{0.05}/2=2.009$，$t_{0.01}/2=2.678$)，因此，应拒绝H_0，接受H_1，即这次化学期中考试，(1)班的平均水平远远高于全年级平均水平，两者之间存在显著性差异。

此外，表4-6给出了平均差(Mean Difference)$\mu-\mu_0=17.2257$，以及平均差的95%的置信区间[13.1887，21.2626]，即$13.1887\leqslant\mu-\mu_0\leqslant 21.2626$，$94.68+13.1887\leqslant\mu\leqslant 94.68+21.2626$，$107.9\leqslant\mu\leqslant 115.9$，即这次期中考试(1)班的化学平均水平为107.9到115.9之间，这个结果的可信度为95%。假如，某生考试成绩为115分，看似比平均分高，但实际上，并没有显著高于全班平均水平。

（二）独立样本t检验

例4-7：已知本节例4-6中的（1）班为某中学的重点班，而与之平行的普通班（2）班（由另一教师教）学生人数为64人，在这次化学考试中成绩如下：111，77，70，82，81，92，75，106，90，57，78，56，70，53，82，60，59，69，60，46，58，78，78，49，84，80，60，82，74，75，79，48，58，109，88，61，86，92，34，50，93，63，94，58，70，66，71，51，42，65，45，64，67，48，43，44，49，51，30，82，50，48，81，83。

试问：重点班（1）班的化学成绩是否显著高于普通班（2）班？两个班平均分差值的置信区间是多少？

1. 案例分析

由于两个班学生的基础不一致，教师的教学水平、教学起点也不一样，所以，从化学期中考试成绩看，两个班可能分别来自两个独立的总体，即该问题实质上是两个独立样本平均值的比较。一般而言，两独立样本均值检验需要考虑到方差齐性问题，对此，SPSS统计软件分别计算两种可能情况的t检验结果，即$\sigma_1=\sigma_2$和$\sigma_1\neq\sigma_2$两种结果。

2. SPSS操作过程

（1）输入数据：将（1）班和（2）班成绩分别定为第1组和第2组，分别输入组别和各组的成绩。如图4-12所示。

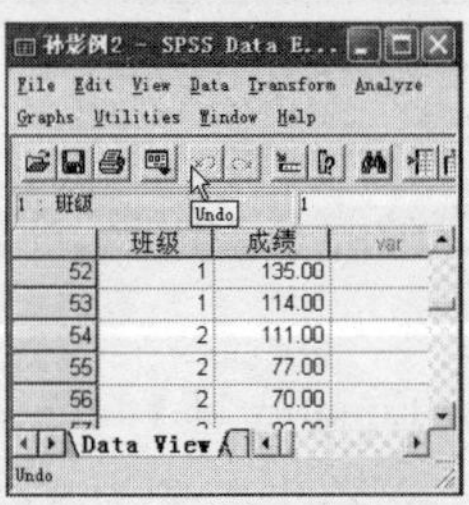

图4-12　输入数据

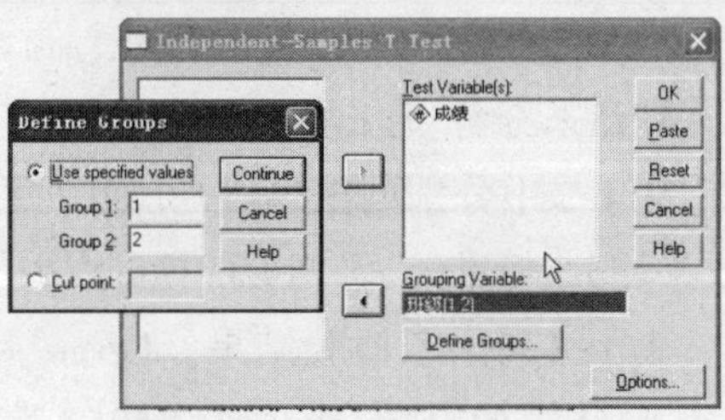

图4-13　选择分析模型

（2）分析过程：点击Analyze，选择Compare Means下拉菜单中的Independent- Sample T Test（独立样本t检验），弹出如图4-13所示的对话框。将组别、化学成绩分别输入如图4-13虚线所示的方框内，点击被激活的“Define Groups”键，然后在“Use Specified Values”（系统默认)下方的Group 1和Group 2中分别输入数值1和2，再单击"Continue"键，返回主对话框，单击"OK"，即可输出表4-7和4-8所示的统计结果。

表4-7 基本统计量

班别	*N*	Mean	Std. Deviation	Std. Error Mean
(1)班	53	111.9057	14.6462	2.0118
(2)班	64	68.0469	18.1899	2.2737

表4-8 *t*检验结果

	Levee's Test for Equality of Variance		t-test for Equality of Means						
	F	Sig.	*t*	3.04df	Sig.(2-tailed)	Mean Diff-erence	Std.Error Diff-erence	95% Confidence Interval of the Difference: Lower	95% Confidence Interval of the Difference: Upper
Equal variance assumed	4.585	.034	14.15	115	.000	43.86	3.10	37.72	49.99
Equal variance not assumed			14.44	114.92	.000	43.86	3.04	37.8450	49.87

表中：Equal variance assumed：方差相等，Equal variance not assumed：方差不等。

3. 结果分析、作出决断

表4-7中分别列出了(1)班和(2)班化学成绩的基本信息，即人数、平均分、标准差、平均分的标准误差等。

表4-8列出了检验结果。Levee's Test for Equality of Variances为方差分析的结果：*F*值为4.585，其对应的显著性水平为Sig.=0.034<0.05。由此可知，在95%置信度上，两样本的方差存在显著性差异，即($\sigma_1^2 \neq \sigma_2^2$)。因此，在下面的决断依据应选择与Equal Variances Not Assumed(假设方差不相等)同一行的数据。由表中数据得知，本例的*t*值为14.446，自由度为*df*=114.92，*t*检验的显著性概率(双侧检验)Sig.(2-tailed)=0.000<0.01，可以做出如下决断：(1)班

与(2)班的化学成绩呈极其显著性差异,即(1)班的化学成绩远远好于(2)班。此外,表4-7中还列出了两个样本的平均差(Mean Difference=43.8588),平均差的标准误Std. Error Mean以及平均差$\mu_1-\mu_2$在95%置信度上的置信区间:$37.8450 \leqslant \mu_1-\mu_2 \leqslant 49.8725$。

(三)配对样本t检验

配对试验是将同一水平的对象配成对子,然后随机分成两组或是一批对象自身进行对比的试验。在化学教育科研中常见的例子有:比较学期开始和结束时学生化学成绩的变化,比较一定时间段前后某项指标的变化,比较某实验前后个体某些指标的变化等。这与前面的独立样本t检验不同,前面是两组样本的两组数据比较,此处则是同组样本的两组数据的比较,要注意区分使用条件,两者计算过程差异不大,但计算公式稍有不同。计算时首先计算每对数的差值,用d表示,然后按照公式计算t值,最后再查表判断差异是否显著及显著性水平。

计算公式为:

$$t=\left(\overline{X}_1-\overline{X}_2\right)\Big/\sqrt{\left[\sum d^2-\left(\sum d\right)^2\Big/n\right]\Big/n(n-1)}$$

d:每个样本两次测试结果的差,n:样本大小,$\overline{X}_1-\overline{X}_2$:实验前后结果的平均数,$df$:自由度,$df=n-1$。

例4-8:将化学实验操作技能相近的学生配成对子,再随机分成两组即实验组和对比组,实验组采取专项动手技能训练,经过一个周期后,测得两组学生化学综合能力水平成绩如表4-9所示,试问实验组的专项训练是否有效?

表4-9　两组学生化学综合能力水平成绩

实验组		对比组	
86	90	81	85
89	91	84	86
88	84	76	76
83	83	75	72
82	76	71	77

1. 案例分析

配对样本都是成对数据，即两组数据存在对应关系，这样可以求出对应数据的差d，把对$d(\overline{X}_1-\overline{X}_2)$的显著性检验转化为对应数据差值平均值的显著性检验。需要注意的是，本例中每对数据都来自同一对象，而且训练前后观察个案的数目相同，同时成绩数据可以认为是来自正态分布。独立样本的数据并不成对，即使$n_1=n_2$时，两组数据也不存在对应关系，因而不可能有对应值的差，只能以两个样本方差共同对总体方差进行估计。

2. SPSS操作过程

(1) 输入数据：按照前面介绍的方法录入数据，如图4-14所示。

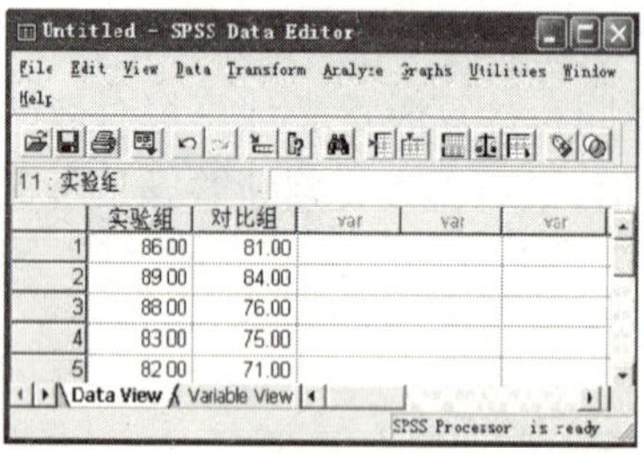

图4-14 输入数据

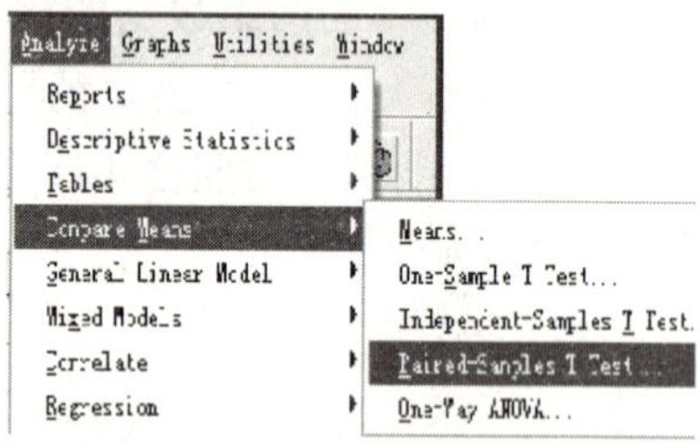

图4-15 选择分析模型

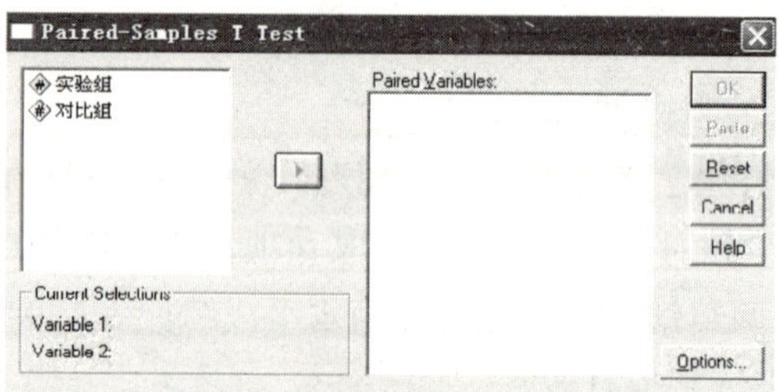

图4-16 配对样本t检验对话框

(2)分析过程：点击“Analyze”，选择“Compare Means”下拉菜单中的“Paired- Sample T Test”（配对样本t检验），弹出如图4-16所示的对话框。将配对变量实验组和对比组移至“Paired Variables”框。单击“OK”，即可输出表4-10、4-11和4-12所示的统计结果。

3. 结果分析、作出决断

表4-10中分别列出了配对样本基本统计量，包括均值、样本容量、标准差和均值标准误。表4-11列出了配对样本相关系数，r=0.698，P值为0.025<0.05，存在显著性相关。表4-12列出了配对样本t检验结果，P值为0.000<0.01，差异具有高度显著性，专项动手技能训练对学生化学综合能力水平的提高具有显著效果。

表4-10　配对样本基本统计量（Paired Samples Statistics）

		Mean	*N*	Std. Deviation	Std. Error Mean
Pair 1	实验组	85.2000	10	4.54117	1.43604
	对比组	78.3000	10	5.37587	1.70000

表4-11　配对样本相关系数（Paired Samples Correlations）

Mean	*N*	Correlation	Sig.
Pair 1 实验组&对比组	10	0.698	0.25

表4-12　配对样本t检验结果（Paired Samples Test）

	Paired Differences					*t*	*df*	Sig. (2-tailed)
	Mean	Std. Deviation	Std. Error Mean	95% Confidence Interval of the Difference				
				Lower	Upper			
实验组-对比组	6.9000	3.9285	1.2423	4.0897	9.7103	5.554	9	.000

【资料卡片】假设检验中两类错误问题

假设检验是用样本观测值计算统计量的值，按照一定的概率进行判断，因此，所得的结论不一定百分之百正确，有可能犯错误。本来原假设是正确的，但经取样检验后却错误地拒绝了它，这是犯了“弃真”的错误，称之为第一类错误，显著性水平α就是犯第一类错误的概率；同样，本来原假设是不正确的，但经取样检验后却错误地接受了它，这是犯了“纳伪”的错误，称之为第二类错误，用β表示犯第二类错误的概率。对一定的样本容量，一般而言，α小时，β就大；β小时，α就大，因此不能做到两者同时都小，一般都是取定α，通过增加样本容量来使β减小。

四、方差及方差差异性检验

方差分析与t检验相比,优越之处在于可以同时检验多个平均数之间的差异,并且可以解释几个因素水平之间的交互作用。如化学教学效果受教法、教材、学生接受能力、教师的专业素养等诸多因素的影响,要研究这些因素对化学教学效果的影响程度、分析它们之间交互作用的大小,t检验方法就无能为力了,而方差分析为解决这类问题提供了一种有效的方法[①]。这里介绍最简单的单因素方差分析及差异性检验。

(1)计算有关统计数值:

总平方和:$SSt=\sum\sum X^2-\left(\sum\sum X^2\right)/nk$

组间平方和:$SSb=\sum\left[\left(\sum X^2\right)/n\right]-\sum\left[\left(\sum X^2\right)/nk\right]$

组内平方和:$SSu=SSt=SSb$,总自由度:$dft=nk-1$,组间自由度:$dfh=k-1$,组内自由度:$dfw=k(n-1)$。

(2)计算F值:$F=(SSb/dfb)(dfw/SSu)$。

(3)查F界值表,如果F值小于规定的界值,则P值大于0.05,说明各组平均数的差异不显著,反之,F值大于规定界值,P小于0.05或更小,可以推断出各组之间差异显著,结果报告中要说明F值的大小和显著性水平。

例4-9:为探讨不同版本中学化学教材对学生化学学习效果的影响,选择三个各方面水平、能力、层次、特点均无显著性差异的实验班,使用三种不同版本中学化学教材一个周期,学生化学综合能力的成绩见表4-13,试问不同版本的中学化学教材对学生学习化学效果是否存在差异?

① 梁荣辉,章炼,封文波.教育心理多元统计学与SPSS软件[M].北京:北京理工大学出版社,2005:31.

表4-13　三组学生化学综合能力水平成绩

第一组	第二组	第三组
86	90	81
70	91	85
80	84	84
83	83	86
82	88	76
77	92	75
78	90	76
73	79	79
69	83	80
78	80	68

1. 案例分析

例4-9属于单因素方差分析问题。因变量是学生化学学习成绩，自变量是三种不同版本中学化学教材即三种水平。这是一个单因素三水平的试验。

2. SPSS操作过程

(1)输入数据：如图4-17所示，数字1、2、3代表教材版本。

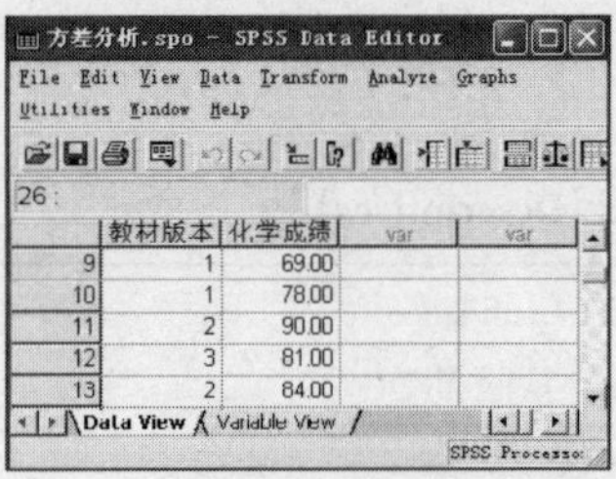

图4-17　输入数据

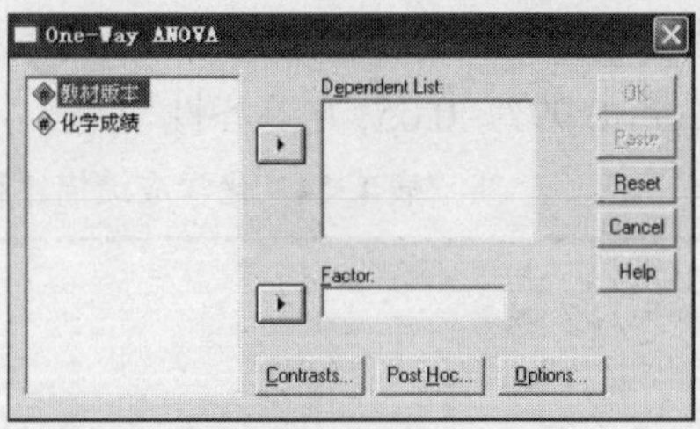

图4-18　选择分析模型

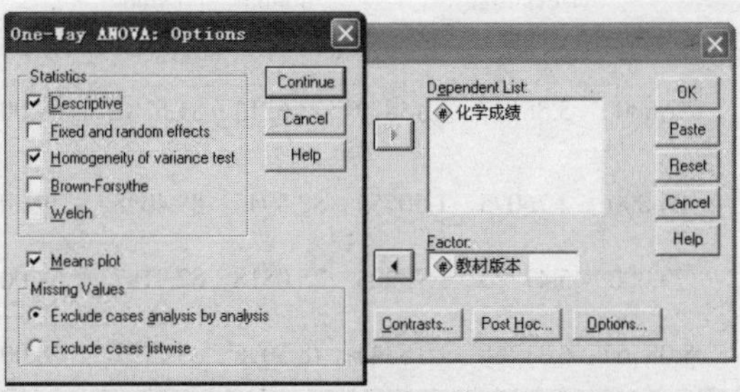

图4-19　方差分析Options对话框

(2)分析过程：单击“Analyze”，选择“Compare Means”下拉菜单中的“One-Way ANOVA”(单因素方差分析)，将“化学成绩”放入“Dependent List”(因变量)框，把“教材版本”放入“Factor”(自变量)框。单击“Post Hoc”(制定一种多重比较的检验方法)按钮，在“Equal Variances Assumed”(方差齐性)中选择“Scheffe”(用F检验进行均值间的配对比较)与“Trkey”(用极差统计量进行所有组间均值的配对比较)方法，取“Significance Level”(显著性水平)的默认值0.05。单击“Options”按钮，弹出如图4-19所示的对话框，在“Statistics”中选择“Descriptives”项，输出样本含量、标准误、最大值、最小值和各组每个变量的95%的置信区间，选择“Homogeneity of Variance Test”项，输出方差齐性检验结果，选择“Means plot”项，输出均数分布图。单击“OK”，即可输出表4-14、4-15、4-16和4-17所示的统计结果。

3. 结果分析、作出决断

表4-14列出了学生使用三个版本中学化学教材后化学综合能力水平成绩的描述统计，即样本含量、标准误、最大值、最小值和各组每个变量的95%的置信区间等。表4-15列出了方差齐性检验结果，P=0.997 > 0.05，方差齐性。

表4-14 化学成绩描述统计(Descriptives)

					95% Confidence Interval for Mean			
	N	Mean	Sed. Deviation	Std.Error	Lower Bound	Upper Bound	Minimum	Maximum
1	10	77.6000	5.56177	1.75879	73.6213	81.5787	69.00	86.00
2	10	86.000	4.76095	1.50555	82.5945	89.4058	79.00	92.00
3	10	79.000	5.47723	1.73205	75.0818	82.9182	68.00	86.00
Total	30	8.08667	6.31765	1.15344	78.5076	83.2257	68.00	92.00

表 4-15　方差齐性检验(Test of Homogeneity of Variances)

Levene Statistic	df_1	df_2	Sig.
.003	2	27	.997

表 4-16　化学成绩的方差分析结果(ANOVA)

	Sum of Squares	df	Mean square	F	Sig.
Between Groups	405.067	2	202.533	7.268	.003
Within Groups	752.400	27	27.867		
Total	1157.467	29			

表 4-16 列出了离差平方和(Sum of Squares)、均方(Mean Square)和方差分析结果。P=0.003<0.05,说明三个版本中学化学教材使用产生的差异显著,若差异不显著,说明三个版本教材的效果基本一致,实际化学教学中,可任意选择一个版本的教材。

表 4-17　多重比较结果

Dependent Variable:化学成绩

	(I)教材版本	(J)教材版本	Mean Difference (I–J)	Std.error	Sig.	95% Confidence Interval	
						Lower Bound	Upper Bound
Tukey HSD	1	2	−8.40000*	2.36079	.004	−14.2534	−2.5466
		3	−1.40000*	2.36079	.825	−7.2534	4.4534
	2	1	8.40000*	2.36079	.004	2.5466	14.2534
		3	7.00000*	2.36079	.017	1.14696	12.8534
	3	1	1.40000	2.36079	.825	−4.4534	7.2534
		2	−7.00000*	2.36079	.017	−12.8534	−1.1466
Scgeffe	1	2	−8.40000*	2.36079	.006	−14.5145	−2.2855
		3	−1.40000	2.36079	.840	−7.5145	4.7145
	2	1	8.40000*	2.36079	.006	2.2855	14.5145
		3	7.00000*	2.36079	.022	.8855	13.1145
	3	1	1.40000	2.36079	.840	−4.7145	7.5145
		2	−7.00000*	2.36079	.022	−13.1145	−.8855

*The mean difference is significant at the .05 level.

表 4-17 列出了多重比较结果,在 0.05 显著性水平下,教材 1 与教材 2、教材 2 与教材 3 之间的差异显著,而教材 1 与教材 3 之间的差

异不显著。

由图4-20可以看出各组均数的分布情况。教材2效果最好，教材1和教材3效果显著劣于教材2，但教材1和教材3之间没有显著性差异。

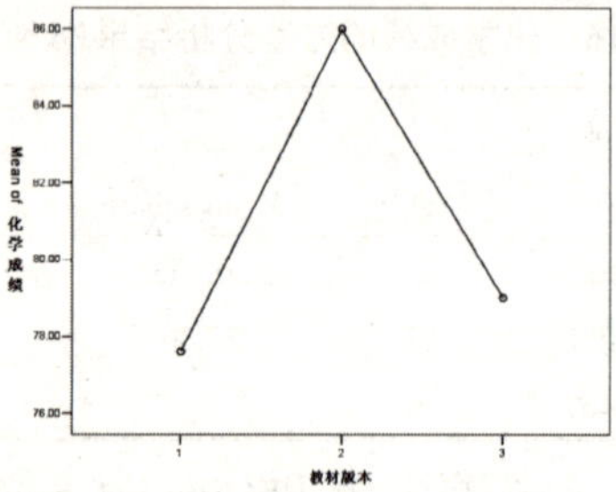

图4-20 均值分布图

五、相关系数的显著性检验

相关系数的显著性检验分两种情况：(1)样本相关系数与总体相关系数差异的显著性检验，在总体相关为零的假设下，用t检验，在总体相关不为零的假设下，将相关系数做正态性转换然后用Z检验；(2)两个样本相关系数差异性的检验，在两个样本相互独立时，用Z检验，当两个相关系数由同一组被试算得，用t检验。

例4-10：随机抽取10位学生的语文、数学、英语、物理、化学、理化综合等6种考试成绩(见表4-18)，请对6种考试成绩进行相关分析。

表4-18 学生各科成绩

学生	语文	数学	英语	物理	化学	理化综合
1	97.00	82.00	80.00	79.00	81.00	109.00
2	109.00	75.00	75.00	34.00	82.00	85.50
3	105.00	39.00	73.00	32.00	45.00	59.00
4	105.00	74.00	84.00	62.00	42.00	79.50
5	86.00	63.00	70.00	58.00	74.00	86.00
6	101.00	58.00	64.00	44.00	82.00	89.00
7	111.00	40.00	91.00	36.00	60.00	96.50
8	86.00	69.00	65.00	58.00	75.00	82.00
9	98.00	65.00	80.00	65.00	58.00	81.50
10	100.00	68.00	78.00	37.00	98.00	105.00

1. 案例分析

由表中数据可以认为，该问题应该是两两连续变量之间的相关分析，因此可用皮尔逊（Pearson）相关系数法来进行统计分析。

2. SPSS操作过程

（1）输入数据：方法同前。

（2）分析过程：选择“Analyze”中的“Correlate”，再选择“Bivarite”选项，将左边框的语文、数学、英语、物理、化学、理化综合等送到右边方框，最后弹出如图4-21所示的对话框。

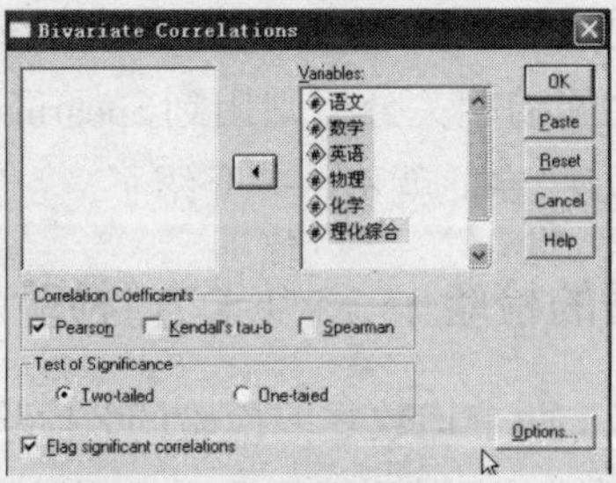

图4-21　选择相关分析变量

选择“Pearson”（皮尔逊积差相关）/“Two-tailed”（双侧检验），单击“OK”，即得到如表4-19所示的统计结果。

表4-19　多元相关分析结果

		语文	数学	英语	物理	化学	理化综合
语文	Pearson correlation	1.00	−3.29	.598	.598	−2.84	−0.50
	Sig.(2-tailed)	.	.354	.068	.068	.427	.890
	N	10	10	10	10	10	10
数学	Pearson correlation	−3.29	1.00	−1.01	.627	.420	.447
	Sig.(2-tailed)	.354	.	.781	.053	.227	.195
	N	10	10	10	10	10	10
英语	Pearson correlation	.598	−1.01	1.00	.0365	−.356	.287
	Sig.(2-tailed)	.068	.781	.	.924	.313	.422
	N	10	10	10	10	10	10
物理	Pearson correlation	.598	.627	.035	1.00	−.062	.277
	Sig.(2-tailed)	.068	.053	.924	.	.864	.439
	N	10	10	10	10	10	10
化学	Pearson correlation	−2.84	.420	.−356	−0.62	1.00	.704*
	Sig.(2-tailed)	.427	.227	.313	.861	.	.023
	N	10	10	10	10	10	10

续表

		语文	数学	英语	物理	化学	理化综合
理化综合	Pearson correlation	-0.50	.447	.287	.277	.704*	1.00
	Sig.(2-tailed)	.890	.195	.422	.439	.023	.
	N	10	10	10	10	10	10

*. Correlation is significant at the 0.05 level(2-tailed).

3. 结果分析、作出决断

由表中可以看出,只有化学成绩和理化综合成绩呈显著性相关(记为*),其余的相关都不显著。

需要进一步说明的是,二元相关的统计方法类似于上述方法。两等级相关变量之间的相关分析则用到Spearman秩相关系数法和Kendall秩相关系数法,在此就不一一介绍了。

六、计数数据的检验——χ^2(卡方)检验

如前介绍的用于两个均数之差检验的Z检验和t检验以及用于多个均数之差检验的F检验等,都只适用于测量数据分析,但在许多情况下,得到的是计数数据,如例4-7中"化学综合能力的等级评定"所得的数据,既不是等级数据也不是等距数据,而是计数数据。在化学教育科学研究中,经常使用调查、问卷或访问等研究方法,所获得的资料常按照一定的性质分为不同类别,有些类别间无量的关系,只是根据类别或属性统计人数或个数,如性别、态度等,有些类别间有量的关系,但也根据研究需要按照一定的标准分类,如学习成绩、能力水平、对事物的态度等都有连续性的数量变化,只是研究需要按照一定标准分为优、良、中、差,喜欢或不喜欢。

对于上述计数资料的分析和统计,主要用χ^2(读作"卡方")检验。χ^2检验的主要功能表现在三个方面。一是进行各种适合性(或配合度)检验。所谓适合性检验(goodness of fit test),就是检验抽样分布与某种理论分布是否吻合或二者之间是否存在显著性差异的χ^2检验,它适用于一元分类的计数资料。如某教师根据自己的观察将学生的化学综合学习能力分为优、良、中、及格四个等级,并统计各类的人数,若要分析该教师的分类结果与正态分布是否符合则需进

行适合性的χ^2检验。二是进行独立性检验(test for independence),即用于两个以上因素多项分类的计数资料分析,也就是研究两类变量之间关联性和依存性的问题,它适用于二元分类的计数资料。独立性检验把一组实验对象按两个标准(变量)分类,一个变量放在行内,另一个变量放在列内,形成列联表,其目的是说明两个变量是彼此独立的(无差异的),还是彼此相关的(有差异的)。如研究甲、乙两校化学会考通过人数有无差异需要进行独立性的χ^2检验。三是进行同质性检验,即判断多次重复实验的结果是否同质。这里探讨前两种。

卡方检验用于计数资料的分析,对于数据资料本身的分布形态不作任何假设,所以在一定意义上,它是一种非参数检验的方法。

例4-11:某班有学生60人,化学老师根据化学考试成绩和平时化学实验操作技能对学生的化学综合能力进行了评定,结果14名学生评为优秀,20名学生评为良好,18名学生评为中等,8名学生评为及格。如果学生的能力是正态分布的,那么该化学老师评定的结果是否符合正态分布?

1. 案例分析

本例检验三个以上实际次数分布与正态分布理论是否适合的检验,属于适合性检验。首先建立假设:H_0表示实际次数分布符合正态分布;H_1表示实际次数分布不符合正态分布。然后计算统计量,作出比较与决策。

2. SPSS操作过程

(1)输入数据:方法同前,1、2、3、4分别代表优秀、良好、中等和及格四个等级,如图4-22所示。

(2)分析过程:①选择"Data"中的"Weight Cases. . . ",出现图4-24对话框,再选择"Weight Cases by",将"通过人数"移入"Frequency Variable:"中,单击"OK"。

②选择"Analyze"中的"Nonparametric Test",并单击"Chi-Square",出现图4-23对话框,将"评定等级"移入"Test Variable List:"中,单击"OK",即得到如表4-20和表4-21所示的统计结果。

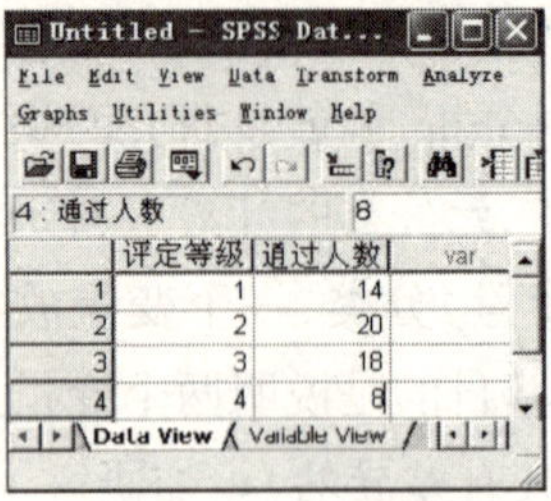

图4-22 数据录入

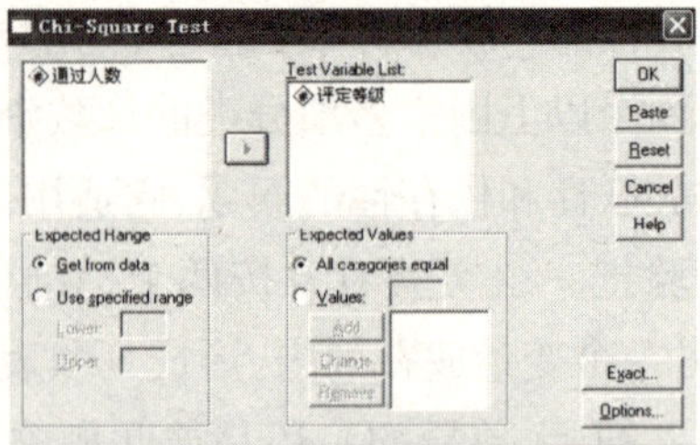

图4-23 卡方检验对话框

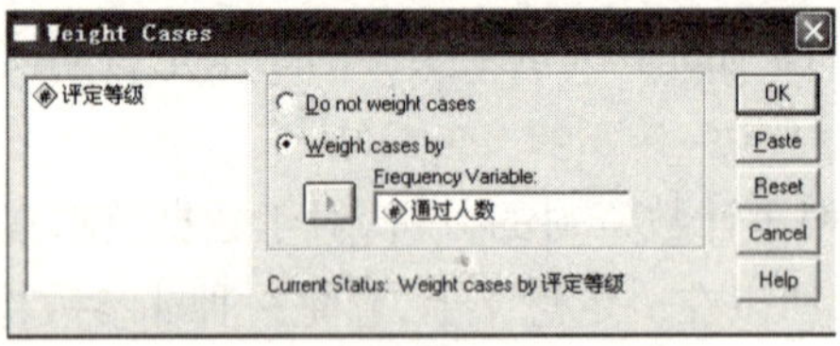

图4-24 选择分析模型对话框

3. 结果分析、作出决断

表4-20和表4-21分别列出了基本观测量值和卡方检验结果。在表4-21中给出了卡方值和近似P值,因为P=0.133 > 0.05,因此在0.05水平接受虚无假设,拒绝备择假设,说明该化学老师对学生化学综合能力水平的评定符合正态分布。

表4-20 基本观测量值表

	Observed N	Expected N	Residual
1	14	15.0	-1.0
2	20	15.0	5.0
3	18	15.0	3.0
4	8	15.0	-7.0
Total	60		

表4-21 卡方检验结果

	评定等级
Chi-Square(a)	5.600
df	3
Asymp. Sig.	.133

0 cells (.0%) have expected frequencies less than 5. The minimum expected cell frequency is 15.0.

例4-12:甲、乙两校高中生同时参加全省化学会考,结果甲校365名学生通过了300名,乙校200名学生通过了101名,问两校通过人数之间有无显著差异?

1. 案例分析

本例的研究属于双变量分类问题,一个变量是学校类型:甲校和乙校，另一个变量是化学会考通过结果：通过与未通过，形成一个2×2列联表。首先建立假设：

H_0：两校化学会考通过率无显著差异；

H_1：两校化学会考通过率有显著差异。

然后计算统计量，作出比较与决策。

2. SPSS操作过程

（1）输入数据：方法同前，变量“学校”下面的数字“1”、“2”分别代表甲校和乙校，“是否通过”变量下面的数字“1”、“2”分别代表“通过”和“不通过”，如图4-25所示。

（2）分析过程：①选择“Data”中的“Weight Cases...”，出现图4-27对话框，再选择“Weight Cases by”，将“人数”移入“Frequency Variable:”中，单击“OK”。

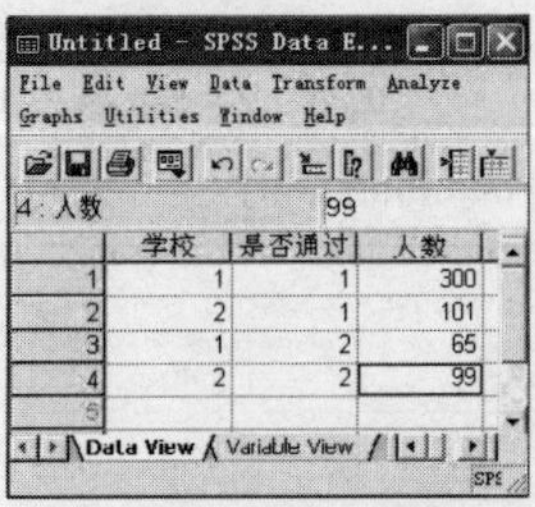

图4-25　录入数据

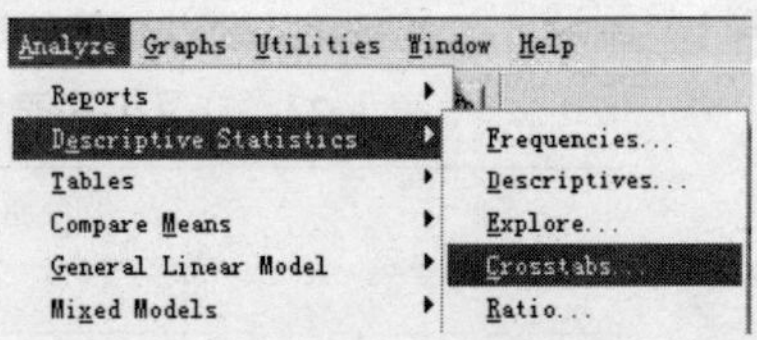

图4-26　选择分析模型

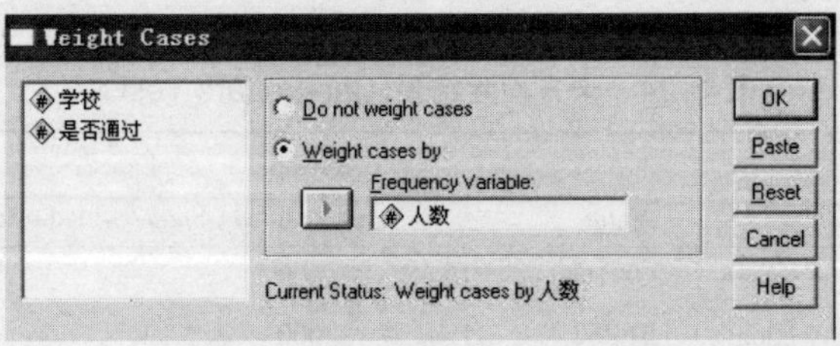

图4-27　选择Weight Cases对话框

② 选择“Analyze”中的“Descriptive Statistics”，并单击“Crosstabs”，出现图4-28对话框，将“学校”移入“Row”（行变量）中，将“是否通过”移入“Column”（列变量）中，单击“Statistics...”，选择“Chi-Square”，单击“Continue”，最后单击“OK”，即得到如表4-22和表4-23所示的统计结果。

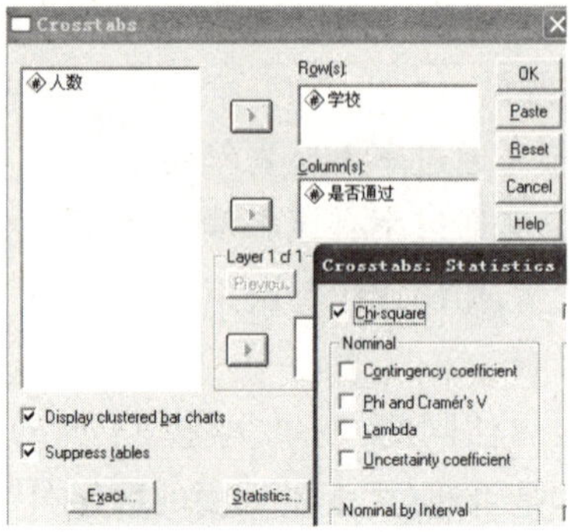

图4-28　选择卡方检验

表4-22　样本基本情况(Case Processing Summary)

	Cases					
	Valid		Missing		Total	
	N	Percent	*N*	Percent	*N*	Percent
学校 * 是否通过	565	100.0%	0	.0%	565	100.0%

表4-23　交叉列联表(Crosstabulation)

	是否通过		
	1	2	Total
学校	1	300	365
	2	101	200
	Total	401	565

表4-24　卡方检验结果(Chi-Square Tests)

	Value	*df*	Asymp. Sig.(2-sided)	Exact Sig.(2-sided)	Exact Sig.(1-sided)
Pearson Chi-Square	62.991(b)	1	.000		
Continuity Correction(a)	61.462	1	.000		
Likelihood Ratio	61.476	1	.000		
Fisher's Exact Test				.000	.000
Linear-by-Linear Association	62.879	1	.000		
N of Valid Cases	565				

a. Computed only for a 2x2 table.

b. 0 cells (.0%) have expected count less than 5. The minimum expected count is 58.05.

3. 结果分析、作出决断

表4-22和表4-23分别列出了样本基本情况和独立性检验的交叉列联表。表4-24列出了卡方检验结果。表中Pearson Chi-Square的P值为0.000<0.01，拒绝虚无假设，选择备择假设，说明甲、乙两校在高中化学会考通过率上有显著差异。

描述统计和推断统计均是针对数据进行计算的分析方法，因此，只要有数字就可以进行计算和分析。然而，要使这些数据真实、可靠地反映客观现实，首先要保证其本身的可靠性和有效性，因此仅靠分析方法是远远不够的，还需要一种获得准确数据的理论与方法，即实验设计。实验设计是研究如何更加合理、有效地获得观测资料，怎样更正确、更经济、更有效地达到实验目的，以揭示实验中各种变量关系的实验计划。描述统计为前驱，推断统计为核心，实验设计为后衍。但是从实验研究进程来说，则应先进行实验设计，再进行描述统计和推断统计。

近年来，化学教育科学研究中的定性研究方法（如深度访谈法、参与观察法等）也要求对搜集来的数据资料进行相应的统计分析。定量分析需要与定性分析相结合，没有这样的结合就不能很好地实现和有效地推动化学教育科学研究工作。统计分析是为了揭示数据的特征和规律性，定量分析的方向、范围必须由定性分析来确定，而不是由研究者随意确定。定量分析的进行需要依据一定的方法和公式，这些方法和公式的选择需要研究者具备一定的化学教育科学的专业知识。此外，定量分析得出的规律（或特征）也需要借助于化学教育科学理论才能正确地解释。

第五章　新课程改革热点问题研究案例

进入21世纪,我国的课程改革进入了一个新的时期,新一轮基础教育课程改革对基础教育课程的目标、结构、内容、实施、评价和管理进行了全面的调整,给中小学教育教学带来了新观点、新气象,也给课程改革研究者带来了新的课题和新的动力,产生了一系列热点问题。本章从如何对这些热点问题开展教育科研的视角,对课程改革的成就与问题、化学课程资源开发、化学学业评价改革、化学学习模式改革、高考及中考改革等问题进行探讨和分析。

第一节　新课程改革研究案例

本节将从新课程改革的成就与问题研究、化学课程资源开发研究、新课程实践活动式公开课研究、新课程化学教学情景设计研究几个方面展现新课程改革研究方面的成果。

一、新课程改革的成就与问题研究案例

(一)主题内涵

课程改革进行到今天,正处在关键时刻。我们应该更多地进行科学的反思,研究课程改革的实际情况究竟如何,究竟改掉了什么,得到了什么,出现了什么新问题,怎样的解决这些新问题,怎样促进我国课程改革的深入发展。

(二)案例描述

【案例1】:对新一轮基础教育新课程改革的认识

该案例由安徽师范大学2005级学科教学·化学教育硕士裴传

友、2004级学科教学·化学教育硕士王文等提供。

新一轮课程改革自实施以来,就有许多专家学者饱含热情地对其进行理论的研究、解读与推广,也有许多一线教师积极地实践着新课程所勾画的崭新蓝图。也就是说,新课程所包含的理论与实践内容都十分丰富,每一位研究者都会有自己的研究视角和见解。下面是一次讨论课上,甲、乙两位老师就“对新一轮基础教育新课程改革的认识”这一热点问题进行研究后总结出的发言提纲。

甲老师的发言提纲:

1. 改革的原因(时代的呼唤)

1.1 科学技术进步呼唤中国教育的改革

1.2 经济社会发展呼唤中国教育的改革

2. 改革的目标

2.1 教育价值观的改变

2.2 教育思想的改变

2.3 培养目标的改变

2.4 课程结构的改革

2.5 课堂教学的改变

2.6 评价与管理的改革

2.7 教师职业的转变

3. 改变的内容(怎么改?)

3.1 教材的改变

3.2 教师的改变

3.3 课程管理的改变

3.4 课程功能的改变

4. 课程改革实验取得的阶段性成果

4.1 产生了一套全新的课程改革组织与推进的方式

4.2 颁布了一系列基础教育新课程改革的政策文件

4.3 初步建立了一套与课程改革相适应的管理制度

4.4 审议出版了一批体现素质教育目标、高质量的教材

4.5 建立了一批研究、实验基地

4.6 形成了一支课程改革的专业队伍

4.7 一个以全面提高学生综合素质为核心的基础教育改革理念和氛围，正在各实验区逐步形成

5. 课程改革实验存在的主要问题

5.1 评价和考试制度成课程改革主要瓶颈

5.2 部分教师对新的教育观念不适应

5.3 发展水平不平衡

5.4 部分新课程实验区的课堂教学改革中，出现了一些形式化、表面化和绝对化的现象，阻碍了新课程的推进和课程发展

5.5 新课程新教材知识内容的跳跃性大

5.6 新教材的教学目标与习题作业不十分配套

6. 新课程改革的反思

6.1 新课改背后存在着严重的先天不足

6.2 新课改在对待我国传统教育问题上有失偏颇

6.3 新课改过于理想化，在实施中严重受阻

6.4 对新课改的某些既定方针、设想、蓝图应当进行反思和调整

7. 新课程改革的趋势

7.1 构建本土化课程体系

7.2 以教师专业发展作为课程改革的突破点

7.3 基础教育课程改革将更加关注生命教育

7.4 校本课程开发将深入发展

7.5 构建与新课程配套的新的评价体系

乙老师的发言提纲：

1. 基础教育课程改革取得的成就

1.1 教师的教学观念和方式有所改变

1.2 学生自主、合作、探究与交流的学习能力有所提高

1.3 新课程教育评价的理论走向从“客观判断”到“理解式对话”

2. 基础教育课程改革中存在的问题

2.1 教师方面

2.1.1 教育观念转变不到位，对课改存在困惑和畏难情绪

2.1.2 教师的素养有待进一步提高

2.1.3 教师的教学模式部分呈现突变

2.2 学生方面

2.3 学校方面

2.3.1 部分学校对新课程改革理解有偏差

2.3.2 课改下的考试考核机制不健全

2.3.3 学校布局不适应新课改的要求

2.4 社会其他方面

2.4.1 评价制度不完善

2.4.2 对课改经费投入不足

2.4.3 家长、社会对课改理解不够，支持不够

【案例点评】：甲老师“对新一轮基础教育新课程改革的认识”研究的思路是这样的：提出新课程为什么要改(改革的背景)、从哪方面改(改革的目标)、改什么(改革的内容)、改的效果如何(取得的阶段性成果、存在的问题、改革中的反思)、改革进一步发展的方向(改革的趋势)。从上可以看出，甲老师既从宏观政策层面又从微观实践层面，逻辑上按照本体论、价值论、方法论三个方面对这一问题进行了较为深入的剖析并展开详细的论述，研究思路清晰，语言精炼，内容翔实，观点新颖，能够让读者对我国新一轮课程改革有一个较为全面的认识。

乙老师则开门见山地提出对新课改认识的两个方面，即取得的成就和存在的问题。从发言提纲可以看到，乙老师的研究是基于实践者的视角，无论是取得的成就还是存在的问题，都是站在新课程实施的第一线上，表现出实践者的所感与所思，而甲老师采用的是理论与实践相结合的研究手法。甲老师的认识较为全面，乙老师的认识则更为深入；甲老师的研究宏观抽象，乙老师的研究则相对微观具体。因此，研究者一定要根据自己的所长和客观实际，采取适当的研究手法，力求对研究的问题有新鲜、深刻的认识。

【案例2】：告别偏误 执著前行——新课程带给我们的思考

节选自：刘君，臧晓华. 告别偏误　执著前行——新课程带给我

们的思考[J]. 中国教育学刊,2006(7):45-46.

偏误之一:认为推行"新课程",课堂就必用多媒体。

1. 多媒体课堂会在一定程度上制约教师的灵活机制

多媒体教学应是一种辅助教学,在实物、黑板等其他教学工具无法替代时使用,过多地使用就会制约教师的灵活性和机智,使教师的创新能力得不到发挥。

2. 课件束缚了学生的思维走向

传统教学中教师画图、板书等工作都是在课堂上完成的,从而使学生思维处于积极探求未知的状态,而多媒体的快捷和方便使一切昭然若揭,学生容易失去探究的欲望和兴趣。

3. 妨碍师生之间的情感交流

教学中使用多媒体课件演示,缺乏的是师生之间真正意义上的交流,师生过多地注重外在的形式,表现出一定程度的肤浅和浮躁。

偏误之二:认为自主学习就是自学,教师退居"二线",甚至可有可无。

新课程标准主张学生是学习的主人,让每一个学生的个性充分发展,不应以教师的分析来代替学生的实践。新课标中的种种提法对于学生学习能力的培养和个性的张扬的确不无益处,但有些教师把握不好角色转变的分寸,不免过了头。他(她)们因怕自己的课被指责为"一言堂"、"满堂灌"而不敢讲授,教师只做发问者、旁观者、旁听者,对学生的发言、解答不置可否;要么一味地迎合、迁就,学生答什么都说"好",无视学生回答问题中出现的偏激与错误,不做及时的纠正和引导。总之,为了突出学生的"主体"和"自主",教师甘心退居"二线",甚至可有可无。于是,教师的主导作用无以发挥,甚至以为这样就体现了"以学生为主体"、"自主学习"的新理念,实为过矣。

偏误之三:认为互动学习就必须让课堂热热闹闹,合作学习就一定要用分组形式来体现。

合作学习的目的是通过学习来学会合作,学会共处,以适应未来社会的发展需要。这种学习方式对独生子女的教育更为必要,但合作学习并不等于分组,形式主义的分组只是摆样子而无实际的收获。

偏误之四:把偏激当作求异与创新。

对于具有求异思维的学生所表现出来的进取精神和旺盛的求知欲,教师应给予足够的重视,引导他们发展创新思维。但如果在理解上、认识上把偏激作为求异进行鼓励,把冲动、偏激的思维方式误认为是创新,势必会与新课程理念背道而驰。

【案例点评】:作者从四个方面论述了课程改革过程中出现的偏误,并分别对其进行剖析,提出建议。四个偏误分别是:"认为推行新课程,课堂就必用多媒体"、"认为自主学习就是自学,教师退居'二线',甚至可有可无"、"认为互动学习就必须让课堂热热闹闹,合作学习就一定要用分组形式来体现"、"把偏激当作求异与创新"。提出建议:多媒体教学是一种辅助教学,应与传统的教学手段进行有机的整合;课堂教学中教师的角色应该是教学活动的引领者、参与者、解惑者、指导者、鉴赏者,乃至相对意义上的创造者;互动学习和合作学习的形式应根据教学内容、教学对象和教学情境等因素灵活设定;对学生的偏激行为,要及时引导,防止学生的心理畸形发展,形成病态性格。

作者这些有针对性的分析和建议,对我们的新课程课堂教学有着很好的借鉴和启示。提醒教师在改革的过程和教学实践中不迷信权威,不盲从教条,用自己的大脑思考,深入理解新课程的理念,自觉地跟上新课程改革的步伐,在教育教学活动中适应未来的变化,努力使自己成为一个"专家型"、"科研型"的教师。

(三)问题与讨论

(1)谈谈你对我国新一轮基础教育课程改革的认识。

(2)你认为应从哪些方面总结新一轮基础教育课程改革的成就与问题?

二、化学课程资源开发研究案例

(一)主题内涵

随着新课程改革的不断推进,课程资源的建设与开发日益受到重视。化学课程资源是化学理论与实际联系的桥梁，是丰富化学课堂教学手段的重要方式，也是激发学生学习积极性的重要方面。化学课程资源的开发可以从以下几个方面开展，如：从社会热点问题出发、从生活实际出发、深入挖掘教材等。本节将通过案例的形式，对化学资源开发作一简单的探讨。

(二)案例描述

【案例1】：挖掘与利用新闻中的化学课程资源

节选自：黎良枝. 挖掘与利用新闻中的化学课程资源[J]. 化学教育，2006(7).

1. 要重视挖掘并利用新闻中的化学课程资源

新闻是一类最能体现科学发展现状、社会生产等方面的课程资源。它不仅传达了化学科学的最新进展，还涵盖了社会生产、日常生活的各个方面。

2. 新闻中的化学课程资源

2.1 化学科学发展类新闻

有选择地引用一些新闻材料，重点介绍化学科学的最新成就和化学科学的发展状况，鼓励学生关注化学科学的发展，这有助于激发学生产生投身科学事业的志趣。

2.2 化工生产类新闻

反映国内外化工生产的各种新闻使中学化学课堂充满活力，这种活力主要体现为传承化学基础知识有了生动的背景或情景、激发了学生想了解与探究新闻所涉及的化学知识的兴趣、让学生了解到抽象的化学知识与理论有鲜活的形象及应用范围、让学生体会化学研究成果在社会中的地位等。

2.3 化学事故类新闻

要关注逐年渐升的化学事故，丰富化学课程资源。当然，此类新闻的引入并不是要让学生感受化学事故带来的恐慌，而是让学生了解一些重要化学物质的性质及其在工农业生产中的不可或缺性，知道危险化学品发生事故后的紧急处理方法、救生方法以及如何挽回损失和应对事故造成的后果，同时还可以结合化学事故新闻进行人文精神教育。

2.4 涉及化学知识的日常生活新闻

重视生活中涉及化学知识的各种新闻，有助于学生体验到化学就在自己的身边、就在自己的生活里；有助于学生通过化学知识来改善自己的生活，实现化学科学的价值；有助于培养学生通过各种途径搜集信息的能力、分析和处理信息的能力以及从与化学有关的信息中获取化学知识的能力。

3. 从新闻中挖掘化学课程资源的主要途径及方法

3.1 从纸质媒体新闻中挖掘化学课程资源

3.2 从广播新闻中挖掘化学课程资源

3.3 从电视新闻中挖掘化学课程资源

3.4 从Internet站点新闻栏目中挖掘课程资源

4. 如何利用新闻中的化学课程资源

4.1 以新闻作为情境　引出课题

4.2 用贴近学生社会生活的新闻来重组教材

4.3 引入化学发展类新闻　拓展学生的视野

4.4 利用新闻材料设计情境试题　改进评价

【案例2】:“新课标”下的化学课程资源探究

节选自：刘秀华.“新课标”下的化学课程资源探究[J]. 中国教育导刊，2005(10).

1. 纲领性的课程资源——化学课程标准

化学课程标准是教育部根据21世纪对人才素质结构的要求而制定的有关化学教学的纲领性文件，它详细规定了化学学习的内容，为化学教学指出了明确的方向，为其他所有化学课程资源的选择提供了依据，所以它是一种纲领性的化学课程资源。

2. 能动的课程资源——人力资源

人的要素在整个课程资源中起着主导和决定性的作用，是最重要的课程资源。特别是化学教师，他们不仅决定着课程资源的鉴别、开发、积累和利用，而且教师自身就是课程实施的首要条件，他们决定着化学教学的实施状况，他们的素质结构决定了其对课程资源的识别、开发与利用的水平，所以化学教师是最重要的化学课程资源。

3. 基本的课程资源——书本

书本是教师教、学生学的重要材料，这也是最容易为我们接受的一类课程资源，因为传统的化学教学一直都以书本为媒介。这类课程资源主要包括化学教科书、化学教师用书、手册、练习册、工具书和挂图等。

4. 基础的课程资源——化学实验室

化学是一门以实验为基础的自然学科，因此化学实验是化学教学的重要内容，而化学实验室又是化学实验实施的重要载体，所以化学实验室也是一种化学课程资源。

5. 现代的课程资源——信息资源

信息意识和能力是现代社会公民科学素养的重要组成部分，信息技术的发展也为化学教学提供了前所未有的崭新平台。随着网络和多媒体技术的飞速发展，教材概念的内涵和外延也大大扩展，形成了以教科书为中心的系列课程资源，给学生提供了大量丰富多彩的感性材料，极大地激发了学生的学习兴趣。

6. 有待开发的课程资源——社区资源

社区资源是一种丰富的课程资源，传统的化学教学对此不够重视。新课程标准明确提出要开发利用好这一重要的资源。社区中的化学课程资源主要包括科技馆、博物馆、科研单位、大专院校、工矿企业、消防环保部门以及农、林、渔等生产单位。它们都与学生的化学学习息息相关，是一些不可或缺的化学课程资源。

【案例3】：中学化学课程资源开发的思考与探索

节选自：吴启建. 中学化学课程资源开发的思考与探索[J]. 福建教育学院学报，2004(12).

1. 化学学科的课程资源

化学学科的课程资源，应该是能够提供化学学科信息，有利于师生开展新一轮课改教学的一切校内外资源。图书馆应配备足够的科普读物、专业书籍和报纸杂志，搜集一些与本地环境、资源、能源和化学工业相关的信息资料，以便于学生查找和咨询有关的科技资料。有条件的学校应建立开放的科普资料室供学生使用。自然博物馆、科技馆、高等学校、科研机构、化工厂在研究资料或研究成果方面的丰富积累，也是重要的课程资源。

2. 为什么要开发和利用化学学科课程资源

(1)由于不重视课程资源的开发和利用，会导致教师知识老化，不能适应现代化学学科教学的发展需要。

(2)由于不重视课程资源的开发和利用，会导致外部资源甚至部分校内资源浪费，造成学科学习与社会、生活、科技脱节。

(3)由于不重视课程资源的开发和利用，会无法营造探究学习和动手实践的空间，不利于学生实践能力、交往能力和生存能力的培养。

3. 化学课程资源开发的途径

(1)化学教科书是化学课程资源的核心；(2)实验室和图书馆是课程资源的重要组成部分；(3)充分利用乡土和社区课程资源；(4)互联网是现代化的课程资源库。

【案例4】：论农村中学化学课程资源的开发策略

节选自：杜惠蓉. 论农村中学化学课程资源的开发策略[J]. 学科教育，2004(9)

1. 农村中学化学课程资源分析

农村中学和城市中学相比，虽然化学课程资源的种类、获取渠道等各不相同，但同样具有丰富的课程资源。农村中学化学教师应树立正确的课程资源观念，认真挖掘化学课程资源，促进化学课程的建设。根据不同的分类标准，我们可以把化学课程资源分成以下几种类型。

(1)根据化学课程资源的功能特点不同，农村中学化学课程资源可以分为：素材性化学课程资源和条件性化学课程资源。

(2)按化学课程资源的层次不同，农村化学课程资源可以分为：国家化学课程资源、地方化学课程资源和学校化学课程资源。

(3)根据化学课程资源的载体形态不同，农村中学化学课程资源可以分为:物质性化学课程资源和非物质性化学课程资源。

与城市中学化学课程资源相比,农村中学在化学图书资源、网络资源、教师资源、学生资源等素材性资源以及化学教学的条件性课程资源,比如:实验室、实验仪器、实验设备等各方面都有相当的差距。但是,农村中学与农业生产、矿产开发、石油资源的开发、文物古籍的保护和保存等联系密切,这些地方都蕴涵着丰富的课程资源。

2. 开发农村中学化学课程资源的策略

农村化学课程资源的丰富性、农村化学课程资源的特点、化学课程本身的特点以及新课程改革对化学教育的要求是开发课程资源的重要依据。因此,农村中学化学课程资源的开发要结合化学学科的特点、农村中学乡土化学资源状况和农村中学的师资力量等因素进行,以经济性策略、乡土性策略、STS教育策略、互助性策略、为当地经济服务的策略等为主。

【案例点评】:以上四个案例分别从不同的角度开展化学课程资源开发的研究。案例1以新闻为立足点,开发不同种类新闻中与化学课程资源有关的知识和案例,并运用到化学课堂中,达到了很好的效果;案例2围绕新课标展开,从课程标准、人力资源、书本、化学实验室、信息资源、社区资源等方面全面开发课程资源;案例3中化学课程资源的开发略显单薄,没有具体阐述化学课程资源开发的方法与策略,而着重介绍了为什么要开发和利用化学课程资源,局限于从化学课程资源开发的意义和用途上来分析;案例4针对农村地区如何开发化学课程资源,先对农村地区化学课程资源现状进行分析,再分析开发化学课程资源的策略,非常符合农村地区的特点。

(三)问题与讨论

(1)请结合当地实际,谈谈化学课程资源开发的途径。

(2)谈谈你对农村化学课程资源开发的认识。

三、新课程实践活动式公开课研究案例

（一）主题内涵

新课程提倡的众多理念对传统教学提出了挑战，教师作为新课程理念的执行者，其对新课程理念的理解程度和执行能力是事关新课程能否顺利开展的重要方面。新课程倡导知识与技能、过程与方法、情感态度和价值观三维目标，广大一线的化学教师对知识与技能、过程与方法目标把握较为到位，而对情感态度和价值观培养方面还存在欠缺，在教学中渗透性不强。本案例即以一节课例为研究对象，看看这位教师如何理解新课程理念，如何处理教材。

（二）案例描述

【案例】：课题：用途广泛的金属材料——实践活动式教学案例

节选自：铜陵一中段睿老师的一节课。

本节课的内容包含两个方面：(1)掌握常见合金的重要用途；(2)初步认识合理使用金属材料的意义。

导入：我们的家乡铜陵自古就是我国的铜都，在我国古代生产和生活中，用铜做成各种器具和武器，铜在这里就是一种金属材料。那么什么是金属材料、金属材料有什么样的优越性能呢？(介绍金属材料的定义和特性：金属材料具有高强度、优良的塑性和韧性，耐寒、耐热，可铸造、锻造、冲压和焊接，还有良好的导电性、导热性和铁磁性。)

设问：金属材料应用较多的是纯金属吗？为什么？(引导学生从日常金属材料出发，探讨出金属材料包括纯金属和它们的合金，但合金应用更为广泛，这是因为合金的性能更为优越。)

复习提问：什么是合金？合金与各组分金属的物理及化学性质有差异吗？

合金是指在金属中加热熔合某些金属或非金属制得的具有金属特征的金属材料。

合金主要具有以下特点：

(1)合金的硬度大于各组分金属；

(2)多数合金的熔点低于它的各成分金属;

(3)多数合金的耐腐蚀性强于它的各成分金属。

一、常见的合金及其应用

1. 铜合金

(1)分类:青铜,黄铜,白铜。

(2)各种铜合金的组成。

青铜:铜锡合金,因颜色呈青灰色,故称青铜。

(附图:司母戊方鼎)

黄铜:铜锌合金,一般用于铸造和压力加工等产品(常见黄铜器具的图片)。

白铜:主要含镍元素及少量锌、锰等,加入镍能显著提高强度、耐蚀性、电阻和热电性。常用于电工材料(白铜器具的图片)。

资源链接:铜都话铜——了解我们美丽的家园。

后面以大量的图片展示铜陵市的铜文化:金牛洞古采矿遗址、铜陵古铜矿遗址、各种铜器文物、现代铜器艺术品、丰收门等铜陵市标志性铜雕塑。

简介铜陵市铜工业发展情况:

我市拥有亚洲一流的冬瓜山铜矿,该铜矿是目前国内最大的现代化坑采铜矿山;

作为新中国最早建成的铜工业基地之一,安徽铜陵有色(集团)公司主产品电解铜产量在2006年1至8月份达36.8万吨,位居全国同行业第一位,在世界排名由2000年的19位跃升至2005年的11位;

铜陵有色(集团)公司:该公司主产品“金豚牌”和“铜冠牌”高纯阴极铜先后在伦敦金属交易所注册,成为国际知名品牌。

链接网上资源:铜都颂网。

2. 铁合金——钢

…………

…………

【学生活动一】

第一小组汇报关于铝合金在生活中的应用。

第二小组汇报对形状记忆合金的调查结果。

【过渡】……

二、正确选用金属材料

【思考】如何正确选择材料?

…………

【学生活动二】角色扮演:是否应该停止使用铝合金饮料罐?

学生1:开采铝矿工人

学生2:生产铝制饮料罐的工人

学生3:饮料公司老板

学生4:超市饮料售货员

学生5:消费者甲

学生6:消费者乙

学生7:环保局官员

学生8:回收公司人员

课后实践作业:对学校新装修的体育馆所使用的材料进行调查,做出合理分析评估。

【案例点评】:金属材料及其特性这节课从知识内容来看,学生理解起来难度不大,很多教师在上这节课时要么采取自学。要么采取草草带过的形式。而段老师能够有效挖掘铜陵作为中国铜都的独特乡土优势,把对铜合金成分和性质的学习与家乡文化有机结合,让学生了解家乡,为家乡骄傲。在课堂实施过程中表现出三个亮点:(1)从铜都文化的悠久历史引导学生热爱铜陵,热爱我们的祖国。(2)从金牛洞古采矿遗址的保护、铜陵铜工业污染的治理引导学生认识人与环境的和谐相处。(3)本课通过一系列学生实践活动贯穿课堂教学内外,使学生在实践中获得对金属材料广泛用途的真知。(4)课后实践活动围绕身边的学校里面的新建建筑物展开,易操作且同属于对身边资源的有效利用。

笔者认为,将校本课程的观念融合乡土资源用于化学教学要注意以下两点原则:

1. 目的性原则

资源开发要适合教育教学目的，要以丰富的内容情景体现三维教学目标，在课程中可以融入的价值观念有爱国、爱家乡、热爱地球、环境保护、节约资源等，价值观的渗入是为了让学生更为全面地成长。

2. 从属性原则

化学课程资源的选择、开发与利用要能够从属于学校整体校本课程开发的思路，与其他学科间或学校整体教学目标间建立横向联系；要从属于学生现阶段认知水平的特征，与学生现阶段的接受能力相匹配；要从属于科学性知识体系，不要引进容易造成学生知识体系混乱的内容。

（三）问题与讨论

（1）你对本案例的教学设计有何看法？

（2）化学教师如何才能有效利用乡土资源设计教学？

四、新课程化学教学情景设计研究案例

（一）主题内涵

建构主义认为，知识不是通过教师传授得到的，而是学习者在一定的情景即社会文化背景下，在获取知识的过程中借助他人（包括教师和学习伙伴）的帮助，利用必要的学习资料，通过意义建构的方式而获得。由于学习是在一定的情景即社会文化背景下借助他人的帮助即人际间的协作活动而实现的意义建构过程，因此建构主义学习理论认为"情景"、"协作"、"会话"和"意义建构"是学习环境中的四大要素。学习环境中的情景必须有利于学生对所学内容的意义建构。这就对教学设计提出了新的要求，也就是说，在建构学习环境时，教学设计不仅要考虑教学目标分析，还要考虑有利于学生建构意义的情景设计问题，并把情景创设看作是教学设计的最重要内容之一。

化学教学情景就是指在化学教学中能够激起学生的学习积极性、学习兴趣和求知欲望的各种景物。贴近生活、贴近社会是化学新课程的一个重要理念。在化学教学中有效落实这一理念，要求教

师运用多种教学形式和手段,积极创设各种真实、具体、生动的化学教学情景,使学生在学习化学科学知识的同时,体验化学与技术、社会和生活的密切联系,感受化学对促进人类社会的进步和人民生活质量的提高所发挥的重要作用。

(二)案例描述

【案例1】:《原电池》教学设计

节选自:王秀红,李艳梅. 中学化学教学情景的创设技术[J]. 现代中小学教育,2005(10).

铁是比较活泼的金属,铜是不活泼金属,铁能和稀H_2SO_4反应,铜则不能,这是我们知道的事实,如果我们把这两种金属连接在一起,同时放到稀硫酸中会发生什么现象呢?

实验情景:在两个烧杯中各加入20mL稀硫酸,在左边的烧杯中,分别放一根铁丝和铜丝,在右边的烧杯中,放入上端连接在一起的铁丝和铜丝,观察现象。

我们发现:左边的烧杯里,铁丝有气泡生成,右边的烧杯内,铜丝上有气泡放出。为什么呢? …

【案例点评】:利用两个对比实验设计情景。药品相同,现象不同,激发学生探索欲望。化学教学中的科学探究主要是实验探究,所以化学实验事实是我们创设化学教学情景最丰富的素材。有效地开展化学实验探究活动,首要的环节是创建探究情景。只要能够引发学生的实验探究兴趣,能够调动学生进行实验探究的积极性等的一些景物,都可作为实验探究情景。

【案例2】:《卤素元素——碘的探究》教学设计

节选自:郑长龙. 化学实验教学新视野[M]. 北京:高等教育出版社,2003).

设置情景:(多媒体播放动画)那是1811年的一天,法国化学家库尔瓦特正在实验室做制取硝酸钾的实验,实验台上放着两只瓶子:一只瓶中盛放着海藻灰的酒精溶液,另一只瓶中盛有浓硫酸。他家的一只小花猫突然爬上实验台,并将两只瓶子碰倒,里面的液体流满了实验台。这时,一个令人吃惊的现象出现了,从混合液体的上面升起了一缕紫红色的气体，当紫红色气体冷凝后，又直接变成一种紫色且带有金属光泽的固体。

［问］这种固体是什么呢？　　［学生］猜想

［讲述］库尔瓦特又做了大量的研究工作，终于确定这种紫色的固体原来是一种当时尚未发现的新元素的单质，将它命名为碘，因为在拉丁文中碘是紫色的意思。

［引入课题］小花猫“发现”碘固然带有一定的偶然性，但是背后隐含着化学家大量的艰苦工作。特别是库尔瓦特能够敏锐地捕捉到偶然出现的现象，大胆探究，锲而不舍，终于发现了碘。这一节课，我们通过实验来研究碘的性质。

【案例点评】：运用多媒体展现化学史实，创设化学教学情景。让学生“追踪”当年科学家的发现过程，领会科学家的思维方法，体验再发现的喜悦。与教学内容相关的科学史实、记载、故事、传记、格言等生动活泼、引人入胜的情节都是学生所喜闻乐见的。课堂上一个动人的故事、一个美妙的传说，都可以使学生很快进入学习角色，将注意力迁移到学习中。

【案例3】：《分子和原子》教学设计

节选自：伍艳萍，孟庆宏.《分子和原子》教学设计[J]. 中学化学教学参考，2006(4).

用flash动画模拟一个漂亮的画面：一株梅花傲雪绽放，并配乐朗诵宋朝诗人王安石的一首诗《梅花》(小学语文)(墙角数枝梅，凌寒独自开，遥知不是雪，为有暗香来)引出本课题，并引发学生思考“为有暗香来”是何故？引导学生猜想，为什么我们能闻到梅花的暗香？“暗香”是什么？在此基础上讲解，许多物质是由我们肉眼看不见的微小粒子——分子、原子等构成的，梅花的“暗香”是花香粒子构成的。再用多媒体模拟花香粒子运动的微观过程，帮助学生初步形成微观粒子行为的表象。

【案例点评】：在这种贴近生活的情景下，再让学生去做课本的两个实验，他们将投入极大的热情，收到最大的学习效果。化学与我们的生活有着密切的联系，从学生生活中熟悉的现象和事物入手,或以与自然界和社会相关的问题为切入点,呈现化学知识存在的实际背景,突出化学与社会生活之间的联系,使学生在尽可能真实的情景中建构新知识的意义。

【案例4】:《Na_2O_2性质》教学设计

节选自:王继良. 对比实验在中学化学课堂教学中的应用[J]. 化学教学,2006(6).

在每小组前摆放两个小烧杯,烧杯中已放入适量的大理石,每组推选两名学生代表进行实验操作。一位同学取半药匙Na_2O_2,用棉花包好,放在燃烧匙中,另一位同学在两小烧杯中加入适量的稀盐酸;待反应完成后,将燃着的火柴伸入一小烧杯中,火柴立即熄灭,前一位同学同时将准备好的燃烧匙置于另一小烧杯内,过一会儿发现棉花在烧杯内燃烧起来。通过对比实验产生鲜明的现象,让学生积极思考产生现象的原因。因为过去学生的认知中CO_2能灭火,燃着的火柴在CO_2中熄灭,而为什么裹有Na_2O_2的棉花能在CO_2中燃烧呢?接着让学生回忆物质燃烧的条件,并让同学讨论、交流、得出结论。然后通过实验来说明问题。此时,同学们的思维活跃,大家争着做实验。

【案例点评】:此案例通过学生“CO_2能灭火”的原有知识和现有的实验现象产生认知冲突,设置实验探究情景,有助于学生积极主动地学习。正如建构主义“顺应”理论所说,外部环境发生变化,而原来认知结构无法同化新环境提供的信息时所引起的儿童认知结构发生重组与改造的过程,即个体的认知结构因外部刺激的影响而发生改变的过程。

【案例5】:《二氧化硫的性质》教学设计(节选)

节选自:徐敏等. 在生活中学习化学,在化学学习中思考生活[J]. 化学教学,2006(1).

设计情景:2004年12月2日《中国质量报》刊登一则题为“白木耳白得稀奇,消费者小心上当”的报道。上海市质量技监局对银耳产品质量专项监督抽查中,21种银耳产品均被检出含有“二氧化硫”,其原因是生产商和经销商为了迎合消费者“银耳越白越好”的心理，使用大量SO_2熏蒸银耳，使之由天然的淡黄色变成白色。

学生推测：SO_2具有漂白性。

教师演示实验：向吸有品红溶液的滤纸通SO_2，红色褪去后，用酒精灯加热，红色又恢复。

学生推测：SO_2的漂白性可能是与有色物质结合生成无色不稳定的物质的缘故。

教师：给予肯定并解释原因。

【案例点评】：本案例利用二氧化硫漂白木耳的恶性事件设置情景，在让学生了解SO_2性质的同时，帮助学生树立正确的科学价值观。在化学教学中我们要关注化学与社会的联系，通过某些与化学相关的社会热点问题来创设教学情景。科学技术的迅猛发展极大地促进了社会的发展和人类生活水平的提高，但同时也带来许多社会问题，如环境恶化、资源缺乏、粮食短缺等。教师应该利用化学与社会的密切联系，引导学生通过查阅资料、调查等方式创设教学情景，使学生赞赏化学对促进社会进步和生活质量的提高所作的贡献，同时也注意引导学生用化学的知识、方法解决有关的社会问题。

【案例6】：《变质Na_2O_2样品的纯度测定的探究》教学设计

节选自：姚晓红. 变质Na_2O_2样品的纯度测定的探究[J]. 化学教学，2006(5).

用多媒体播放我国“神舟”系列航天飞船升空和航天员在舱内生活激动人心的画面来创设情景，问：宇航员所在的轨道舱和返回舱都是密封的空间，如何解决对宇航员供氧问题？唤起了学生的兴趣，学生急切地想了解其中的奥秘。这时，教师才解释是Na_2O_2和CO_2的反应，并演示Na_2O_2和CO_2反应的实验。最后，多媒体演示：金属过氧化物处理系统的示意图。

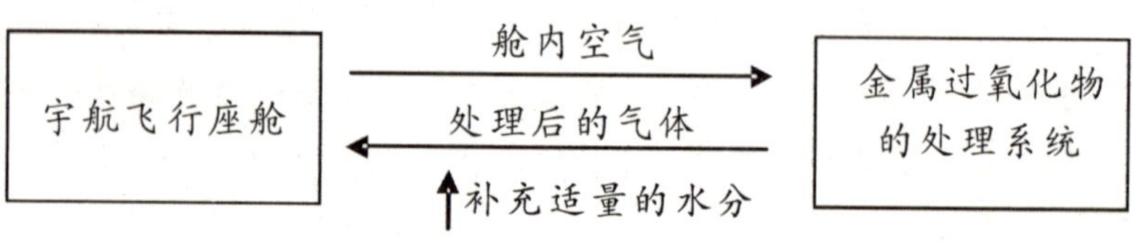

【案例点评】：本案例利用中国人最引以自豪的飞天梦想的实现为情景，激发学生学习化学的动力，同时培养他们热爱祖国、热爱科学的品质。我们要不断地从新科技发展中吸收新鲜的信息，创设更加生动活泼的学习情景，使学生感受化学科学发展给个人和社会所带来的利益，体会化学与技术、社会的紧密联系。

（三）问题与讨论

（1）教学情景设计应遵循的原则是什么？

（2）实际教学中，教师在创设教学情景时应注意什么？

第二节　教师评价研究案例

教师评价是教师专业化发展的重要方面，本节将从发展性化学教师评价理论及实施方法研究、新课程背景下的教师评价实践研究、发展性化学课堂教学评价研究四个方面去体现教师评价的研究角度和方法。

一、发展性化学教师评价理论及实施方法研究案例

（一）主题内涵

发展性教师评价在我国还是一种新型的评价制度，是教师专业化的重要内容。发展性教师评价是一种多元的教师评价过程，通过对教师自身的专业发展和素质的提高，促进学生的发展和学校的发展。国内对发展性教师评价研究较多，成果较为丰富，有的是针对发展性教师评价的指标体系方面进行研究，有的是对发展性教师评价的方法层面进行论述，还有的是对发展性教师评价的原则进行探讨等。本文介绍几个优秀的发展性教师评价在评价指标方面以及实施的方式手段上研究的案例。通过这些案例展示，了解发展性化学教师评价研究的现状，也更好地为读者进行发展性化学教师评价研究提供参考。

(二)案例描述

1. 评价指标体系方面研究案例

【案例1】:发展性教师评价的框架设计及其操作

节选自:程振响. 发展性教师评价的框架设计及其操作[J]. 学校管理,2000(4).

发展性教师评价的指标可由以下四部分构成:

1. 教师素质评价指标

(1)思想道德素质。主要包括:教师的政治态度、职业理想、职业态度、职业责任、职业纪律、职业作风等。

(2)业务知识素质。包括精深的专业知识、广博的文化知识、现代的教育科学知识。

(3)专业能力素质。主要是教师从事教学的能力,包括观察能力、思维能力、表达能力、判断能力、教学组织能力、协调控制能力、自学能力、科研能力、创新能力和评价能力等。

(4)身体心理素质。即教师要有胜任工作的体魄,具有稳定的情绪、积极的情感、顽强的意志力和良好的人格。

2. 教师职责评价指标

教师职责评价指标主要包括以下几方面:

(1)目标明确;(2)内容科学;(3)教法得当;(4)环节完整;(5)关系融洽。

3. 教师绩效评价指标

教师的绩效评价指标包括教师完成教学工作的数量和质量。教师教学工作的数量和质量不仅要看教师教的方面,还要看学生学的方面;不仅要看传授知识、发展学生智力方面,还要看培养学生创新能力和实践能力方面。

4. 教师发展评价指标

教师发展评价指标是教师发展目标的具体分解,它反映了教师希望实现的结果和努力方向及学校对教师的期望和要求。教师发展评价指标,一方面对教师个人的未来发展起到导向和激励作用,另一方面也为发展性教师评价提供了评价依据。

教师发展评价指标主要包括以下几方面：

(1)教师个人未来发展目标及近两年的发展目标。

(2)教师个人发展目标与学校发展目标的一致性程度。

(3)教师个人发展目标与教师岗位职责的一致性程度。

(4)教师个人的阶段性发展目标。

(5)教师发展的保障措施。

(6)教师发展的培训，包括自我培训、两人互相培训和学习型组织的培训。

【案例2】：发展性教师评价体系的构建

节选自：陈柏华，徐冰鸥. 发展性教师评价体系的构建——教师专业素养的视角[J]. 教育理论与实践，2006，26(5).

在这个案例的研究中，作者主要从教师专业素养的层面，分专业态度、专业意识、专业知识和专业能力四个方面来构建发展性教师评价指标体系，以期为中小学发展性教师评价的研究和实施提供一个基本的内容框架。

1. 专业态度

教师的专业态度可分为教育信念、教学观、学生观和质量观。

一般而言，教育信念包括教师对教育观念、教育基本理论以及教育教学行为的总的看法和基本主张。

教学观是教师对教学过程和本质的基本看法，教师不仅要传授给学生知识，发展学生的能力，而且要培养学生良好的品性。

就学生观而言，教师需要面向全体学生，尊重每个学生，不歧视处境不利的学生，帮助学习和生活有困难的学生，对于其他有缺陷的学生应该予以积极的关心。另外还需建立民主平等的师生关系，使学生在课堂和课外都有机会表达自己的意见和发表自己的见解，拥有与教师平等的话语权。

在质量观方面，教师不应该把学业成绩的优劣作为评价学生的唯一依据。一方面不能单纯用传统的智力测验来看待学生的聪明与否，另一方面也要承认学生的差异性，因此不要不加批判地对多元智力理论加以赞扬。

2. 专业意识

对于初任教师来说，一般要求他们能初步了解自己所从事的专业特点，基本清楚自己当前的教学状况和初步规划自己未来3~5年的发展方向。对于具有3~5年工作经验的教师来说，则要求他们能对自己过去几年的工作进行客观的分析和总结，认识自己当前教学与过去相比较存在的不足和取得的进步，与同事相比较存在的差距，以便更好地规划自己未来几年专业发展的方向。对于高级教师或者骨干教师来说，不仅要能总结过去的教育教学经验和成就，并且要能对其他教师起到示范作用，对于自己当前教学中所存在的问题也要能够做出客观和理性的分析，在规划将来的发展时要着重于对教育教学改革和发展前沿的问题有一个较为准确的把握。

3. 专业知识

我国学者辛涛、申继亮等人认为，教师的知识结构包括“本体性知识、条件性知识、实践性知识和文化知识”。本体性知识主要指教师所具有的学科知识；条件性知识主要指教师所具有的教育学和心理学知识(也可分为一般教育学知识和学科教育学知识)；实践性知识是指教师在面对实际教学情境时所体现出来的知识；文化知识是要求教师具有的广博的文化知识。

4. 专业能力

教师的专业能力指教师运用所学知识进行课堂教学与反思的能力，包括教学能力和教学反思能力。

(1)教学能力。主要是指教师的教学技能，具体包括如下一些内容：①表达能力；②观察能力；③思维能力；④调控能力；⑤操作能力。

(2)教学研究能力。包括①问题意识；②分析问题的能力；③解决问题的能力；④群体协作能力。

(3)生涯规划能力。

首先要能客观地认识和评价自我；其次要确定自我发展目标；最后就是对实施情况的评价。

【案例点评】：发展性教师评价的指标体系是发展性教师评价的

重要内容,它决定了发展性教师评价的科学性和方向,以上两个案例针对这个内容展示了自己不同的研究思路。案例1主要通过教师素质评价指标、教师职责评价指标、教师绩效评价指标、教师发展评价指标四个部分来确定评价范围,内容较为丰富和具体。案例2是从教师专业素养的角度,针对教师的专业态度、专业意识、专业知识和专业能力四个方面进行展开。两个案例的指标体系有一定程度的交叉,也有各自的优缺点。两个案例都关注教师的专业水平、教学能力、自身的专业发展,但案例1的评价指标涉及教师的职责,案例2涉及专业意识,这是两者的不同点。两者也有不足之处,例如,案例1教师职责评价指标与其内容不是很符合,其概念有待商榷,案例2“教学能力”中缺少教材内容处理、教学方法的采用等方面的评价指标。

2. 发展性教师评价的实施方法研究案例

【案例1】:发展性教师评价的基本方法

节选自:林少杰. 发展性教师评价的目的、内容和实施原则[J]. 教育导刊,2005(11).

开展发展性教师评价的基本方法:

(1)交流评议法:参与评价者在对当前的评价对象进行事实判断的基础上发表个体的意见,通过平等民主的方式作出尽量达成共识的价值判断。

(2)案例分析法:参与评价者在对案例中的评价对象进行事实判断的基础上发表个体的意见,通过平等民主的方式作出尽量达成共识的价值判断。

(3)档案袋法:参与评价者在对档案资料中的评价对象进行事实判断的基础上发表个体的意见,通过平等民主的方式作出尽量达成共识的价值判断。

(4)表现性评价法:参与评价者在对以表现某一教学过程为主的评价对象进行事实判断的基础上发表个体的意见,通过平等民主的方式作出尽量达成共识的价值判断。

以上方法的运用过程中,可以使用目前的课堂教学量表等工具测量,辅之以质性评价,也可以完全采用质性评价。

【案例2】:发展性教师评价的基本手段

节选自:程振响.发展性教师评价的框架设计及其操作[J].学校管理,2000(4).

发展性教师评价手段主要有观察、谈话、问卷、测试。

(1)观察:是评价者凭借自己的感官和辅助工具,在自然状态下对评价对象进行有目的、有计划的考察,获取评价信息的方法。观察有直接观察、间接观察等类型。但无论何种类型的观察,它的作用只在于获得评价要求对象"有什么"、"是什么"的信息。

(2)面谈:是发展性教师评价中非常重要的环节,它直接关系到评价双方能否产生积极互动,获得评价预期效果。面谈要预先搜集相关资料,编写提问提纲,选择面谈时间、地点,营造面谈气氛。发展性教师评价在面谈时要阐明面谈目的、结构程序、对于教师和学生的价值,要肯定评价对象的贡献、优点,指出其问题和不足,探讨解决问题、克服不足的方法,根据教师发展前途和培训需求,共同拟定评价对象发展目标,并鼓励其通过行动计划实现个人目标和学校发展目标。

(3)问卷:是通过设计一组与评价目标相关的问题,通过调查对象的回答获取评价信息。问卷既可设计封闭式问题,也可以设计开放式问题。

(4)测试:是运用预先编制的试题、量表或图示对测试对象进行测定以获取评价对象的信息。

【案例3】:发展性教师评价的主要方法

节选自:王成全.试论发展性教师评价的理念、过程和主要方法[J].辽宁师范大学学报(社会科学版),2003,26(3).

发展性教师评价的主要方法:

从评价过程来看,包括搜集、筛选、整理评价信息的方法,交流、研讨、评定的方法,明确评价结果的方法和激励教师自我完善等方法。从评价内容来看,包括课堂教学评价方法,教师教育教学行为评价方法,教师整体素质评价方法等。从评价主体来看,可以分为自我评价、同事评价和多主体参与的综合评价。发展性教师评价强调教师主体的积极参与，而各种评价方法都有赖于教师主体的参与。这里，我们仅从评价主体的角度简要介绍发展性教师评价的方法。

1. 教师自我评价

教师自我评价是以教师本人评价为主体，对自己的职业发展情况进行评价。在发展性教师评价制度中，教师自我评价占据重要位置。

2. 教师同事评价

教师同事评价是指以教师同事或教师群体为基础而进行的促进教师发展的评价方法。这类方法包括教师教研交流式评价、教师小组教学评价、教学案例评价、教学成果展示(教学录音或录像带)评价、教师同事结对评价等。

3. 多主体参与的综合评价

教师发展综合评价方法是由多评价主体参与、运用多种评价策略对教师进行评价的方法。在评价组织机制上，以教研组、年级组等教师群体为组织基础；在评价主体上，重视教师自我评价、同事评价、学生评价和学校评价的结合；在评价内容上，强调教师教学素质评价和学生成绩评价的全面考虑；在评价过程方面，把集体听课、评课、教师访谈、座谈、研讨、交流融为一体；在评价策略上，综合运用定性和定量评价。

【案例点评】:以上三个案例在研究发展性教师评价方法时，角度各不相同。案例1从评价的组织形式上分为：交流评议法、案例分析法、档案袋法、表现性评价法；案例2从评价方式上分为：观察、面谈、问卷、测试四个手段；案例3从评价主体上分为：教师自我评价、教师同事评价、多主体参与的综合评价。笔者认为可以结合以上三种观点，主要通过观察、面谈、问卷等形式对教师进行初步的了解，在此基础上采用交流评议、案例分析等方法，综合教师自我评价、同事评价、学生评价和学校评价等各种评价主体的意见，得出最终评价。

(三)问题与讨论

(1)在发展性教师评价的指标体系的构建中,如何体现发展性评价理念?

(2)谈谈你对发展性化学教师评价的想法。

二、新课程背景下的化学教师评价实践研究案例

(一)主题内涵

教师评价是促进教师自身发展的有力保障和不竭的动力源泉,是顺利推进基础教育课程改革进程的根本保证。新课程对教师提出了更高的要求,原有的教师评价理念和体系已不适应新课程的要求。在新课程背景下,如何对教师进行评价?本篇将通过几个案例进行探讨。

(二)案例描述

【案例1】:某校为继续深化教育改革,引入竞争机制,打破教育大锅饭,充分调动广大教师教育教学的积极性,经研究并报党委政府批准,决定从教师工资中每月扣100元作为浮动奖励工资,依据教师“德、能、勤、绩”等方面综合量化考核得分的高低进行分配,学期结束一次兑现。

【案例2】:每到起始年级招生的时候,家长到处找人托关系,为孩子挑班级。而将担任班主任的老师也不会等闲视之,他们从学生的毕业学校开始调查,查学生在校的平时成绩、学生的特长、学生的家境,根据调查的结果班主任有选择地接受学生。的确,这样的班级在此后的三年教学评估中成绩突出。

【案例3】:目前很多学校都有这样的做法:高考报名时,学校暗自将一部分成绩差的学生的名单挂报在其他学校,直到高考体检时,这些学生才得知自己已被“倒卖”。这样的做法深深地伤害了学生的自尊心,学校费尽心思就是为了在高考评估中能取得好成绩。

【案例4】:某教师在办公室除了批改作业,整日埋头抄写教案,同一本教案翻版了n次,结果每年该教师都能获“免检”荣誉称号。但其课堂教学效果难尽人意。

【案例5】:学期末,老师们又开始忙碌起来,有的抄写总结,有的在"相互听课",40分钟完全可以"听完"一学期要求的10节课。

【案例点评】:以上呈现的几个案例在很多学校都或多或少地存在,从侧面也反映了我国目前教师评价的现状。笔者对现行教师评价制度的弊端总结出以下几点:

1. 评价目的认识不清

目前中小学教师评价方案的目标体系分四大块,即德——思想品德和师德,勤——出勤率,能——教学能力,绩——教学成绩。该分类体系难以科学全面地反映当前教师工作的真实状况和工作特点。

2. 评价标准依据不科学

主要表现在标准欠缺、强行量化、流于形式等。

以上教师评价存在的弊端引发了笔者对构建基础教育课程改革背景下教师评价制度的思考:

教师评价目的:是帮助教师了解和把握自己的潜力,更有效地履行职责,提高教学水平,协助教师按照学校的发展规划和自身需要,制订教师个人的发展计划。

教师评价原则:严格执行评价计划,确保评价过程公开、公正和公平,教师评价计划是学校发展战略的重要组成部分。

教师评价范围:教师评价制度不仅适用于所有大、中、小学教师和学校管理者,地方教育当局工作人员也同样实行这一制度。

教师评价周期:一般是两年为一个周期。

评价者的选择:评价者必须经过严格的专业培训,具备高水平的评价面谈技能和课堂听课技能,具有过硬的学科业务知识。对评价者的选择,一般采用自由选择、领导决定、同事议定和被动接受等多种形式。

评价过程:主要分商定计划、课堂观察、教师自我评价、评价面谈、共同商定评价报告书等5个阶段。

评价纪律:评价材料由学校专门保存,只有评价者、评价对象和学校负责人有权接触。

（三）问题与讨论

（1）谈谈你对教师评价在教师专业化发展中的作用的认识。

（2）关于如何保证教师评价结果的客观公正，谈谈你的看法。

三、发展性化学课堂教学评价研究案例

（一）主题内涵

发展性化学课堂教学评价是指在化学课堂上实行的一种重视过程，重视评价对象的主体性，以促进评价对象发展为根本目的的教学评价。其具体内涵包括以下几个方面：评价内容综合化，关注人的个性化发展；评价方式多样化，强调量化评价方法与质性评价方法相结合，以质性评价为主；评价主体多元化，重视被评价者的主体性和对个体发展的建构作用，提倡评价民主化。可以看出，发展性化学课堂教学评价的价值取向重点突出了过程性和主体性，目的在于促进学生的发展，培养其创新精神和实践能力，促进教师提高，改进教学。

（二）案例描述

【案例1】：发展性化学课堂教学评价标准研究

节选自：李元功. 发展性课堂教学的评价机制与评价策略[J]. 宁夏教育，2003(7–8).

表5–1　某校高中化学领域发展性课堂教学评价表

<table>
<tr><td colspan="8">A.执教教师的基本情况</td></tr>
<tr><td>姓名</td><td></td><td>性别</td><td></td><td>专业工作年限</td><td></td><td>专业技术职称</td><td></td></tr>
<tr><td colspan="8">B.课堂教学的基本环境条件</td></tr>
<tr><td>学校</td><td colspan="3"></td><td>班级</td><td></td><td>时间</td><td></td></tr>
<tr><td>课题</td><td colspan="5"></td><td>课时</td><td></td></tr>
<tr><td colspan="8">C.评价的主要维度、评价指标和评价等级
评价维度：课堂观察的主要视角；评价指标：评价过程中的主要参考标准；
评价等级：用A、B、C、D、E等级判定。</td></tr>
<tr><td>评价维度</td><td colspan="6">评价指标</td><td>评价等级</td></tr>
<tr><td>教学目标</td><td colspan="6">符合化学课程标准和教材的基本要求，目标明确、具体、多元</td><td></td></tr>
<tr><td>教学内容</td><td colspan="6">注意联系学生生活、社会实际和学生已有的化学知识，重点突出，难易适度</td><td></td></tr>
</table>

续表

教学策略与方法	围绕目标创设灵活的、有助于学生化学学习的情境，营造民主、平等、互动、开放的学习氛围	
	根据教学实际选用恰当的教法，设置的问题有启发性，解决难点的方法独特、有效，指导具有针对性、启发性、实效性，善于引导学生自主学习、合作学习和探究学习，激发学生的学习兴趣	
	为学生的学习设计、提供、利用合理的学习资源，并促成新的学习资源的生成。	
教学效果	学生获得的化学基础知识扎实，在学会学习和解决问题方面形成一些基本策略	
	学生在学习化学知识中有积极的情感体验，表现为好学、乐学、会学有关化学知识，并形成正确的价值观	
	学生认真参与课堂教学评价活动，积极思维，敢于表达和质疑	
教师素养	正确把握化学知识、思想和方法，重视化学教学资源的开发与整合	
	有较为丰富的组织和协调能力，有教改创新精神，有独特良好的教学风格	
	教学语言准确、精练，有感染力，解题和画图能力较强，板书工整、合理	

D.综合评价意见	
总体评价	改进建议

E.评价人（执教教师、同行、专家）的基本情况			
姓名	专业工作年限	专业技术职称	联系方式

表5-2　某校化学课堂教学评价表

评价项目与内容		分值	得分	评注
一、教学思想	1.坚持以学生发展为本，以培养学生科学素养为宗旨	5		
	2.坚持以科学探究为核心，让学生亲历以探究为主的学习活动	5		
	3.坚持面向全体学生，营造愉快、轻松、有序、民主、和谐、融洽的教学环境	5		
二、教学目标	1.目标明确，能明显地体现于教学全过程中	5		
	2.目标多样，能合理体现新教材、新标准中涉及到的具体内容标准	5		
	3.目标恰当，符合学生学习特点，能促进学生的学习和发展	5		

续表

<table>
<tr><td rowspan="5">三、过程与方法</td><td>1.教学环节灵活多样，运用自如，恰到好处，适应学生各种能力的发展</td><td>5</td><td></td><td></td></tr>
<tr><td>2.教学手段灵活、恰当，能合理有效使用教具、学具及现代化的教学媒体辅助教学。准确地把握教材的深度和广度，确立“用教材教”的观念</td><td>10</td><td></td><td></td></tr>
<tr><td>3.符合学生认识事物的特点和规律，充分体现以探究为核心的科学学习过程。对教材进行合理的加工、整理，抓住重点，揭示本质，不生搬硬套教材</td><td>10</td><td></td><td></td></tr>
<tr><td>4.引导学生积极参与探究活动，注重学生的情感态度、价值观、知识、技能、方法、能力、行为和习惯的培养</td><td>5</td><td></td><td></td></tr>
<tr><td>5.坚持教学的开放性，尊重学生人格，开发学生潜能，发展学生个性差异，允许学生有异议。注重有机地整合课程标准的各项目标，培养学生良好的科学素养</td><td>10</td><td></td><td></td></tr>
<tr><td rowspan="4">四、学习状态</td><td>1.所有学生都能主动学习，既参与学又参与教，集教与学于一身</td><td>5</td><td></td><td></td></tr>
<tr><td>2.学生学习兴趣浓厚，合作交往愉快，有多边、丰富、多样的信息联系与信息反馈</td><td>5</td><td></td><td></td></tr>
<tr><td>3.学生思维活跃，敢于质疑问难，表达独特见解，有自信心、进取心和勇于创新实践的科学精神</td><td>5</td><td></td><td></td></tr>
<tr><td>4.学生的科学知识与技能、方法与能力、行为与习惯、情感态度与价值观诸方面均有良好的发展和提高</td><td>5</td><td></td><td></td></tr>
<tr><td rowspan="2">四、教师素质</td><td>1.教师熟悉本学科的教学特点及基本方法，具备丰厚的学科知识，教学基本功扎实</td><td>5</td><td></td><td></td></tr>
<tr><td>2.教学机智好，调控能力强，能为学生创设和保持一个良好的学习环境，科学地评价学生的成长</td><td>5</td><td></td><td></td></tr>
<tr><td colspan="5">说明：本表总分计100分</td></tr>
</table>

【案例点评】：表5–1、表5–2是两所不同学校通过对发展性课堂理念的学习而制定出的对教师课堂教学进行评价的量表。评价的对象是教师，评价者可以是教师同行、学科教学专家、学生家长等。评价的标准被细化成为可操作的、具体的指标形式。评价采用的方法都是通过听课，采用课堂观察记录来对教师整节课的表现进行评定，目的在于促进教师提高课堂教学质量以及提升教师自身专业素质。这些都体现了发展性课堂教学评价的理念。

表5–1、表5–2相同之处在于对教师进行的评价均采用了多元化的视角，既关注了教师的专业技能、专业知识和专业情意，又关注

了教师视野中学生的表现。两者的不同在于表5-1所设计的指标相对模糊，表5-2相对细化；表5-1采用等级评定，表5-2采用了传统的赋分评价。比较来看，如果采用相对细化的指标，评价的可操作性要强。但采用赋分的形式，又可能会落到以往评价教师按分排名次的窠臼。发展性课堂教学评价重在采用质性评价，重过程评价。两校在对教师发展性评价标准设计时存在的不足体现在缺少教师自身对课堂教学的自评，如教学反思。

【案例2】：发展性化学课堂教学学生自我评价研究

节选自：冯革兵．初中化学课堂教学发展性评价研究初探[J]．化学教育，2005(2)．

冯老师在教授“水的净化过滤”这一节课后，通过设计问卷，对学生进行课堂教学的自我评价：

表5-3　你是怎么知道水净化要解决的主要问题的（多项选择）

自我评价项目	选择(%)
1. 上网或阅读课外书籍查到的	70
2. 阅读教材查到的	50
3. 自己想出1个或2个，其余受其他同学的启发	40
4. 根据日常生活的经验了解的	80
5. 自己想出1个或2个，其余咨询父母或亲戚	5
6. 一个也没有想出，经老师、同学讨论分析才知道	0
7. 一个也没有想出，经老师、同学讨论分析也不知道依据是什么	0

表5-4　你在课前找到了几种可用于过滤的材料

种数	0	1	2	3	4	5	6	7
选择(%)	0	69	20	11	0	0	0	0

表5-5　你是怎么知道实验室用滤纸和漏斗进行过滤操作的（多项选择）

自我评价项目	选择(%)
1. 看课外书或上网了解的	0
2. 完全由自己想出来的	0
3. 受小组同学的启发	14
4. 经老师、同学讨论分析才知道	80
5. 没有想出，经老师、同学讨论分析也不知道设计的依据是什么	6

表5-6 本节课你应用了哪些技能(多项选择)

自我评价项目	选择(%)
1. 观察对比	100
2. 与人合作	100
3. 交流讨论	100
4. 设计实验方案的方法	100
5. 将过滤实验操作与生活经验相联系	100
6. 对他人和自己的实验方案进行评价反思	100

表5-7 本节课采用探究式的学习方式,你有何感想(多项选择)

自我评价项目	选择(%)
1. 与人合作的机会多	100
2. 交流讨论的机会多	100
3. 设计实验方案有一定的难度,但很有趣	70
4. 实验操作的机会多	100
5. 与生活经验相联系多,感到化学有用	100
6. 对他人和自己的实验方案进行评价反思的机会多	100
7. 希望以后多一点这样的课	100

【案例点评】:发展性课堂教学评价的特征之一就是它是形成性的而非终结性的。形成性评价是为未来学生的发展提供信息,课堂评价又要求及时反馈。因此,本案例是教师在进行某次典型活动探究课后,由教师事先准备好评价表,从该课的知识与技能、思维方法与过程、能力的发展状况等方面进行总结,由学生个体单独填写,自我反思,努力发掘学生探究能力发展的因素。让学生看到自己在原有水平上的进步,体验学习成功的乐趣,明确自己发展的目标;让教师更了解学生能力的发展轨迹和学习状况,进一步反思教学过程,改善教学方式。

发展性评价强调质性评价,强调评价的以人为本的理念,但并未摒弃量化评价的方法,而是寻求两者的结合。质性评价通常采用的方法有成长记录袋、表现性评价、情景测验、行为观察等方法。具体采用哪种,或是哪几种,就需要教师依据具体的教学内容而定。

评价的目的是为了促进和激励学生的学习。案例中,对学生的合作学习、自主学习进行了一种积极的鼓励和引导,体现了评价不是目的,而是手段。

也就是说,发展性课堂教学评价需要做到以下几点:

第一,体现评价的全员性,营造良好的评价氛围;第二,体现评价的及时性,保持积极的学习动机;第三,体现评价的多元性,积极肯定学生的进步;第四,体现评价的激励性,引导学生不断进取。

(三)问题与讨论

(1) 你认为案例1中两校对教师课堂教学评价与传统的评价有何不同?

(2) 案例2是对具体的一节课进行的发展性学生评价,你认为在设计问卷或采用其他手段对学生进行评价时,应该关注学生的哪些方面?

第三节　学业评价研究案例

新课程强调综合使用纸笔测验评价、活动表现评价和档案袋评价等多元化的学业评价方法,本节对多元化学业评价方式的具体实施开展了相关研究。

一、纸笔测验改革比较研究案例

(一)主题内涵

《普通高中化学课程标准(实验)》(以下简称《标准》)的颁布,拉开了我国新一轮高中化学课程改革和教学改革的大幕。但是,在《标准》的贯彻实施、课程改革的推进过程中,评价与考试的改革又成为关键环节。如何积极有效地发挥评价与考试的导向作用、协调作用,将是新课标实施、新课程推进中需要认真思考和重点研究的问题。

评价与考试的改革应首先从纸笔测验方式的改革入手,因为纸笔测验仍然是目前教学过程中最常见、最易操作、最便捷的评价方式之一,而且在评价中占主导地位。但事实已经证明这种评价方式存在着许多致命的弱点,而且与新课标的理念明显相悖。因此,纸笔测验的改革势在必行。下面两个案例分别从不同的角度对纸笔测验的改革进行研究。

(二)案例描述

【案例1】:纸笔测验评价的转变

节选自:闫蒙钢. 中学化学课程改革概论[M]. 合肥:安徽人民出版社,2006.

从某种程度上说,纸笔测验是传统教学评价的象征,自然成为新课程评价革新的对象。纸笔测验是一种常用的评价学生学业成绩的方式,在新课程改革的推动下,纸笔测验也应根据课程改革的需要做出相应的改进。

1. 转变考核的重点

新课程理念下的纸笔测验,其考核重点不是放在知识点的简单记忆和重现上,而是以知识为评价载体,实现知识与技能、过程与方法和情感态度与价值观三方面综合评价,具体转变见表5-8。

表5-8 传统纸笔测验与新课程纸笔测验的比较

项目	传统纸笔测验的侧重点	新课程纸笔测验的侧重点
知识	概念定义的背记、针对定义关键词的是非判断 对每一个知识点进行孤立评价或者人为综合	利用概念来分析和说明有关事实和现象 对核心的重点内容进行整体考查
技能	化学计算追求形式和数字化	用反应事实、化学概念和数学方法模拟解决真实的问题
探究能力	对实验操作的评价强调具体规范和细节 实验室制取气体的具体步骤和注意事项的复述及是非判断 实验现象和化学方程式的记忆	在实验活动中考查操作,重视操作的活动功能和目的 能够自己制取气体并进行简单的性质探究活动 生活现象和实验现象的说明和解释
题型	选择题、是非判断题所占比例较大	分析题、解释题、说明题、设计题将占相当比例
题量	题目数量很大	题目数量减少

2. 强调测验的情境性和开放性

化学新课程改革十分强调学习的真实性,强调在真实情境中进行化学学习。所以,评价时也应该认识到情境的重要性,在纸笔测验中不再是直接地给出问题,而是设置有助于学生理解和应用知识的实际问题情境,让学生调动已有知识经验去发现和提取这个情境中蕴含的化学问题,然后利用所学知识去分析和解决问题。

针对真实情境的测验,既可以加强学生所学知识与社会生产、生活之间的联系,也可以培养学生提取信息、分析信息的信息使用能力。

3. 作业评价改革探讨

作业的评价是最及时、最简单的一种纸笔测验评价方式,但一直以来也是纸笔测验体系中最容易被忽视的一个方面。作业评价包含两个概念:作业和评价。作业作为教与学的交汇点,通过作业可以使学生复习所学知识,加深学生对知识的理解,巩固对知识的掌握,训练和培养学生基本的技能技巧和独立的学习习惯,有利于培养学生解决问题的能力。作业同时也是教师与学生进行书面沟通的必要手段。评价即是教师对学生作业的批改过程。作业作为评价学生学习最普通、最有效的一种评价手段,如何贯彻新课程理念,建立新的作业评价观值得探讨。

3.1 作业设计形式改革

传统的作业方式对知识的巩固和运用具有不可磨灭的作用,但仍存在如作业形式、内容、评价、完成方式单一的问题,为了促进学生的全面发展,我们首先应建立多样化的作业形式,如(1)趣味型作业;(2)分层型作业;(3)探查型作业;(4)自学型作业;(5)开放型作业;(6)合作型作业。

3.2 作业评价方式的改革

(1)变对错式评价,为交流式评价;(2)变教师一人评,为师生、生生互评;(3)变沉默式评价,为期待性评价;(4)变终结性评价,为过程性评价。

【案例2】:纸笔测验改革研究

节选自:施问华.对高中生物纸笔测验改革的思考[J].生物学杂志,2006,23(2).

作者在文中指出为适应新课程改革,纸笔测验应重点对以下几个方面进行改革:

1. 在知识性目标达成方面进行改革

就是在制作纸笔测验试题时,应注意实现这样的转变——命题时不必过分强调枝节内容、零散知识、单纯的学科事实、对内容记忆情况的考核、学生还不理解哪些知识;而要特别强调核心内容、良好结构的知识、学科概念、原理的理解和应用、对分析和综合等思维能力的考查、学生理解了哪些知识。

2. 纸笔测验应进一步强化能力方面的考核

在纸笔测验中,能力考核要进一步强化,教师和命题者要进一步转变观念,牢固确立能力考核的核心地位,进一步提高能力题的权重,努力创新题型,强调能力题的真实性、情境性、多样性、开放性以及有效性,不断强化思维能力(分析、判断、推理、概括、综合和应用)的考核。

3. 纸笔测验应在情感态度与价值观的考核方面进行尝试

情感态度与价值观评价可以通过观察学生在上课、实验、探究等活动中的行为、调查问卷、谈话、学生自评以及同学互评等途径来进行,而用纯粹的纸笔测验来进行评价考核则比较困难。但若在纸笔测验的简答题中,尝试设置一些涉及科学态度、科学素养以及价值观等方面的开放性问题来考核,也是完全有可能的。

4. 纸笔测验要注重形式上的改革

纸笔测验就其形式而言,亦必须合乎考核目标、内容等方面的要求。例如,让学生参与纸笔测验的命题与评价,适当地增加一些开卷考试形式,变换纸笔测验进行的空间(在实验室、图书馆、实践场所等),控制纸笔测验的时间长短、测试频率等。此外,在功能上,可以把纸笔测验分成形成性测验、诊断性测验、水平性测验、选拔性测验;在内容上,纸笔测验则可有课前预习检测、课堂达成检测、课后巩固检测之分，或者分为课堂检查、单元检测、综合检测、模拟检测等。

5. 要充分利用好纸笔测验的结果，进行积极的评价反馈

对于成绩的反馈，要以激励为主，除告诉学生成绩外，还应给学生激励性的评语，以赞赏的语言表扬学生的成绩，以关怀的态度指出学生的缺点和不足，切实保护学生的自尊心和自信心，增强学生学习生物的积极性和主动性。

【案例点评】：纸笔测验评价作为一种传统的评价方法，在传统的学业评价中起到了积极的作用。高中新课程在结构上和内容上有较大的变化，迫切需要建立一个以促进学生发展为目的、对象的主体多元、方式多样的学业成绩评价体系。纸笔测验评价也必然向着适应新课程改革的方向改进。

(1)案例1采用比较的研究方法，首先就纸笔测验转变的重点进行介绍，在知识、技能、探究能力、题型和题量几个方面进行纵向的比较。通过比较得出新的纸笔测验强调测验的情境性和开放性，化学新课程改革十分强调学习的真实性，强调在真实情境中进行化学学习；强调针对真实情境的测验，可以使学生加强所学知识与社会生产、生活之间的联系，也培养了学生提取信息、分析信息的能力。案例2通过结合新课程的一些理念，对旧纸笔测验中不符合新课程要求的方面进行研究，提出了自己的改革思路。该案例同样采用的是比较的研究方法，比较的对象是旧的纸笔测验的现状和新课程的评价理念，比较得出的结论就是论文提出的改革建议。

(2)比较案例1和案例2可以看出，案例1注重从纸笔测验的评价内容去研究，而案例2则包括从纸笔测验内容、纸笔测验形式、纸笔测验评价等方面进行改革，其内容上来说更加丰富，角度也更加全面。

二、化学学习档案袋评价比较研究案例

(一)主题内涵

档案袋评价始于20世纪80年代，又称卷宗评价、文件夹评价或学生成长记录袋评价，是指通过对档案袋的制作过程和最终结果的

分析而进行的对学生发展状况的评价。它有目的地搜集有关学生学习情况的材料,表现学生在较长的时间内在课程的一个或多个领域中所做出的全部努力、进步和学业成就,是评价学生进步、努力程度、自我反思能力以及最终发展水平的有效手段。

至今,学生学习档案袋评价研究主要关注以下几个方面:学习档案袋的类型、怎样使用学习档案袋、在学习档案袋评价中怎样促进学生反思、学习档案袋评价对教学的影响,以及怎样设计档案袋评分标准等。除此之外,对学习档案袋评价的实施、学习档案袋内容的设计及学习档案袋的目标等也都是近年来的研究热点。

(二)案例描述

【案例1】:化学学习档案袋的内容研究

节选自:闫蒙钢. 中学化学课程改革概论[M]. 芜湖:安徽人民出版社,2006.

档案袋的内容:

(1)前言:对有关化学学习档案的一个总的说明和提示,具体阐明档案袋中材料的种类、搜集的方法等。

(2)目录:以提纲的形式展示各部分化学学习材料的关联,并配有页码。

(3)内容:包括核心内容和选择性内容。核心内容是每个学生档案中必须包含的内容,它为学生的自我评价和教师、家长及同伴的评价提供基础性的信息。选择性内容是学生自我选择的最能反映学生自己化学学习情况的材料。

(4)时间:对于每次收录在档案袋中的材料,应注明日期,以显示随着时间的推移取得的进步情况。

(5)反思:对于自己的化学学习的过程和结果方面所作的自省。

(6)交流:档案袋中的材料虽然是学生自主构建的,但它却不是封闭的,因此,其中应显示同伴评价、家长评价和教师评价的一些信息。

【案例2】:档案袋学习与评价的阶段研究

节选自:李佳,陈华,钱扬义,等. 学生档案袋在"化学教学论"课程学习与评价中的应用[J]. 化学教育,2005(10).

综合这两年档案袋的实践过程,可以把档案袋学习与评价划分为4个阶段:

第1阶段:档案袋素材的搜集整理和自我评价。学生将自己的作业、课堂学习反思、课堂评价等都可以放进档案袋中保存,并且按照类别进行分类和整理,再作出自我评价。

第2阶段:小组合作学习,相互评价。在档案袋素材的搜集和整理后,以小组的形式进行合作学习,对小组各成员的作业与其他档案内容进行讨论与评价,对问题进行反思与总结,在此过程中各位小组成员对同一问题可以获得不同角度的思考,从而达成共识。

第3阶段:电子资源共享,全体学生的共同学习与评价。高师生在学期后期将档案袋的各项内容整理成电子资源,每个同学建立自己的电子文本超级链接,发布到我们建立的FTP站点上,成为全年级共同的学习与评价资源,以达到共同学习和评价的目的。通过FTP,每位高师生和教师可以上传和下载资源,可以将自己的学习过程、成果和其他同学进行充分的交流,并且可以对别人的学习过程和成果作评价。

第4阶段:教师做最终的定性与定量评价。教师通过搜集的档案袋素材和FTP资源,结合学生自评、他评,最终对每个学生档案袋的所有内容做出总体描述性评价,并给出等级。

【案例点评】:上述两个案例分别阐述了化学学习档案袋应该包括的一般内容。案例1主要从形式上说明档案袋应该包括6大块内容,对档案袋的建立具有一定的指导性,可根据实际需要参照该案例的指导设计具体的化学学习档案袋。案例2则从实践过程的角度出发,将档案袋学习与评价划分为4个阶段,指出每个阶段应搜集的资料和如何实施评价的过程,并将电子资源共享引入化学学习档案袋评价中来,使档案袋的自评、他评实施得更加有效果。

【案例3】:模块学习档案袋设计示例

节选自:杨香涛. 新课程理念下化学学习档案袋评价的设计与实施探讨[J]. 化学教育,2006(5).

高中化学选修模块《化学反应原理》中“主题1 化学反应与能量”的学习档案袋：

1. 封面

2. 目录

表5-9 “化学反应与能量”学习档案袋目录

序号	目录	页码
1	探究实验设计方案和实验观察记录(1)(2)	
2	调查报告	
3	资料(1)(2)(3)(4)	
4	学习化学反应与能量的有关知识时遇到的问题和教师对问题回答的记录	
5	当地收集到的常见化学电池标本	
6	历次试卷收集情况及自我订正与分析	
7	实验报告	
8	自我学习评价记录	
9	他人的评价记录	

3. “化学反应与能量”学习档案袋中的材料

(1)有关化学能与热能、化学能与电能相互转化的探究活动资料(包括提出问题和假设、设计的方案、实验记录、对实验活动的自评和他评、对实验的反思和体会、问题讨论中的主要观点等)。

(2)对当地家庭使用煤气、液化石油气、煤等热能利用效率的调查和合理化建议。

(3)对反应热、焓变、盖斯定律、原电池、电解池、电化学腐蚀等内容的学习与认识材料,教师对问题回答的记录。

(4)搜集到的与人类社会所面临的能源危机以及未来新型能源相关的资料;搜集到的有关“化学暖炉”、“热敷袋”的构造和发热原理的资料;搜集到的有关火箭推进剂的主要成分和燃烧热的资料;搜集到的有关防止钢铁腐蚀方法的资料,如新闻、科技动态简报、图片、照片、实物等。

(5)调查当地市售化学电池,并展示搜集到的电池标本,进行交流、记录,提出的回收建议。

(6)学习化学反应与能量过程中历次试卷搜集情况及自我订正

与分析记录。

(7)几种不同品牌电池工作效率比较的实验报告材料。

(8)对自己本单元学习状况的评价(如基础知识、实验探究和实验活动等情况)材料,以及有待改进的问题和改进的设想。

(9)小组同学的评价记录与任课教师针对本单元学习所写的激励性评语等评价材料。

4.“化学反应与能量”学习档案袋评价表

【案例4】:化学实验档案袋内容设计示例

节选自:郑长龙、周仕东. 化学实验教学评价的新发展——化学实验教学中的档案袋评价方法[J]. 中学化学教与学,2003(11).

表5-10　对“蜡烛及其燃烧的探究”实验的观察与描述

素材型教材			
教学目标	探究阶段	探究活动	对现象的观察与描述
化学实验知识与技能	点燃前	【观察】蜡烛的颜色、状态、形状和硬度 【操作与观察】从蜡烛上切下一小块石蜡,放在水中,观察是否溶于水,是浮在水面还是沉入水底	略
	点燃蜡烛	【观察】蜡烛火焰分几层,哪层最亮,哪层最暗 【操作】取一根火柴,拿住一端迅速平放入火焰中 【观察与比较】观察火柴梗在火焰不同部位被烧的情况 【操作与观察】取一只干燥的烧杯罩在蜡烛火焰上方,观察烧杯壁上有什么现象发生;片刻后取下烧杯,迅速向烧杯中倒入少量澄清的石灰水,振荡,又有什么现象 【推测】推测蜡烛燃烧后可能生成了什么物质	略
	熄灭蜡烛	【观察】熄灭蜡烛发生的现象 【操作与观察】用火柴点燃蜡烛刚熄灭时的白烟,观察是否燃烧	略

续表

化学实验探究	·了解了应该从颜色、状态、形状、硬度和溶解性等方面来观察化学物质 ·应该注意探究化学物质在不同情况下(如火柴梗在火焰的不同部位的燃烧)的变化 ·对于化学实验现象要注意对比 ·了解了化学实验学习中应该注意运用推测方法(如从石蜡是浮在水面还是沉入水底的现象,推测石蜡的密度比水小还是大;推测蜡烛燃烧后可能生成了什么物质)	
化学实验情感态度与价值观	·感觉化学实验很有趣 ·应该注意通过化学实验来学习化学 ·观察一定要仔细 ·在学习化学时,要注意物质的性质、物质的变化过程及其现象	
反思型材料		
学生自评	·以前曾多次接触过蜡烛的燃烧,但却不知道其中还有这么多的化学道理 ·在分小组实验中,我首先推测出蜡烛燃烧产生的物质是二氧化碳,结果证明我的想法是正确的 ·在小组交流观察结果时,我们组观察的现象没有其他组多,今后应该更加仔细地进行观察	
交流型材料		
同伴评价	·能注意思考实验现象产生的原因,对于所负责的实验任务完成得较好 ·但有时观察的还不够仔细	
教师评价	·能注意思考化学实验现象产生的原因,并大胆地进行推测,这很好!观察和思考相结合,是学习化学的重要方法。希望在今后的化学学习中继续运用这一方法 ·观察是思考的基础,因此,在今后的化学实验中如能更仔细地进行观察,就更好	

【案例点评】:案例3给出了一个较为完整的化学模块学习档案袋模版,完整地套用了化学学习档案袋的一般模式与内容。档案袋的具体内容作者没有展开叙述,但是根据目录和材料简介来看,这是一份内容非常丰富、翔实的化学学习档案袋,涉及实验、学习中遇到的问题、调查报告、试卷分析、自我反思等多方面的内容。突出了化学学习档案袋的目标性、计划性与组织性特点,内容具有主体性和多元性,并且能够体现出学生的反思历程与成长过程。但是该学

习档案袋只给出了内容概要，所以在实际操作过程中这种完整、丰富、翔实较为理想的化学学习档案袋是否能够推广应用，还需在以后的实践过程中加以检验。

化学实验是化学的重要组成部分，但是对于化学实验的学习档案袋研究目前还较少。案例4是一个化学实验学习档案袋的内容节选：对“蜡烛及其燃烧的探究”实验的观察与描述。该学习档案袋针对这一实验搜集了素材型材料、反思型材料和交流型材料等三方面内容。这种分类较为科学合理，但是三种类型材料的内容却不够丰富：素材型材料是对实验的简单展示，学生反思和同伴评价也非常简略，导致该档案袋有些类似于普通的学生实验报告，并没有很好地体现出学生的成长过程。

【案例5】：化学学习档案袋评价标准研究

节选自：李云淑. 研究性学习档案袋评价的案例分析与实施建议[J]. 教育科学研究，2004(7).

评价标准：

从方案设计、开题报告、研究过程、成果质量、答辩表现等五方面都设计了详细的评价标准。标准分成3个维度，如完整、一般、不完整，合理、一般、较差。最后的结果以4~5个等级来表示，如A、B、C、D、E，分别代表100、90、80、70、60分。对个人研究性学习的学业评价标准分A、B、C、D四等，出色完成分担的任务，起到了骨干作用为A等，比较圆满地完成了分担的任务为B等，能够参加并完成自己分工的任务为C等，参加活动不积极或没有完成课题组交给的任务为D等。

档案袋评价的标准可以按作品的关键特征(如选题的价值、研究方案的可行性、答辩的流畅性、研究报告或论文的条理性等)给出不同等级，或按能力水平评定等级。

A校对小组学习的评价的标准详细，甚至过于繁琐，但对学生个人的学业评价主要集中在完成任务情况和参与的态度上，这显然很片面，未能全面体现国家开设研究性学习的初衷(关注学生的探究兴趣、探索体验、提出并分析问题的能力、分享与合作、科学态度、责任心与使命感)。

【案例6】:化学学习档案袋评定规则研究

节选自:张彦秋. 中学化学学习档案袋评定的整体设计[J]. 化学教育,2005(7).

化学学习档案袋评定规则主要有以下内容:内容项目、进步项目、反思与体会、课后感、化学历史脉络项目、阅读和写作项目、应用项目、实验报告、调查报告、科学探究活动。在以上档案袋内容的评定中,将其分数分为4个等级,每一项内容都设计了4个等级的评价标准,在评价的时候就根据这些标准来给这些评价内容定级,达到对档案袋评价的目的。

【案例点评】:在实施档案袋评价的过程中,还要制定档案袋评价的标准,以便对学生搜集的作品经常性地评分,使学生清楚地看到自己的优势和不足。而化学学习档案袋评价作为一种有别于传统纸笔测验的质性评价方式,其评价规则也有其自己的特点。

案例5是一篇关于A校实施化学学习档案袋评价进行反思和分析的文章。对于如何评定化学学习档案袋成绩给出了概述:从方案设计、开题报告、研究过程、成果质量、答辩表现等五方面都设计了3个纬度的评价标准,结果以4到5个等级呈现,并对A校的评价制度进行了分析和总结。但是在文中既没有给出A校的具体实施方案,也没有给出详细的参考方法,因而使得此文的借鉴意义有所降低。

而案例6中的评定规则对化学学习档案袋各项内容,列出了与分数对应的该项应该达到的水平。但是该评分规则中每项内容所包含的子项目过多,可能会导致具体打分时不够细致和明确。若针对档案袋中的每项内容设计各自的评价标准表,将每个项目中所包含的子项目一一列出并根据其达到的层次赋分,则更加有利于家长、同伴等非专业教师对学习档案袋的评价。

(三)问题与讨论

(1)你认为化学学习档案袋应包含哪些内容?

（2）怎样运用化学学习档案袋评价学生的学业成就？

三、化学活动表现评价比较研究案例

（一）主题内涵

新课程倡导质性评价和量化评价相结合，而质性评价的主要手段就是活动表现评价。作为新课程提倡的三种评价方式之一，活动表现评价将学习与活动结合起来，依据学生在解决问题活动中的行为表现，对学生学习的过程与结果进行客观、综合的评价。活动表现评价也是全面了解和促进学生科学素养发展水平的一条有效途径。但因其评价方式的特殊性，活动表现评价在具体的化学教学实施过程中，出现了很多困难，化学教育科研者也对这一评价方式做了大量的研究。

（二）案例描述

【案例1】：化学教学中活动表现评价的实施策略研究

（节选自：蒋良. 化学教学中活动表现评价的实施策略[J]. 教学仪器与实验，2006，22(2).

作者根据活动表现评价的特点，从以下几个方面开展研究：

1. 行为表现的搜集记载

搜集学生的行为表现最常用的是观察和交流这两种方法。如，观察学生是否认识常见的化学药品和实验仪器、化学实验基本操作是否正确规范、化学实验仪器的安装是否合理、在化学实验活动中能否较为熟练地综合运用实验基本操作技能并注意实验安全、是否经常提出一些富有思考性的化学实验问题、是否独立完成自己所承担的化学实验任务并仔细观察和认真记录实验现象、是否经常与同伴进行讨论和交流、是否对生活和自然界中的化学现象具有好奇心、是否积极参与化学实验操作活动并善于与同伴合作、是否注意节约和合理使用药品、是否注意化学实验的绿色化和保护环境等。

交流包括口头交流和书面交流。口头交流是通过提问、谈话和讨论等对学生在活动中的行为表现进行搜集。

记载行为表现的方式多种多样，常用的有“检核表”和“等级量表”两种。

2. 活动表现的实施步骤

第一步,制定评价标准;第二步,做好活动准备;第三步,具体实施活动;第四步,活动成绩评定;第五步,进行活动总结。

【案例2】:化学实验教学中的活动表现评价方法研究

节选自:郑长龙,周仕东. 化学实验教学中的活动表现评价方法[J]. 中学化学教学参考. 2004(1-2).

作者根据化学实验的特点,指出了在化学实验教学中开展活动表现评价的实施方法:

1. 学生在化学实验学习活动中的表现

(1)化学实验知识方面的外显行为表现。

(2)化学实验操作技能方面的外显行为表现。

(3)化学实验探究能力方面的外显行为表现。

(4)化学实验情感态度与价值观方面的外显行为表现。

2. 评价学生在化学实验学习活动中表现的具体方式

(1)观察。

通过观察,了解学生化学实验知识与技能的掌握情况;了解学生化学实验探究能力的发展情况;了解学生化学实验情感态度与价值观方面的发展。

(2)交流。

①书面交流。

②口头交流。

【案例3】:中学化学教学中活动表现评价的实施策略研究

节选自:司艳玲,王秀红,宋敏,等. 中学化学教学中活动表现评价的实施策略[J]. 化学教育,2005(2).

作者认为活动表现评价的实施步骤可以分为3个阶段:组织计划阶段、具体实施阶段和后期处理阶段。

1. 组织计划阶段。

(1)制定评价的目的和目标。

(2)确定评价的内容(化学知识与技能、科学探究能力、情感态度与价值观方面的行为表现)。

(3)制定评价的标准(各个评价内容的评价量表)。

(4)确定评价的方式与方法(教师对学生的评价、学生之间的互评、学生自评)。

2. 具体实施阶段

(1)观察。用观察的方法对学生的科学探究能力和情感态度与价值观进行综合评价。此外,对于学生的活动表现除了现场观察外,还可以利用录像机、照相机等工具,抓住实证,提高评价的效度。

(2)交流。通过搜集、分析学生的交流情况,了解学生在化学学习过程中的行为表现和活动成果,进而对其进行评价。通常包括书面交流和口头交流,书面交流可以以实验设计方案、实验报告等形式进行;口头交流可以采取提问、谈论和讨论等形式进行。

3. 后期处理阶段

这个阶段包括评价结果的评定、呈现和反馈。结果的评定是呈现和反馈的基础工作,反过来,及时的反馈又影响结果的评定。

(1)评价结果的评定。分为三个步骤:先由学生按评价标准的要求自评;然后组成小组让学生互评;最后教师可根据学生自评与互评的结论,参照观察、记录情况,作出综合的结论。

(2)评价结果的呈现。活动表现评价结果不能简单地只给学生打上分数或等级,还要恰当地使用描述性的评语。评语要使用激励性的语言来表达,构建一种有利于沟通和发展的心理氛围,以调动每个学生的学习积极性,促进其在原有水平上进一步发展。

(3)评价结果的反馈:反馈的及时性与全面性;反馈的具体方式。

【案例点评】:通过以上三个案例可以看出,在运用活动表现评价过程中都注重对三维目标进行评价;在学生活动资料的搜集方面,都采用了观察和交流的方式,侧重在观察和交流的过程中对学生的活动进行评价,达到对学生全面评价的目的。三个案例的不同点在于对最后评价的结果的处理方面,案例1和案例2没有对评价的结果进行处理,案例3对这方面阐述较为详细。案例1和案例3都对活动表现评价运用过程中的步骤进行了清晰的阐述,其中案例3还对不同的评价维度，设置了不同的评价量表，具有一定的参考价值。但仍有一个问题是以上三个案例中没有解决的，就是活动表现评价的结果如何和其他两种评价方式综合运用，最终得到对学生评价的结果。

（三）问题与讨论

（1）化学活动表现评价的评价材料可以有哪些？

（2）谈谈如何运用化学活动表现评价结果并结合其他评价方式，以综合评价学生的学业成就。

第四节 化学学习模式改革研究案例

新课程倡导多样化的学习方式，如自主学习、合作学习和探究性学习，每种方式都有哪些特点和不足，如何构建和应用这些化学学习模式，本节将通过具体案例进行探讨。

一、化学自主学习研究案例

（一）主题内涵

新课程提出，要改变传统的单一、被动的学习方式，倡导学生在教师的指导下主动地、富有个性地学习，提倡自主、合作和探究等新的多样化的学习方式。在多种学习方式中，无论是合作还是探究学习，均是以自主学习为基础。

自主学习作为新的学习模式，强调学生的主体性，有利于学生知识体系的建构。因此，建立一个比较完整的，适合某学科、个人的自主学习模式是学习者首先应解决的问题，国内的许多学者在此都做了大量的尝试。在总结分析各种自主学习模式的基础上，通过归纳对比，期望建立一种新的学习模式。

（二）案例描述

【案例1】：自主学习模式的构建

节选自：管家元，王伟群. 高中化学教学中自主学习模式的构建[J]. 中学化学教学参考，2004(7).

教学模式为：

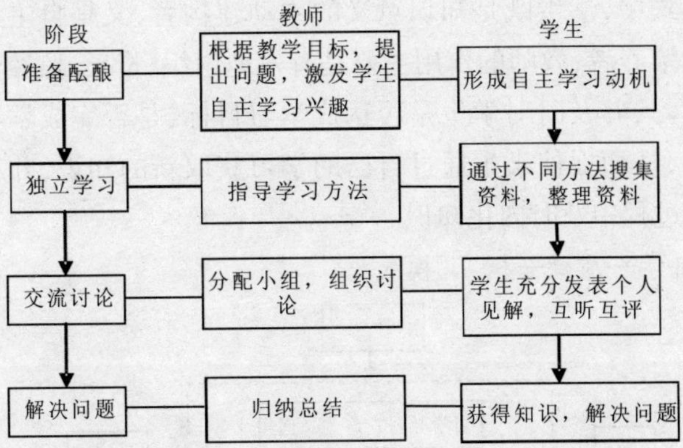

【案例2】:基于网络环境的化学自主学习模式探究

节选自:张龙,袁建华. 基于网络环境化学自主学习模式探究[J].和田师范专科学校学报,2007,27(1).

作者根据建构主义理论、远程教育理论,从学生的认知活动的基本规律出发,结合国内外对自主学习模式的研究成果,经过不断的探索,构建了基于网络环境的化学课程自主学习模式:

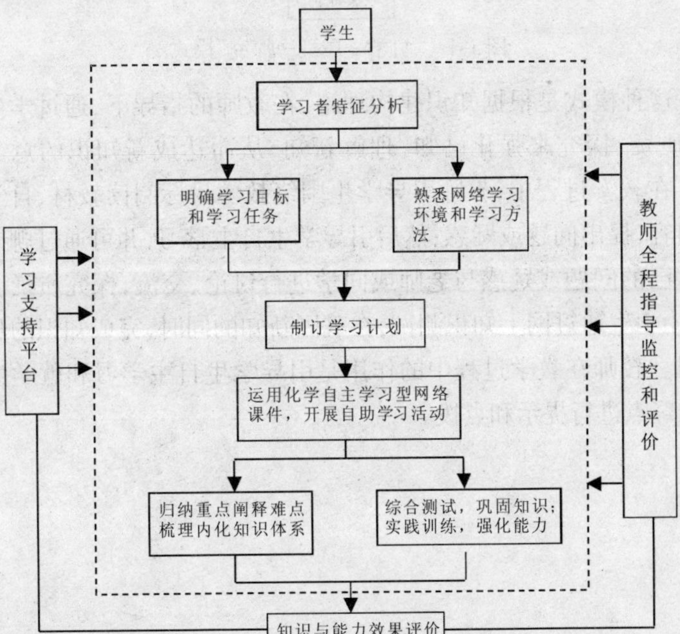

该模式中，学生既是知识意义的主动建构者，又是自主学习能力的主动培养者，教师的作用主要是有效地组织、指导、监控学生进行自主学习，并及时对学生是否达成学习目标、是否完成学习任务进行评价，从而促使学生通过自己的学习获取新的知识，并在学习新知识的过程中及时内化知识。

1.“自学—质疑—探究”模式

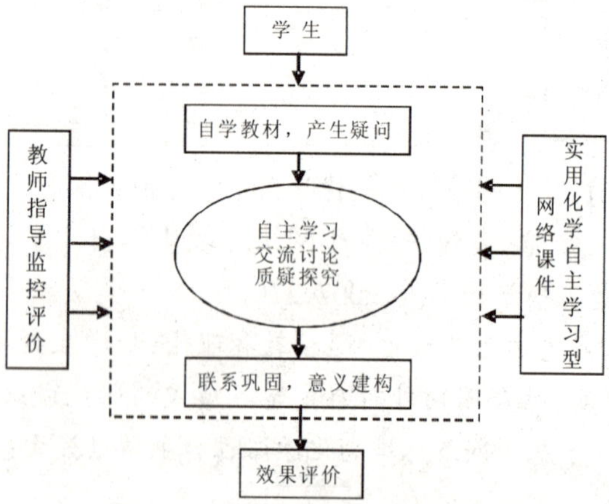

图5-1　“自学—质疑—探究”模式

这种模式是根据知识建构理论，在教师的指导下，通过学生自学、质疑、探究来强化已知、理解新知，从而达成新知识的意义建构。在教学过程中，教师引导学生围绕教学目标阅读教材、自学有关内容，提出问题或疑惑；然后引导学生自主学习，并可通过聊天室对自己的问题或疑惑与老师或同学进行讨论、交流，探究质疑。最后，让学生通过网上知识测试，在巩固新知的同时，完成知识的建构过程。教师在教学过程中的作用是引导学生自主学习和就学生提出的疑点进行提示和点拨。

2.“情境—问题—探究”模式

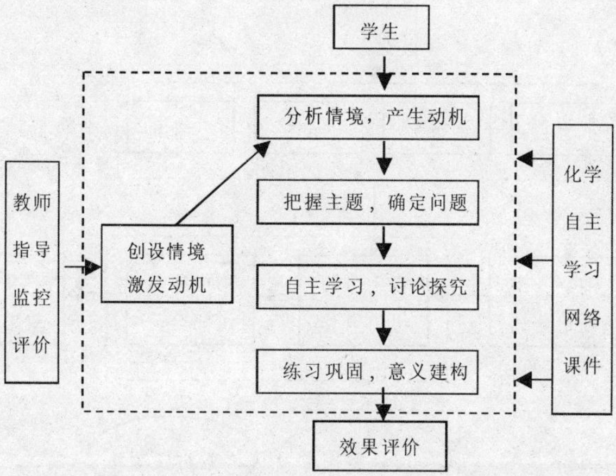

图5-2　“情境—问题—探究”模式

在这种模式中，为了满足学生的心理需要，教学中教师有意识地创设情境，让学生分析情境，产生动机，借助“问题”启动思维，使学生变被动接受为主动获取，实现自主探索性学习。图中，“创设情境，激发动机”是教师根据教学内容和学生生活实际，以艺术性的启发或问题情境的创设，引发学生发现情境，激活学生学习兴趣，激发学生学习动机。“把握主题，确定问题”是指在上述情境下，选出与当前学习主题密切相关的“真实问题”，作为学生学习的中心内容。“自主学习，讨论探究”是指学生在教师的指导、启发、帮助、监控下，运用网络课件，自主进行学习，主动建构意义知识。其间，教师与学生、学生与学生之间借助网络进行讨论和交流，相互补充、协作探究，实现教与学互动。“练习巩固，意义建构”是指引导学生进行练习测试，巩固新知，完成对新知识的意义建构。最后，要求学生对问题解决的结果、策略、学习的主动性等作出自我评价。

3.“专题—研讨—探究”模式

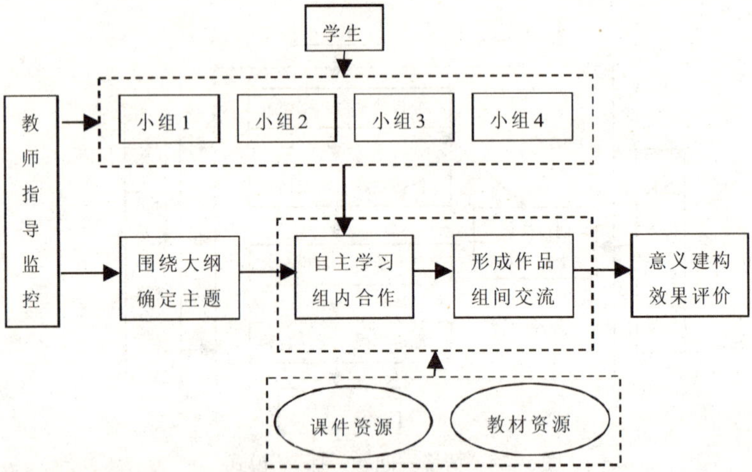

图5-3 “专题—研究—探究”模式

这种模式是在网络环境下，对某一专题分小组进行自主学习、搜集资料，并通过交流协作等完成专题学习，形成作品，达成意义建构。

【案例点评】：以上几种自主学习模式，尽管形式和内容及学习过程不同，但我们也可以总结出一些共同点：

(1)各种自主学习模式均是以学习者为主导，强调学习者在自身原有的知识水平上，通过感知、疑惑，确立学习目标后，不断探索总结。

(2)尽管各种模式过程不同，但都尊重指导者(教师)的导学作用，强调客观环境对学习者的辅助作用，借助书本、网络、课堂、合作交流等各种形式内化学习者的知识构成。

(3)各种学习模式都强调将习得的知识、成果应用到实践中，即各种模式的终点都是实践应用环节。通过解决实际问题，使学习者感到愉悦，从而激发更大的学习兴趣。

但是，上述几种模式也有一定的局限性，并不是任何时候、任何知识体系都可以采用的模式，每一种模式都是在特定的条件下使用的，尤其是应用于课堂的自主学习，要根据学习内容的不同，灵活采用。

从以上案例可以总结出以下几点：

(1)模式的选择。自主学习是一个以学习者为主体的学习模式，学习环境和场所可以在不同地方，而课堂是学习的主体——学生学习的主要地方。因此，教师周围的环境、客观条件，以及教师的素质、学生的原有知识水平等都是影响选择某种自主学习模式的重要因素。另外，学习内容不同，选择的模式也不相同。

(2)模式的实施。当我们在确立一种自主学习模式的同时，应该充分考虑以下几个方面：

①以教师的正确引导，有效地调控自主学习的气氛。

②要以学生的已有经验为基础，充分考虑到个体差异。要适时加以总结和强调，帮助学生强化已获得的知识表象。

③自主学习内容要经过教师的认真筛选，尤其在课堂教学中采用自主学习模式。有些内容繁多，知识结构复杂的章节不适宜在课堂上以此学习模式为主。

④既然学生是自主学习的主体，学生素质也决定了自主学习的成效。对于基础较好，自律性高的学生采用此模式可以促进学习；对于基础相对薄弱，信心不足的学生来说，如果采用此模式并不如运用其他甚至是传统的讲授模式效果好。

⑤在不同自主学习过程中，教师的引导参与作用也不相同，教师如何把握“度”，如何更好地参与引导也都需要进一步深入探讨。

⑥自主学习强调以学生为主，学生在运用该模式学习知识时，如何协调使用各种学习模式达到最佳的学习效果，是需要师生共同努力实现的。

自主学习的课堂教学案例

九年级人教版化学教材“金属的锈蚀和防护”内容

引导观察（教室中）→
1.日光灯架的外观和材料
2.窗户钢筋的颜色和生锈情况
3.铁制的水桶

↓

提出问题 →
1.风扇叶为什么要刷漆？有什么好处？
2.窗户钢筋生锈了吗？里面和外面比较谁锈的更严重？
3.仔细观察铁桶哪部分生锈最严重？如何防止生锈呢？

↓

试探解释 → 略（学生回答后，不必立即指正错误）

↓

自主阅读 → P19 活动与探究，并引导学生思考刚才的回答

↓

分析解决 →
1.由学生更正和重复前面问题答案
2.学生总结出“控制变量法”得出的铁生锈条件
3.学生提出相关现象，并由其他同学作答

↓

构建知识 →
1.铁生锈的条件（空气、水）
2.铁制品的日常维护方法

↓

巩固应用（适当发散）→
1.自行车下雨后为什么要擦干水后再涂油？
2.厨房里面的菜刀为什么不小心就会锈迹斑斑？
3.家庭里面的瓷脸盆是怎样表面涂瓷的呢？
（学生讨论后，教师常识性介绍）

（三）问题与讨论

（1）你认为在自主学习中如何协调好教师的“导”与学生的“学”的关系？

（2）自主学习的正常开展最重要的因素是什么？

二、化学合作学习研究案例

（一）主题内涵

现代教育理念认为，一个人今天在学校的学习方式，必然会与他明天的社会生存方式保持某种内在的一致性，而合作学习正是这

种一致性的切入点之一。所谓合作学习,主要指的是课堂教学以小组学习为主要组织形式,根据一定的合作性程序和方法促进学生在异质小组中共同学习。在合作学习历程中,独立思考与积极参与讨论有助于发展高层次的认知。由此看来,合作学习是一种富有创意和实效的教学理论与策略,对于改善课堂气氛,提高学生的学业成绩,促进学生良好的非认知品质的发展起到了积极的作用。怎样在化学课堂教学中更好地处理"知识点的落实"与"充分开展合作学习"的关系是实现化学总体教学目标的重要内容。

(二)案例描述

【案例1】:"气体摩尔体积—阿伏加德罗定律"教学案例

节选自:贺瑛. 合作学习策略在中学化学教学中的尝试[J]. 化学教学,2006(7).

在课堂教学中,创设适当的问题情境,充分应用合作学习策略,引导学生主动学习是非常有必要的。比如,在"气体摩尔体积—阿伏加德罗定律"一节教学中,我设计了如下问题:

①决定物质体积的主要因素有哪些?

②为什么1mol固、液态物质的体积各不相同?

③为什么标准状况下,1mol任何气体的体积都约是22.4L?

④气体摩尔体积为何要指明是在标准状况下?

⑤非标准状况下,1mol任何气体的体积是否相同?是否是22.4L?

首先,我利用多媒体设计了三组动画:①构成气、液、固三种物质的微粒在空间排列情况。②12个篮球紧密堆积与6个篮球紧密堆积的对比。③12个篮球紧密堆积与12个乒乓球紧密堆积的对比。让学生仔细观看这三组动画,并思考对解决问题①有什么启示。然后合作学习小组分组讨论,得出影响体积的主要因素是:构成物质微粒的数量、大小、微粒间的距离。这样问题②学生自己就不难解决了。对于问题③先引导合作学习小组讨论影响气体体积的主要因素有哪些。各小组讨论激烈,经交流,各小组相互质疑,最后全班同学达成共识:是气体分子数的多少和分子间的距离。对于为什么是分子间距而不是分子的大小？请每个小组举例来支持自己的观点。此时课堂气氛活跃，由于有的组举的是生活中的例子，大家发出阵阵笑声，整个班级充满了轻松、愉快的学习气氛。紧接着问学生：问题③解决了吗？结合问题④想一想还有什么困难？有的小组很快就得出外界因素温度、压强会影响气体的分子间距。我说："对。"并继续问：那么，解决问题③还有困难吗？此时有小组发言说：不知道标准状况下任何气体的分子间距是否相同？若相同，问题③的结论就正确了。我问："如何解决这个问题？"大家异口同声地说："上网查，"并推荐一位"高手"。在大家期待的眼神中，他不负众望，短短2分钟就查出一些气体在标准状况下分子间距的数据（分子大小都在0.4nm左右，不同气体分子间距相同，基本都在4nm）。结果跟学生们预测的一样。这样，问题③④⑤学生便顺利解决。最后，对于这5个问题，让各小组进行总结、归纳。大多数小组都提到了：如果温度、压强一定，分子数相同的气体，所占的体积就近似相同。此时，我让学生打开书，看看科学家阿伏加德罗是怎样说的。正当大家安静看书时，有一个学生说了一句很有趣的话："啊，原来跟我说的一样！"引得同学们哄堂大笑。我抓住时机说；"如果大家平时遇到问题时，多问几个为什么，再加上正确的探究问题的方法和勇于探索的精神，你也可以从平凡走向伟大。"最后，再用几道题检测一下合作学习的效果。对于同一小组，成员分数相差较大的，要在课后及时给予合作能力方面的指导。

【案例2】：《钠》的合作学习案例

这是一节实验课，本来打算让学生亲自动手实验，考虑到钠是极其活泼的金属，实验存在一定的危险性，我决定把它改成演示实验。同学们看到我带来这么多的实验仪器和药品，一个个兴奋地睁大了眼睛，恨不得我马上演示实验给他们看。他们脸上洋溢的求知的热情让我感动，我于是很快宣布了这节课的三个实验专题：钠的物理性质、钠的活泼性推断、钠与水反应产物的推断，要求学生十人一小组，并推选出一位负责人汇报本小组观察到的实验现象和结论。

实验开始了，我问学生钠的物理性质应该包括哪些方面，同学们立刻在小组内展开了讨论，有的小组还专门有人记录讨论的结果。经过讨论，大家达成共识，钠的物理性质应包括颜色、状态、密度、熔点、沸点、质地、导电性、导热性、延展性等。我从试剂瓶中取出钠，切开后让每个小组仔细观察断层颜色的变化，并解释原因。很多学生都观察到钠断层颜色没有刚切开时那么明亮了，问起原因，大家纷纷踊跃表达自己的看法，但意见并不统一。我建议道："大家小组内讨论，想想究竟是什么原因导致断层颜色变暗？"最后，一个平时发言就很积极的学生站起来说："是空气，断层遇到空气中的氧气，和氧气发生了化学反应，所以颜色变暗了！""那这又说明了什么问题呢？"我乘机追问。"说明钠是非常活泼的，你看它在常温下就能和氧气发生反应！"这样第二个实验专题也解决了。

第三个实验是本节课的重点和难点，我特别提醒各个合作学习小组要认真观察实验现象。实验开始了，当我把绿豆大小的钠粒放入烧杯后，同学们看着钠与水剧烈地反应，有的同学甚至叫了起来。反应结束后，各小组开始讨论起来，并由负责人汇报了观察到的实验现象。有的小组汇报到："我们发现钠与水反应时钠一直浮在水的表面上，并且不停地游动。还有，烧杯里的溶液变红了，一定是钠与水反应生成了碱！""总结得很好，"我鼓励道："还有没有小组补充的？"另外小组说道："我们小组都发现钠与水反应钠在快速熔化，这说明钠的熔点低，反应放热！""那么，请问同学们能不能用一个化学反应方程式表示产生这些现象的本质原因呢？"各小组又投入到热烈的讨论中，大家相互启发，相互提示，最终都顺利解决了这一问题。

【案例点评】：案例1描述的是一节合作学习教学片段。气体摩尔体积这一概念内涵丰富，学生初次接触，理解起来确实存在一定的困难。但该授课教师巧妙地提出五个问题，组织学生进行合作学习，引导他们思考问题，解决问题。学生在老师的帮助下进行小组合作学习，互相启发。师生共同努力，圆满完成了教学任务。

在课堂教学中恰当使用合作学习策略，使学生完全参与到学习的过程中,真正成为课堂的主角。教师的作用不再是一味地传授知识,更重要的是为合作学习提供一些可视、可感的教学素材和多媒体资料,让学生产生一种渴望学习的愿望,并借助同伴的力量彼此建构所要学习的知识及概念。

案例2描述的是一堂探究式合作学习课。该案例中教师准确把握了学生渴望实验渴望探究的心理,组织他们开展合作学习。问题提出以后,引导学生积极思考,主动探索,认真总结。在合作学习的过程中,教师始终注意到自己作为引导者的角色,不断启发学生思考,同时也兼顾各小组内部的合作,培养他们共同合作、共同进步的意识。

合作学习强调培养学生的合作意识,促使他们形成这样一种观念:在任何时候的任何地方,都不存在任何优势的个人,而只有优势的群体。通过学生思考、体验这些心理过程,发展与提升学生的情感、态度、价值观和生活方式,使教学过程从一种简单的传输、传递和接受知识的过程,转变成为一种伴随着学生对科学知识的思考和获得的同时,也成为学生人格健全和全面发展的体验过程。

(三)问题与讨论

(1)哪些化学知识类型适合采用合作学习模式?

(2)如何才能更好地发挥合作学习对培养学生合作意识的作用?

三、化学探究性学习研究案例

(一)主题内涵

基础教育课程改革要求改变学生的学习方式。化学课程标准中明确提出:要通过以化学实验为主的多种探究活动,激发学生学习化学的兴趣,强化科学探究的意识。探究性学习就自然成为新课程改变学生学习方式的突破口,成为新课程改革的主要着力点和落脚点。那么,在中学化学课程改革的过程中,如何设计出既能体现化学以实验为基础的学科特点,又能全面贯彻科学探究精神的探究性学习案例?在探究性学习中如何融汇合作学习和自主学习的理念?是不是所有的知识都适宜探究,值得探究呢?探究性学习有没有固定的模式可遵循？对于不同的教学内容，探究性学习又该如何设计？希望下面的案例能提供一些有益的启示。

(二)案例描述

【案例1】:氧化褪色还是中和褪色

节选自:徐凌刚. 基于探究性学习的化学教学设计[D]. 安徽师范大学,2005:23-24.

课堂教学片断

[教师]演示实验:

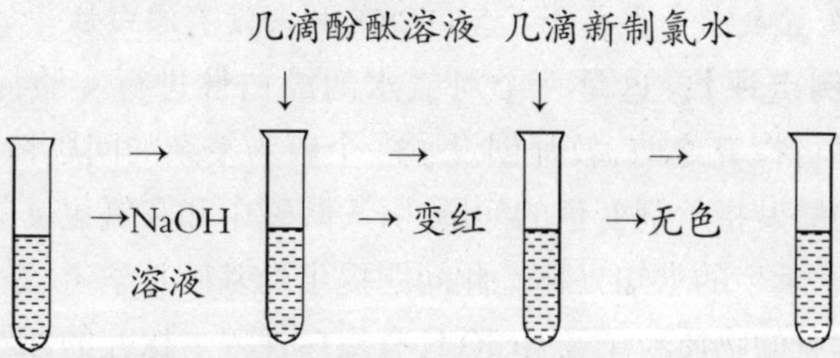

[教师]提问:为什么试管中的酚酞最终变为无色？是因为NaOH和氯水发生中和反应而褪色还是因为氯水的氧化性使酚酞变为无色？

[学生]经过讨论,学生提出如下三种假设:

假设1. NaOH与氯水中HCl、HClO发生中和反应,使OH^-减少,酚酞变无色;

假设2. 氯水中H^+中和了NaOH中的OH^-,使溶液显酸性,从而酚酞变为无色。

假设3. 氯水中HClO氧化酚酞使其结构破坏而褪色。

假设1和2都支持是溶液中发生了中和反应,假设3则认为溶液中发生了氧化反应而褪色。

[学生]设计实验。

实验1:在NaOH溶液中滴加几滴酚酞,变红,逐滴滴入HCl溶液,直至溶液褪色,然后返滴几滴NaOH溶液,发现溶液又呈红色。

实验2:在NaOH溶液中滴加几滴酚酞,变红,逐滴滴入氯水,直至溶液褪色,再滴几滴NaOH溶液,发现溶液不变红色。

实验3:在实验2的试管中滴几滴酚酞溶液,溶液又变红。

实验4:用久置的氯水来进行实验2,发现溶液仍为红色。

[学生] 交流讨论,得出结论:

(1)酸碱指示剂颜色的变化是由溶液中[H^+]、[OH^-]的变化导致的。

(2)新制的氯水有很强的氧化性、漂白性。

(3)新制氯水使滴有酚酞的NaOH溶液褪色,是由于HClO漂白性的作用。

(4)久置氯水主要成分不含HClO,故而没有漂白性。

【案例点评】:这是一个对氯水的漂白性进行实验探究的案例。在进行探究之前,教师创设了一个较为复杂的问题情境,即通过常见的酸碱指示剂变色的问题,引入酸碱中和和氧化反应的矛盾冲突,激发学生的求知兴趣。此问题提出的基础是学生已经学习过氯水中含有的物质粒子及HClO具有漂白性等。探究的课题是由教师抛出,但不一定所有的课题都由教师提出,学生应该学会主动从学习、生活中找出值得探究的课题,教师也要积极培养学生的问题意识。对于问题的解决,就需要学生在已有知识的基础上,进行大胆、合理的猜测假设。学生提出的假设可能会五花八门,教师需要对其进行分析,剔除不合理的假设。本案例中,教师选取三种主要的合理的假设。实验是检验假设是否成立的主要手段。因此,可以将观点相同的学生分为同组,设计实验来证明自己的假设,通过合作实验、主动探究、交流、讨论得出正确的结论。

从这个案例可以看出,探究性学习的一般程序是:创设情境,提出问题;搜集证据,提出假设;验证假设;得出结论。那么,在进行探究性学习的教学设计时,教师要注意以下几点:

(1)教师要为学生创设良好的人际关系、民主的课堂氛围。

(2)教师在课堂上要对学生进行积极的引导、启发,以节约宝贵的课堂时间。

(3)要让每一位学生都能参与到探究性活动中来。

(4)实验仅为手段,而不是目的。在进行探究性教学时,不能忽略知识的传授而一味强调实验技能和实验操作。

(5)探究性学习后有必要进行反思评价、表达与交流，这是本案例所缺少的。

【案例2】：金属Na与H_2O反应的实验探究片段

节选自：孙影，闫蒙钢，许苗苗．化学教学中学生“猜想假说”能力的培养．中小学教学研究，2006(5).

在讲解金属Na与H_2O的反应这一知识点时，教师采用了探究性教学的方法，具体教学设计如下：

[提出问题] 金属钠保存在煤油中，而不是在水中，金属钠与水可能发生化学反应，那么如果反应的话，生成什么呢？我们对其反应的产物进行探究。

[搜集资料] 教师提供给学生部分实验药品和仪器：金属Na、H_2O、酚酞、烧杯、尖嘴石英导管、棉团、木条、火柴等，同时教师在学生设计实验过程中，作为帮助者、协作者，提醒学生认真观察实验现象，并作记录以及注意实验基本操作方法。

[学生实验、活动] 学生在设计式样过程中，有的小组简单地把一小块金属钠放到装有水的烧杯中。有的小组做了对比实验，在相同条件下，在其中一个烧杯中放入几滴酚酞，发现了不同的实验现象：滴入酚酞的烧杯中水的颜色变红，大家一致认为有碱生成，而且一定是NaOH(看得出，他们为自己的发现而激动不已)；此时小组之间展开了热烈的讨论，在一次次实验后改进装置。有的小组同学观察金属钠的小球在水面上向各个方向迅速游动，认为有气体产生，但如何搜集这种气体并检验它的“身份”呢？此时全班同学讨论的话题顷刻间聚焦于此。

[猜想假设] 教师在一旁启发：反应前有哪些元素参加，反应后元素的种类不变，可能会产生何种气体呢？(引导学生去猜想，可能有几种假设情况)学生恍然大悟。在实验室同学们给出了两种答案：H_2、O_2。教师点点头，表示肯定，“都有道理，接下来大家分组设计实验，证明自己的观点，通过化学实验进一步检验你们的假设是否成立!”在学生初步建立假说之后，引导学生通过搜集实验资料和

事实检验自己的假说是否成立。

[检验假设]学生自行设计实验方案,检验自己的假设是否成立。(直接检验假说)

小组1:假设产生的气体是O_2,学生把黄豆粒大小的钠放在尖嘴石英导管管口,并用小团棉花堵住管口(以免金属钠滑落下来),将其插入水中。发现金属钠迅速与水反应,此时用带火星的木条靠近尖嘴导管的尖嘴处,带火星的木条没有复燃。没有如他们所愿,假设不成立,他们不得不口服心服:产生的气体不是O_2,可能是H_2,继续检验。

小组2:假设产生的气体是H_2,学生按照同样的方法搜集气体,只是待反应开始一段时间后,把燃着的木条移近尖嘴导管的尖嘴处,然后移开,发现气体燃烧,并伴有淡蓝色火焰,此时学生毫不犹豫地断定:Na与H_2O反应产生的气体是H_2,原假设成立。学生满脸的自豪和喜悦。

[得出结论,交流表达]各小组汇报自己的实验方案和设计意图,并阐述自己得出的结论及在实验中的成功与失败。

[师生共同总结归纳] $2Na + 2H_2O = 2NaOH + H_2\uparrow$。

[整合应用]教师引导学生从另一个角度推测产生气体的组成:同学们能否从我们刚刚学过的氧化还原反应的角度,也就是从理论的角度来分析Na与H_2O反应产生了何种气体呢? $Na+2H_2O = 2NaOH + H_2\uparrow$。教师引导学生观察反应中各种元素化合价的变化,Na在反应后生成了NaOH,Na原子失去了电子,化合价升高,根据氧化还原反应理论,必有另一种元素得到电子,化合价降低,那么是H_2O中的氢元素还是氧元素呢? H_2O中的氧元素已经是-2价了,不能再降了,所以只能是H_2O中的氢得到电子,由+1价降低为单质的0价。所以生成的气体应该是H_2,这与我们亲自实验得到的结论是一致的。这也说明实验再一次验证了理论的正确性(间接检验假说)。

[评析]这样的教学设计起到了画龙点睛的作用,使学生不仅掌握了化学基础知识,更重要的是通过积极动口、动手、动脑,初步学会一种建立假设、检验假设的方法,提高了他们的变向发散思维能

力，培养了他们分析问题、解决问题的能力。

【案例点评】：本案例的特色在于灵活充分地运用了"猜想假说"，步步设疑，稳步推进。"猜想假说"是依据已有的化学相关资料、客观事实和科学理论对探讨的化学问题所做出的一种或几种可能的猜想、假设、推断和判断。案例中体现了这样一个设计思路：创设问题情境—提出问题—猜想假说—检验假说—得出结论—整合应用。假说的提出过程中，需要教师的启发与引导。假说的提出往往不是轻而易举的，因此，教师在探究性学习中的作用是不言而喻的。

(三)问题与讨论

(1)你在进行钠与水的反应的知识点教学时，是怎样进行教学设计的？

(2)探究性学习除了通常采用的实验探究外，还可以运用理论探究的形式，比如说上面案例在整合应用部分就采用这种方法。讨论一下这两种探究性教学的方式各适合哪类知识的教学。

第六章　化学教育科学研究论文的撰写

当一个化学教育课题或一项化学教育科学研究结束的时候,将我们的研究思路、研究内容和研究结果用文字表达出来,形成的书面材料即称为化学教育科学研究论文,简称为化学教研论文。化学教研论文是化学教育科学研究的重要环节,是完整研究过程的最后一环,是化学教育科学研究的理论升华,也是研究成果交流与评价的基础。

第一节　化学教研论文的写作

规范的化学教研论文具有特定的论文结构,在写作中也应遵循一些写作的方法和技巧,在具体写作过程中还要注意特定的写作要求和规范,这样才能写出质量高、形式规范的教研论文,才可能被录用发表。

一、总结教育科研成果的意义

教育科研成果是对整个教育科研过程的凝练和总结,既是该项研究的初步终结,又是交流和展示该研究的开端。因此,教研论文的撰写在整个教育科学研究工作中占有重要地位。

(一)总结研究课题,交流研究成果

总结教育科研成果是对研究的缘起、背景、方法、内容、步骤以及结果进行的精练概括。这是一项复杂的工作,需要研究人员从大量的文献资料、研究材料和研究结果中挑选出有价值的资料,并用精练的语言表达出来,从而使得成果具有一定的学术价值。

总结教育科研成果也是科研成果鉴定和推广的重要载体，有助于和他人交流研究经验，有利于发展教育科研事业。

（二）提高自身素质，体现研究价值

用报告或论文的形式表述教育科研的过程，可以帮助研究者提高分析综合能力、整体科研能力、逻辑思维能力和文字处理能力等，教育科研成果撰写的过程，也是研究者自身专业化发展的过程，因此成果撰写具有重要的意义。教育科研报告或论文是研究过程的浓缩，是科研工作评价的重要手段。通过报告或论文可以得到社会的鉴定和评价，得出该研究的真实价值、仍存在的问题以及新的研究方案和方法；研究者可以借此展示自己的工作，体现自己研究的价值。

（三）评价人才质量，传承人类文明

研究报告或论文是考核人才业务能力，评价人才质量的重要标准，也是职称评定的主要依据，因此对教师特别有意义。教师的工作是一项创造性工作，能否写出高质量的论文是衡量教师业务水平、科研能力的标志。同样，研究成果凝聚了教育科研劳动的艰辛和研究者的智慧，有利于传递人类智慧的结晶，和人类文明的发展。

二、教研论文的撰写

（一）教研论文的结构

教育科研课题研究成果可以通过完成课题研究主报告的形式来呈现。研究报告是研究质量的最显性表现，也是研究成果得以广泛传递的主要载体。研究者应该对研究报告进行精雕细琢，以求最大限度地呈现研究成果。课题研究报告的结构由标题、署名、摘要和关键词、前言、正文、结论、引文注释和参考文献七个部分组成。

1. 标题

标题就是文章的名字，是文章的有机组成部分，是对全文思想内容最鲜明最精炼的概括。标题应简明扼要地表达出课题的研究内容，可以是明确点名题意，也可以是指明研究的问题范围，还可以采用提问的形式。一个好的学术论文标题应能准确概括论文内容，反映研究方向、范围和深度，文字简练，提法新颖，便于分类，使人从题目上就能判断研究的学科范畴，抓住该项研究所处的位置及特点，从而显示出该项研究的重要性。

(1)标题的类型。标题可以分为以下几种：

①论述式标题。这种标题多用论述的形式，常采用《论××××》、《浅谈××××》、《××××刍议》、《××××初探》等。

②结论式标题。标题多为肯定句式，针对某问题研究的结论。如《科学探究是学习化学的法宝》、《发展默会知识 促进化学教学》等。

③范围式标题。在标题中确定作者研究的范围，如《对在实验中贯彻素质教育的一点体会》。

(2)小标题的序号编排。论文的小标题应按层次编排，例如：一、二、三、……(一)(二)(三)……

2. 署名

学术论文的署名是一个很严肃的问题，是指参加论文的写作或主要研究工作或对论文作出主要贡献并对论文负责的人。论文的署名应该满足以下条件：第一，必须是论文的责任者；第二，对多人参与的论文，应该按照研究的贡献大小确定署名的次序；第三，对只参加少量工作而对论文不能负责的，不宜署名，也可以署名课题组并加首页脚注说明课题负责人和课题组成员；第四，如果对论文有过帮助的，应该在文末注明，表示感谢。署名应写在题目下，并同时标上作者的工作单位和邮政编码。有多位作者，如工作单位不同，应标上序号，分开来注明工作单位。例如：

标题××××××××××××××××××××××

姓名×××[1]　姓名×××[2]

(单位：1. ××××××××　2. ××××××××××)

3. 摘要和关键词

摘要，又称题要。它是论文的内容简介，是一篇论文的重要部分，它提供了论文的主要研究途径、主要观点和结论，是论文的概括和凝练。摘要的撰写应简洁明了，便于读者迅速把握文章的主要内容,有利于查找。一般而言,5000字以上的论文应附有摘要,3000字以下的论文可不附摘要。期刊文章或研究报告的简短摘要,字数一般为200字左右,具体投稿还要视各期刊的具体情况而定,有些期刊还要求有相应的英文摘要,中英文摘要内容要一致。

关键词是为了方便文献检索,信息存储而设立的,一般为3~5个。

4. 前言

前言,又称引言、序言、引论或绪论。论文的前言要简明扼要地阐述论文的缘起、目的、范围、研究现状等,并引出本论文要研究的内容以及所采用的方法。前言应简洁、短小精悍、条理清楚,要有利于读者尽快抓住全文的核心,有利于读者了解全文所要解决的问题,有利于读者领略研究者所要表达的思想和观念,要引起人的阅读兴趣。

5. 正文

正文是一篇化学教育科研论文的主体,占论文的主要篇幅,在整篇论文中占有极为重要的核心地位。在正文中作者提出自己的观点,运用真实、准确的材料,展开充分的论述,证明自己的观点。正文可以分为若干部分,或加以标题(如:"一"、"二"、"三"…… 或"1"、"2"、"3"……),将论文的主要内容有条理、有层次地展示出来。

对于实验报告、调查报告、测量报告等规范性要求较高的论文来说,大致可将论文分为以下几个部分:

(1)研究方法。即介绍研究对象、调查的取样方式、样本容量、控制条件、调查项目或实验因素、研究结果的检验方式、实验或调查的操作步骤、预期的结论和假设等。

(2)研究结果分析。即通过将研究过程中搜集到的资料、样本、数据进行整理和分析,用文字、图、表的形式得出研究结果,并对研究结果进行分析、比较、推理、论证、和预期的结论或假设对比。

(3)结论与讨论。在对研究结果进行分析后,应该得出该研究的最终结论,并对研究过程进行总结讨论,如对研究结果的理论分析,对研究方法的科学性与局限性分析,研究成果的科学性以及推广价值分析，研究结论与假设不同的原因分析，还有待进一步研究或改善的内容等。

6. 结论

结论是对论文观点的总结，是整个研究过程的结晶。这部分要对正文中分析的问题加以综合，概括出基本观点，结论宜短不易长，文字应力求精炼和概括，措辞要严谨，逻辑应严密，能与论文开头形成呼应，或回答论文开头提出的问题。

7. 引文注释和参考文献

引文就是在文章中引用他人说的话，可以是解释、论证、批驳别人的观点，也可以是用别人的观点来证明自己的观点。注释就是要告诉读者的信息，但是这个信息放在正文中又不太合适的，这时就需要加注释。注释包括“注”和“释”，当引用了他人的观点，要指出其观点的出处，这就是注；如果提到某个名词、某个人名需要进行解释的，即是释。这两者在文中的表示方法基本一致，合起来就叫注释。

参考文献是指在正文后列出的课题研究过程中涉及的有关文献资料。科学研究总是在前人或他人已有研究成果的基础上进行的。在研究的过程中通过查阅文献资料，参考已有的成果，可以减少一些重复劳动，有利于科学研究的进步，获得更有价值的研究成果。同时，在文末注明参考文献，不仅是对他人工作的肯定和尊重，也是为作者深入探讨某些问题，提供寻找有关文献的线索。

（二）撰写教育科研论文的步骤

教育科研论文的撰写大致经历五个基本步骤，即选定课题、整体谋划、撰写准备、完成初稿、修改定稿。但不是说一定要由这五个步骤组成，研究人员可以结合具体的研究情况在这五个步骤的基础上增加或减少，只要达到撰写的目的即可。

1. 选定课题

教育科研论文撰写的第一步就是选定课题。选择的课题可以是自己感兴趣的课题、教育的热点问题、自身对教育问题的认识与反思、教育实际的需要等。选题在这五个步骤中占据重要的地位，一个好的选题是成功的基础，好的选题首先应该适合研究者去研究，符合研究者的实际与研究者的研究能力；其次，所选择的选题要有研究的意义和价值，如果没有研究的意义和价值，那这选题也就没有必要去研究了；最后，选题应该是科学的，要没有科学性的错误。

2. 整体谋划

整体谋划是针对选题进行的研究设计，在此阶段研究者要思考以下问题：在论文中提出哪些问题？可以从哪些方面进行问题的阐释？要表达出哪些思想？预计要得到什么样的研究结果？论文要由哪些部分组成？要采用哪些研究方法进行研究？哪些资料对问题的研究有帮助？

3. 撰写准备

在撰写准备阶段要做好以下事宜：首先，要搜集与研究问题有关的资料。资料的准备要充足全面，一般是先扩大范围查找资料，在阅读的基础上逐步剔除无用资料，选择重要资料。其次，要学习与研究有关的理论。只有科学的理论作为指导，才能保证研究的科学性。再次，要深入了解研究对象。如果研究对象是人，那么要进一步了解研究对象的特点，以采用更适合的方法和手段；如果研究对象不是人，则要了解当前关于这个对象的研究现状，从而保证研究结果的领先性。最后，要确定好论文的框架和提纲。框架的粗细可因人而异，最好可以拟出较为细致的论文框架，这样撰写也会更加顺利。

4. 完成初稿

完成高质量的初稿是一个艰辛的过程，需要花费研究者大量的心血。初稿的完成应在框架的基础上进行，但也不要限于框架，如果在写作的过程中有新的思想可以随时对框架进行补充和修改。初稿的写作可以有以下方法借鉴：

(1)一气呵成。这是最成功的一种完成方式，如果在论文的撰写过程中能够从头到尾一气呵成，则说明你对该研究问题已经作了大量的准备工作，论文框架较为合理，资料搜集较为全面，研究思想较为成熟，这样也最能写出高质量的初稿。

(2)断断续续。论文撰写过程中常会出现对某个问题还不是很清楚或资料准备还不充分，出现写不下去的情况，这时就需要停下来继续思考和寻找资料，从而使得论文的撰写断断续续。这样有利也有弊，可能会影响整个论文的逻辑性，但也可能在再思考的过程中产生一些灵感和找到一些新的资料补充进去。

5. 修改定稿

撰写的初稿要进行反复的修改润饰。对初稿修改时可以根据需要增加或删减内容，可以对框架进行调整，对引用的相关数据要进行核实。修改初稿一般也有两种方式：其一是热处理，就是初稿完成后立即修改，因为此时对论文的整体感较强，印象也深刻，容易发现论文中的逻辑性以及内容是否缺失之类的问题；另一种方式就是冷处理，即初稿完成后不立即修改，等过了数天之后，再拿出来进行修改，这样也有它的好处，因为刚完成初稿，思维还不能完全跳出原有的框架，如果间隔一段时间后再看可能有不同的感受，在这段时间内，看到的一些资料可能产生一些新的灵感。此外，要对论文的文字进行润饰，检查标点符号的正确与否，必要时可以请专家或同行帮忙进行修改。

修改后的论文可以选择合适的刊物投稿，如果编辑提出了新的修改意见，应再进一步参照修改，直至定稿。

三、化学教研论文的书写要求

(一)化学式、化学方程式的书写要求

1. 化学式的书写要求

化学式的书写应规范科学，要符合国际统一的标准，要注意字母的大小写和上下标，在文中不分行。对于大家比较熟悉的物质就可以直接写出化学式如：S、Na、O_2、HCl、H_2O、CH_4、C_2H_4、C_2H_5OH、CH_3COOH；如要求写出学名、俗名和化学式，则应按照“学名(俗名)化学式”的顺序排列，如“碳酸钙(石灰石)$CaCO_3$”、“甲酸(蚁酸)HCOOH”。

2. 化学方程式的书写要求

化学方程式的书写包括化学式的书写、反应符号的书写以及生成气体和沉淀的书写、反应条件的书写。化学式的书写前面已经介绍，在此不做重复。

(1)化学符号的书写。化学符号的书写主要有以下四种类型：

反应号“→”，表示反应过程和机理，在文中一般占两格，如果需要加注反应条件，反应号也可根据实际需要确定其长度。

可逆反应号“$\rightleftharpoons$”表示可逆反应，其长度与反应号相同。

不可逆反应号(等号)“=”，表示不可逆反应，一般占一格。

不能反应号(不等号)“≠”，表示不能反应的化学反应，一般占一格。

此外，还有表示生成气体的符号“↑”、生成沉淀的符号“↓”。

(2)反应条件的书写。反应条件(如温度、浓度、压力、催化剂等)可以用国家通用的符号或中、外文字予以说明。反应条件通常写在反应符号的上方或下方，字号小于正文字号。如果反应条件的字数较多，则可以把反应号上方的文字转写到反应号的下方。例如：

$$\xlongequal[\text{高温、高压}]{\text{催化剂}}$$

如果只有一个反应条件则标在反应符号上方，若反应条件有多个则分别在反应号的上下写，加热符号通常标在反应号的下方。例如：

$$\xlongequal[\triangle]{\text{催化剂}}$$

对于可逆反应过程，由于正反应条件不一定等于逆反应条件，因此，不能把可逆反应号上的正逆反应条件位置标错。例如：

$$\underset{\triangle}{\overset{H_2SO_4}{\rightleftharpoons}}$$

(二)图表的设计与要求

化学教育科学研究论文经常会涉及图表，如化学实验装置图、物质结构图、化学实验统计表等。图表在文中要规范美观，在投稿时要求用计算机作图和制表，现在很少用手绘图表。

1. 图的设计与绘制

图的设计首先要能明确表达所展示的内容，应根据内容的种类、字数多少选择不同种类的图形。如需体现两个变量之间的关系，可以采用函数图，用坐标轴的形式来展现；如需表现一个流程，则可以用流程图来展现；如需体现几种物质之间的关系，可以用物质转化关系图来表示。

图的绘制现在主要通过电脑来完成，常用的电脑绘图软件有"轻松工具箱"、"化学金牌"、"ChemWindow"、"Chemoffice Ultra 2004"、"化学绘图板-Word版"等，这些软件操作简单，绘出的图形美观、逼真。

文中的图应该按出现顺序进行编号。如：图 1×××× 、图 2××××……图的标号通常标在图的下方。

2. 表的设计与绘制

表格在化学统计中最为常见，表格应该安排在文中第一次提到该表的正下方。表格同样也要按照顺序进行编号，全文统一编号按照"表1××××、表2××××……"依次标下去，若按照章进行编号则按照"表1-1××××、表1-2××××……"依次标下去。

表题要居于表的正上方中间位置，其宽度不可大于表格的宽度，它有三种排法：表号左起前空2格，表名居中；表号左起前空2格，表号后空1字写表名；表号与表名之间空2字，并居中排列。

表的设计还要注意以下事项：表头应忌用斜线，计量单位应集中于表头项目内，若全表使用统一单位，可将单位列于表上或注于表题后面；表内数据上下要对齐，空位处应用一字线填空，表内文字以居中列出，若需回行则其行空一字，回行顶格；表注（对表格进行解释说明）排于表格下方，表注字号应小于表内字号，宽度不得大于表格的宽度；表格若需另起一页，应在另一页表的右（或左）上方注明"续表"字样。

表格的绘制一般都采用Word和Excel进行制表，操作也很简单，值得一提的是现在化学教育的杂志都要求三线格表,所以在投稿时应注意。

(三)引文注释和参考文献的书写要求

引文加注的方法有许多种,在论文中使用最普遍的主要是下述三种:

(1)夹注。即在引文后直接加注说明出处。

(2)脚注。又称页注,即在本页下方注明该页中所用引文的出处。

(3)尾注。即在全文末尾加注本文中曾使用的引文的出处。

在采用脚注或尾注时,应按引文出现顺序标明数码,即在引文右上角用小圆圈和阿拉伯数字标注。引文注释的内容应包括作者姓名、书刊名称、文献篇名、卷数、册数或期数、页码、出版单位和时间等。专著与期刊的注释各不相同。

1. 专著

著者. 书名. 其他责任者(选择项)[文献标识]. 版本. 出版地:出版者,出版年:页码(选择项).

如:刘知新. 化学教学论[M]. 第3版. 北京:高等教育出版社,2003:70.

2. 专著和论文集中的析出文献

一本书、一本论文集收录了多篇论文,其中单篇的文章就叫析出文献。

3. 期刊、报纸中的析出文献

期刊:作者. 题名[文献标识]. 刊名,年份,卷(期):在原文献中的位置.

如:闫蒙钢,王江平. 关于实施高中化学选修课程的思考[J]. 课程·教材·教法,2007,27(2):74-77.

如:张民生. 专家谈《基础教育课程改革纲要(试行)》[N]. 中国教育报,2001-9-19(4).

4. 学位论文

作者. 题名[D]. 保存地:保存者,年份.

如:房成飞. 化学学习情境的创设与实施研究[D]. 芜湖:安徽师范大学,2007.

5. 会议论文

作者. 题名[C]. 会议名称. 会址:会议年份.

如:康永久. 再造以人为本的优质学校[C]. 2004教育政策与法律研究高级论坛. 北京:2004.

6. 电子文献

作者. 题名[文献标识]. 发表或更新日期/引用日期(任选).出处或可获得地址.

如:武玉强. 化学教学中实施“研究性学习”的若干误区[EB/OL].2007-7-20.http://chem.cersp.com/HXJX/YJXX/200707/3738.html.

参考文献是化学教研论文的重要组成部分,参考文献不必标出搜集到的所有资料,而是作者在文中直接引用的文献资料或对作者启发较大,有较大影响的资料。化学论文参考文献统一用阿拉伯数字表示,且序号置于方括号内,如[1]、[2]……序号不能置于圆括号内,以免与注释号混淆。

常用参考文献的类型标识有:专著[M]、论文集[C]、报纸文章[N]、期刊文章[J]、学位论文[D]、报告[R]、标准[S]、专利[P]、析出文献[A]、其他[Z]。参考文献著录格式除上面介绍的几种外,还可参照以下格式:

论文集:[序号]作者. 论文名[C]. 论文集名. 出版单位,出版日期:起页-止页.

专利:[序号]专利所有者. 专利名[P]. 国别:专利文献号,出版日期.

网络文献:[序号]网址. 题名. 下载年-月-日.

报纸文献:[序号]作者. 题名[N]. 报纸名,年-月-日(版次).

多名作者在第三人后加“等.”或“et al.”,作者名之间用“,”分隔。

四、化学教研期刊选稿的一般标准

化学教研期刊的选稿标准根据各杂志的办刊原则和方向,都有各自的侧重,但一个总的原则是:稿件要体现科学性、知识性、时代性、资料性、实用性。这几点并非要面面俱到,可有所侧重,一般从以下几个方面进行考察:

(一)看选题

化学类的杂志不多,每个杂志的来稿量非常多,编辑们在接到稿件后要先进行初审,如果选题不恰当,不新颖,不切合实际,学术价值不大则很有可能在初审被淘汰。因此首先要考虑选题是否有研究价值,是否具有新颖性和时效性,是否具有独创性、适合发表于哪一栏目,是否反映了当前教育改革实际;其次,要给论文取一个有特色的题目,做到准确、正确、明确、精确,激发审稿人的阅读兴趣和情感共鸣。

(二)看框架

框架是一篇论文的支架,通过框架可以看出论文的主要内容,了解作者的写作思路、论述的逻辑关系、论述是否周全科学、作者的文字功底等。框架也是编辑们关注的重点,可能直接影响到论文的录用与否。

因此,论文的框架应该逻辑清晰,小标题要简明地体现文章内容特色,要尽量做到简练对称,层次清楚,让人一目了然。

(三)看内容

内容是论文的血肉,编辑的主要注意力是放在论文的具体内容上的。编辑会考虑你的基本思想是否正确、清楚,论点是否正确,是否提供了充足的资料,是否采用了合适的研究方法,提供的实验设计和数据是否科学完整,重点是否突出,是否得出了正确的结论,摘要是否简要地概括了全文的主要内容,关键词是否恰当,文章语言是否通顺、精炼,参考文献是否新、是否具有代表性等。

论文的内容要做到"新"、"奇"、"实"。"新"即观点新、材料新、形式新、时效新;"奇"即视角独特、不随大流、不说套话、变换思维方式;"实"即具有实践性,要联系化学教学实践,实事求是。

除此之外,化学教研论文还应注重学科的严谨性和科学性,要有正确的历史观,不要妄自菲薄,也不要否定一切。

五、示例

我国化学教学论课程革新的几个问题 ………………………… 题目

刘知新 …………………………………………………………… 作者

(北京师范大学 100875) ……………………………… 单位、邮编

摘要:紧密结合当前基础教育课程改革的实际,对化学教学论从课程内容、编制理念、教学方法、学习方式和评价体系等层面进行深入改革是我国高等师范院校的一项迫切任务。

关键词:中国 化学教学论 课程革新 建议

……

前言

1. 重视课程理论研究,提高课程编制水平 ………………… 标题

……

2. 准确把握课程要素,细化化学教学论的课程目标

……

3. 重新构建课程内容体系,实现课程的现代化和探究导向性

……

4. 革新课程内容和呈现方式,促使高师生变革学习方式

……

5. 强化课程评价的激励作用,建立促使高师生发展提高的评价体系

……

我国基础教育新一轮课程改革在评价体系方面的规定,为我高师化学教学论课程实施评价改革指明了方向。应当指出,本次课程评价改革是一项观念更新、实践更新与措施创新的繁难任务,需要师生合作协力完成!“教育者先受教育。”基础教育课程评价体系的改革,任重道远,需要高师有关专业师生的积极参与、身体力行,并创造和总结经验,以利推广。

参考文献

[1] 刘知新.略论中等化学教育研究的现状和趋向[J].化学教育,1994(1):8-13.

……

第二节　化学学位论文的写作

学位论文是作者从事科学研究取得的创造性成果，并以此为内容撰写的，作为提出申请授予相应的学位评审用的学术论文[①]。学位论文必须是一篇（或由一组论文组合成一篇）系统的、完整的学术论文。化学学位论文是化学学位授予的重要依据，其完成的质量直接影响了学位的授予与否。那么化学学位论文分为哪些种类？各类学位论文的写作有哪些规范？学位论文在答辩过程中应该注意哪些问题？本节将对化学教育专业的各类学位论文作系统介绍。

一、化学学位论文的分类

化学学位论文根据申请的学位不同可以大致分为学士学位论文、硕士学位论文和博士学位论文。

（一）学士学位论文

化学专业本科学生在结束了大学的学业课程学习后，应提交一份毕业论文，表明除了掌握了化学学科的基础理论知识和基本技能外，并具有了从事科学研究工作的基本能力。学生可以根据这份毕业论文申请学士学位。

（二）硕士学位论文

化学硕士学位论文是化学专业硕士研究生为了申请硕士学位所提交的论文。硕士学位论文表明作者在该专业上掌握了坚实的理论基础和系统的知识，对所研究的课题有新的见解，并具有独立从事科学研究的能力。化学硕士学位论文又可以分为专业学位硕士和学术型学位论文。例如：学科教学·化学教育硕士专业学位论文和无机化学硕士专业学位论文。

（三）博士学位论文

化学博士学位论文是化学专业博士研究生为了申请博士学位

① 于志刚.学位论文基本结构于写作规范[M].北京：国家行政学院出版社，2006：2.

所提交的论文。博士学位论文是作者在掌握坚实宽广的基础理论和系统深入的专门知识基础上，独立开展某项科学研究工作，并在该专业取得创造性的成果后用论文的形式来总结科学研究的过程和成果。

二、化学学位论文的写作程序

化学学位论文的写作大致可以分为学位论文的选题、开题报告、写作、送审、答辩五个环节。只有顺利通过了这五个环节，化学学位论文的工作才结束，其作者才能取得相应的学位。

（一）化学学位论文的选题

化学学位论文写作的第一步就是选题，它是学位论文的开始，也是选择和确定课题及研究方向的过程。学位论文的选题基本上分为两种，一种是学生自己选题，导师审定；另一种是导师定题，这主要集中在学士学位论文的选题上。

1. 选题的原则

不同学历层次的学位论文对题目的要求也不一样，但总体来说要遵循以下原则：科学性原则、学科性原则、创新性原则、现实性原则。

（1）科学性原则，是指选题具有科学性和可行性，要考虑到该选题能不能得到有用的成果，不能出现科学性的错误，应符合教育学和心理学的基本理论，符合教育科学研究的一般规律。

（2）学科性原则。作为化学学位论文，其选题应结合化学学科，研究化学教育中的一些问题，这样才能体现化学学位论文的学科特色，其应用价值也较大。

（3）创新性原则，是指论文选题所研究的方向在化学教育科研中应该具有一定的创新性，特别是对硕士、博士学位论文来说，选题要有一定的难度，应是前人没有研究过或在前人研究的基础上进行进一步的探讨和延伸等，这要求在确定选题的时候要做该研究方向的现状分析，确定是否有继续研究的价值，或进一步确定新的研究方向。

(4)现实性原则,是指论文选题应结合实际。首先应结合作者的实际研究能力和兴趣爱好,即使一个很好的选题如果超出作者的研究能力范围,同样也得不到很好的研究成果;其次,最好能结合导师的研究方向,因为在该方向上导师研究较深,在学位论文的撰写过程中能提供更多的指导和帮助。

2. 题目的规范

选题除了要遵循以上原则外,在题目的拟定方面也要注意一些写作的规范。学位论文题目一般分为主题和副题两个。学位论文的主题要明确表示作者所要研究的对象,题目应当准确得体、简练、具体、细化,不应过大;学位论文的副题主要是为了缩小研究范围,使研究内容更加细化,或对所采用的研究方式、研究的视角进行补充。另外,题目的字数也不应过多,如果确实无法简练,可以采用副题的形式给出。如"中学化学课堂教学评价方式的研究——从教育生态学的视角进行分析"、"中学化学课堂人际交往的关系研究——借鉴种群生态学理论进行的研究"

(二)化学学位论文的开题报告

开题报告一般由导师组或教研组召开,也可邀请其他专家和教师参加。开题报告对学位论文的写作尤为重要,不同种类的化学学位论文要求不同,对学士学位到博士学位的要求依次上升。开题报告主要有以下程序:

1. 作者做开题陈述

在开题陈述阶段,作者要向导师组介绍自己论文的选题缘起、选题的意义与目的、研究的背景、研究现状、理论基础、论文框架、预计的困难以及论文的工作计划等内容。

2. 导师组提问与讨论

开题陈述结束后,导师组可根据陈述的内容进行一些提问或对其进行一些补充,对其提出的一些困难给以解决方式。陈述人应对导师提出的问题进行回答,并有选择地接受导师组的合理建议。

3. 导师组决定是否同意开题

经过以上两个阶段后,导师组需要对作者提交的开题报告进行审查和评议,对选题恰当、准备充分的同意开题;对选题不恰当、准备不充分的,要求修改后重新开题。开题报告得到通过的即可立刻进入论文的写作阶段,不开题或开题没有通过的不允许开始论文的写作。

(三)化学学位论文的写作

化学学位论文结构基本可以分为:题目、目录、中英文摘要和关键词、引言、正文、参考文献、附录、在读期间科研成果统计表、致谢九个组成部分,各个学位论文均在此基础上减少或增加。

1. 题目

题目以及其选题的要求在前面的论文开题部分已经做了介绍,在此不做赘述。

2. 目录

学位论文必须要有目录页,目录页是论文中各个部分标题的集合,包括中英文摘要和关键词、引言、正文的各个标题、参考文献、附录、在读期间科研成果统计表、致谢等。

目录页每行应由标题名称和页码组成,中间用连点线相连,目录中各章的编号和参考文献、附录、致谢等顶格,正文中各级标题均空一字排列,各标题一般与序号空一个字的间隙。例如:

目　录

化学学位论文的摘要比化学教研论文的摘要详细,是学位论文重要内容的简要描述,答辩委员会和论文评阅人可以通过摘要对学位论文进行简单全面的了解。不同学位论文的摘要所要求的深度不同,学士学位论文的摘要要求较低,字数一般在300字左右,而硕士和博士的学位论文摘要一般分为两种,一种是提交答辩委员会的详细摘要,字数为1500~3000字,另一种是论文中的摘要,一般在500字左右。学位论文的关键词一般要求3~8个不等,硕士和博士学位论文要求一定要有英文摘要和英文关键词,学士学位论文如果条件允许也可写上英文摘要和英文关键词。

中英文摘要和关键词一般放在目录的后面,放在引言的前面。化学学士学位论文的摘要只需简单介绍论文的主要内容即可,而硕士和博士的学位论文摘要应详细介绍论文的研究背景、研究目的、研究对象、研究方法、研究内容、研究的结果和结论,重点介绍在研究的内容、方法和结论,英文摘要应与中文摘要内容相同。英文摘要中,地名中的专名和通名分开来写,每个分开部分的首字母大写,姓、名的首字母大写,名字中间不加连字符。关键词应从学位论文题目或文章中主要标题中提取,一般按照词语的范围由大到小排列。

4. 引言

引言也可称为前言,一般介绍论文的写作缘起、背景、写作目的和意义、研究现状、研究内容、研究方法等,也有将引言放入正文,作为正文的第一部分,这可以根据具体情况具体对待。

5. 正文

正文是学位论文的主要内容,是一篇论文的核心部分。这部分包括研究的理论基础、研究的内容、研究的方法、研究的过程、研究的结果、研究的结论以及小结等。化学学位论文的正文一般直接用小标题表示出来,各级标题应按照“1”、“1.1”、“1.1.1”的格式标出。

例如，南京师范大学任红艳的博士论文正文部分框架如下：[①]

1 绪论

1.1 选题缘由

1.1.1 问题解决研究的背景

1.1.1.1 国际各纲领性文件明确肯定“问题解决”

1.1.1.2 我国的教育改革为“问题解决”提供了现实基础

1.1.2 学科问题解决研究的意义

1.1.2.1 问题解决认知层面研究的意义

1.1.2.2 问题解决教学层面研究的意义

1.1.3 学科教学论研究方法的支撑

1.2 主要研究内容和研究方法

1.2.1 研究内容

1.2.2 全文框架图

1.2.3 研究方法

1.2.3.1 文献查阅

1.2.3.2 实证调查

1.2.3.3 活动教学

2 问题和问题解决的本质及教学论价值

2.1 关于问题

2.1.1 问题的本质

2.1.2 问题的特征

2.1.2.1 问题的矛盾性

2.1.2.2 问题的目的指向性

2.1.2.3 问题的相对性

2.1.2.4 问题的主客观二重性

2.1.2.5 问题的动态性

2.1.3 问题的类型

2.1.4 问题的教学论价值

---

① 任红艳.化学问题解决及其教学的研究[D].南京：南京师范大学，2005.

2.2 关于问题解决

2.2.1 问题解决的本质

2.2.2 问题解决的教学论价值

正文内容应该重点突出，详略得当。每一个标题都应当能准确地概括该部分的内容，标题用语之间要对称、简练，各级标题之间的层次感要强，尽量避免重复的标题，应体现出全文应有的逻辑性。各级标题之间要依次空一个字的间隙，同一级标题应对称排列，不同层次的数字之间用小圆点"."间隔。目录标题上尽量不要出现"，"、"、"以及其他标点符号，确实需要的话，可以使用"？"结尾，正文中标题可以出现"，"、"、"，一般不用"。"。

正文中所引用的注释和参考文献应实事求是地标出，具体格式可参考化学教研论文的写作规范。参考的文献一般要求在正文当页的脚注中标出，可以整篇论文连续编号，也可以每页重新编号。

正文用语要求用书面语，不要用口头语，提供的材料一定要确保真实、准确，句子要简洁明了，不要啰嗦臃肿。

6. 参考文献

化学学位论文对参考文献也有一定的要求。首先，参考文献要真实科学，应尽量使用层次较高的，与本专业、本方向有关的参考文献，少用层次较低的文献，不要用存在争议的参考文献。其次，不同学位论文的参考文献有一定的数量要求，学士学位论文的参考文献原则上不少于10篇；硕士学位论文的参考文献一般不少于40篇，其中应有一定数量的外文文献；博士学位论文的参考文献一般不少于100篇，其中应有较多的外文文献。最后，参考文献的选取应该由近到远，尽量选用近年的文献，对正文中直接引用的参考文献，应该按照文中参考的顺序在正文后排列。

7. 附录

附录是正文内容的一个补充，但并不是每篇学位论文所必需的。通常在以下情况下，可考虑放入附录中①：

① 于志刚.学位论文基本结构于写作规范[M].北京：国家行政学院出版社，2006：53-54.

(1)为了整篇论文材料的完整，但编入正文又有损于编排的条理和逻辑性的材料。这一材料包括比正文更详尽的信息、对研究方法和技术更深入的叙述；建议可以阅读的参考文献题录；对了解正文内容有用的补充信息等。

(2)由于篇幅过大或取材于复制品而不便于编入正文的材料。

(3)不便于编入正文的罕见珍贵资料。

(4)对本专业同行有参考价值的资料。

(5)某些重要的原始数据、框图、结构图、统计表等。

附录一般采用附录一、附录二、附录三……的形式给出，附录中的图和表应分别用图1、图2、图3……和表1、表2、表3……的形式排列。

8. 在读期间科研成果统计表

通过科研成果统计表，可以看出作者在读期间的科研工作情况，这部分学士学位论文不作要求。但硕士和博士学位论文原则上要求在读期间必须要有科研成果，因此，这部分不可缺少。科研成果统计可分为发表期刊论文类、参与或出版著作类、主持或参与科研项目类以及其他获奖情况四类。各类均可用“1”、“2”序号标出，论文类中要注明论文名称、期刊名称、年份、卷期、期刊级别以及本人排序等；著作类应注明著作名称、出版社及出版时间、参编字数等；科研项目类需要注明项目名称、项目级别、项目编号、第几完成人等；其他获奖情况可根据实际情况如实填写。

9. 致谢

致谢是作者对自己在读期间以及论文完成期间得到帮助的人表达谢意的一种方式。学位论文没有规定一定要有致谢，但在现有的学位论文中基本上都有致谢部分，一般放在论文的最后。致谢的对象包括自己的导师、对自己的学习和论文工作有直接或间接帮助的人、论文中所引用的所有资料的所有者等。致谢的文字应诚恳、真实、恰当。

(四)化学学位论文的送审

化学学位论文的初稿完成后应首先由导师审阅，导师审阅后提出修改意见，再做进一步的修改，往往一篇学位论文要经过多次修改才能定稿。定稿后的学位论文打印出来后要通过审阅才能参加答辩。学士学位论文一般主要由导师审阅，导师通过即可；硕士学位论文要经过本校导师组以及其他院校一至两位与论文有关学科的专家审阅论文；博士学位论文除了导师组外，学位授予单位还应当聘请外单位与论文有关学科的专家评阅论文。硕士和博士的学位论文一般要求盲审，即送出去审的论文不出现导师和作者的名字。硕士和博士的论文评阅人需写出详细的论文评语，供答辩委员会参考。各层次的化学学位论文的审阅要求也不相同，具体如下：

1. 化学学士学位论文的要求

根据《中华人民共和国学位条例暂行实施办法》（以下简称《学位条例》）第三条规定，本科学生完成教学计划的各项要求，经审核准予毕业，其课程学习和毕业论文（毕业设计和其他毕业实践环节）的成绩，表明确已较好地掌握本门学科的基础理论、专门知识和基本技能，并且有从事科学研究工作和担负专门技术工作的初步能力的，授予学士学位。化学学士学位论文一般要求在5000字左右。

在评阅中主要从调查论证、实践能力、分析解决问题的能力、工作量、工作态度、论文完成质量以及创新几个方面进行评价。

2. 化学硕士学位论文的要求

化学硕士学位分为化学学术型硕士学位和学科教学·化学教育硕士专业学位两种，它们在论文的要求上也略有侧重。

化学学术型硕士学位论文应具有一定的学术性，偏重于理论方面的研究，对研究的课题要有新的学术见解，对研究对象要进行深入的分析，要在充分论证的前提下得出研究成果。

学科教学·化学教育硕士专业学位属于应用型、专业型硕士，所以对其学位论文的理论性以及学术性要求不像化学专业硕士那样严格，但其学位论文应该和化学教学实践紧密联系，体现较好的实践性，重在针对实际化学教学中的一些问题进行研究，要体现作者能较强的运用所学理论来研究和解决实际问题的能力。化学硕士学位论文一般要求在3万字以上（教育硕士专业学位1万字以上）。

3. 化学博士学位论文的要求

博士学位论文应当表明作者了解该研究方向的发展历史、研究现状和最新发展动态，要求作者掌握扎实宽广的理论基础和系统深入的专门知识，具有独立从事科学研究工作的能力，并在化学教育专业上做出创造性地成果。创造性的成果具体表现在：首先，发现有价值的新现象、新规律，提出新的理论或对重大理论有新的发展。其次，创造性地运用现有知识，纠正了前人的错误，或者解决了前人未曾解决的理论难题或者实际操作中的关键问题[①]。化学博士学位论文字数一般要求在12万字以上。

（五）化学学位论文的答辩

化学学位论文的答辩是学位论文的最后一个环节，对于学士学位论文来说，一般是获得优秀的才参加答辩，其余的导师通过即可；硕士和博士均需要正规的答辩会，才能确定论文是否通过。

1. 化学硕士学位论文答辩

《学位条例》的第八条规定：硕士学位论文答辩委员会应由三至五人组成。成员中一般应当有外单位的专家。论文答辩委员会主席由副教授、教授或相当职称的专家担任。论文答辩委员会根据答辩的情况，就是否授予硕士学位做出决议。决议采取不记名投票方式，经全体成员三分之二以上同意，方可通过。决议经论文答辩委员会主席签字后，报送学位评定委员会。会议应当有记录。硕士学位论文答辩不合格的，经论文答辩委员会同意，可在一年内修改论文，重新答辩一次。

2. 化学博士学位论文答辩

《学位条例》第十四条规定：博士学位论文答辩委员会由五至七人组成。成员的半数以上应当是教授或相当职称的专家。成员中必须包括二至三位外单位的专家，答辩委员会主席一般应当由教授或相当职称的专家担任。论文答辩委员会根据答辩的情况，就是否授予博士学位作出决议。决议采取不记名投票方式，经全体成员三

① 于志刚.学位论文基本结构于写作规范[M].北京：国家行政学院出版社，2006：69.

分之二以上同意，方得通过。决议经论文答辩委员会主席签字后，报送学位评定委员会，并做会议记录。博士论文答辩不合格者，经论文答辩委员会同意，可在两年内修改论文，重新答辩一次。

《学位条例》第十五条规定：博士学位论文答辩委员会认为申请人的论文虽未达到博士学位的学术水平，但已达到硕士学位的学术水平，而且申请人尚未获得过该学科的硕士学位的，可作出授予硕士学位的决议，报送学位评定委员会。

硕士和博士在答辩时首先应陈述自己的选题的意义、研究现状、理论基础、研究方法、研究内容、研究结果，重点应放在研究方法、研究内容、研究结果以及论文的创新点上。在申请人陈述完之后，答辩委员会要对学位论文及陈述情况进行提问，申请人应予以正面回答。学位论文答辩完，专家表决结束后，即由答辩委员会主席宣读决议书，答辩通过的即可授予学位，没有通过的必须等到修改后重新答辩。

三、示例——化学硕士学位论文目录

化学学习情境的创设与实施研究[①] ………… 题目

目录

① 房成飞.化学学习情境的创设与实施研究[D].芜湖：安徽师范大学，2007:4-5.

第七章　化学教育科学研究著作的撰写

化学教育科学研究著作是教育科学研究成果的一种常见而重要的表述形式。与上一章所述的化学教育科学研究论文的撰写相比,化学教育科学研究著作的撰写则进一步体现了著作者的研究思想和研究素养,凝聚了著作者对某一领域问题进行深入而系统的研究智慧。可以这样说,教育科学研究著作是教育科学研究者在某一领域研究的集大成者,其在总结和推广富有特色的研究理论和研究成果、提高教育科学研究人员的研究水平、促进教育科学研究的繁荣等方面起着不可替代的作用。因此,掌握基本的科学研究著作的撰写方法是非常必要的。

第一节　撰写教育科学研究著作的注意事项

教育科学研究著作的注意事项是教育科学研究著作撰写前和撰写过程中都应充分了解和重视的问题。对于这些问题的正确处理,不仅仅体现了著作者自身良好的科研素养,同时也维护了教育科学研究著作的严肃性、科学性。

一、著作方式

著作方式是对一部作品的创作形式的界定,是作者与作品间关系的表述。正确标示著作方式,准确界定著作权人的权利,也是划分是否侵权的依据。著作方式不同,赋予作者的权利也不同,保护的内容也不同。著作方式有独著、合著、译著、编著、合编、改编、校注等,每一种著作方式都有严格的界限和意义。

著——这种著作方式表明作者完成某一作品的独创性。独著是独立完成的，合著是由几位作者共同完成的。合著作品的每一位作者可以独立行使他独立完成部分作品的著作权，但在行使著作权时不能影响他人的著作权。

编著——是独创性介于著与编之间的著作形式。一般是介绍或普及已有的文化成果，根据已有的观点、知识、资料编写成书。编著者有自己的构思、观点、经验，用自己的语言叙述，不是照抄别人的作品。编著有编与著的性质和特点，只是独创的程度不如著。教材、普及读物和工具书的作者多属于编著者。

译著——是把一种语言作品变成另一种语言作品的著作方式。如将外文翻译成中文、将汉文翻译成日文或盲文。这一著作方式只是语言的变化，不应有内容的更改。

主编——是较多编著者中的主要负责人。主编的作品表明作者独创的部分较少，参加编写的人数较多，是在搜集现有资料的基础上加上作者的创作思维，整理汇编而成的。通常教材都是由某某主编，而不是著的方式。

选编、汇编——这一著作方式表示作者对现有成文的资料不做改动，只进行顺序编排或者对众所周知的理论或知识进行整理汇编。选编者不直接从事创作活动，但并不等于没有创作活动。选编者在占有大量资料的基础上，选编一部分作品，汇集成书，通过别人的作品来表达编者的学术观点和思想。

其他还有编译、注释、诠释、改编、校订等著作形式。在一部作品中可能有多种著作方式，遇到这种情况应该分别标示各自的著作方式和作品内容，各自对自己创作部分的作品负责并享受著作权法的保护。

著作方式不同，对著作权的保护程度就不同。如对著的作品，作者有声明许可或不许可他人转载、翻译、改编的权利。选编者在选编他人作品时要征得原作品作者的同意，并支付报酬。选编者对其所编作品享有著作权，在行使该著作权时不得影响原作品的著作权。著作方式标示不准，对作品与作者间的关系就界定不清，甚至会引起纠纷。如果将编的作品标为著,就侵犯了所编作品原作者的著作权。所以,正确标示著作方式十分重要。

二、署名

任何一部作品都要署名,标明其主要责任者。我国著作权法第十一条规定:“创作作品的公民是作者。由法人或其他组织主持,代表法人或其他组织意志创作,并由法人或其他组织承担责任的作品,法人或其他组织视为作者。如无相反证据证明,在作品上署名的公民、法人或其他组织为作者。”这样,在作品上署名的就有3种情况:公民、法人或其他组织。关于署名需要说明以下几个问题。

(1)不是所有在作品上署名者都能够对其作品享有著作权。因为著作权只保护那些合法的作品,不合法的作品不享有著作权。

(2)在合法作品上署名者不一定享有全部著作权。因为有些职务作品或受委托创作的作品,其作者可以在作品上署名,究竟享有哪些著作权,因具体情况或合同约定而不同。

(3)著作权人不等于作者。著作权法第九条规定,著作权人包括:①作者;②其他依照本法享有著作权的公民、法人或其他组织。其中②就包括除作者以外的著作权人,这条包括以下情况:第一,通过继承、接受赠与取得的已故公民作品的使用权和获得报酬权者;第二,通过合同取得著作权中的部分权利者。

著作权法规定的保护期限为作者生前及死后50年。在作品上署名是十分严肃的,署名不仅涉及署名人当前的责任与利益,而且牵涉后代的责任与利益,涉及很多法律问题。所以一定是创作作品的人才能署名。

三、选题

选题是指选定图书的写作题目,即定书名。书名规定了图书的写作内容、写作方向、写作手法,书名也能够反映出图书的读者对象,故选题十分重要。

选题有作者自己选的，也有出版社选定的。作者根据自己选定的写作题目进行创作，将成稿交出版社出版，即自由来稿。出版社选定图书出版题目，再选择合适的作者写作并投资出版，即约稿。无论哪种形式，对于作者来讲，都应该掌握选题的原则。因为掌握了选题的原则，选定的创作题目适应市场的需要，出版的几率就大，获取的效益就高。否则，选题不合适，写作的书稿无出版社出版，即使自费出版，成书后也束之高阁，毫无销路，造成出版资源的浪费。

选题从作者角度来讲，要根据自己的水平、经验及拥有的资料来定，也要考虑市场情况。一般有如下选题的原则可供遵循。

（一）选题的实用性

无论是专著、教材，还是科普图书，实用性是灵魂。图书的实用性要求有一定的系统性、科学性、先进性，也决定了图书有一定的收藏价值。图书不一定都要求是最先进的，因为了解最先进的理论或技术时，读者首先参考的是杂志。最先进的理论或技术的应用受到经济状况的限制，总是掌握在少数人手中。将最先进的理论或技术编成图书，读者面较小，图书的销量有限，而且最先进的技术不经过一定时期实践操作，积累较成熟的经验，对读者的参考价值也不大。从这些方面讲，图书不必追求最先进，而要追求最实用。

（二）选题的可操作性

写作什么样的图书必须根据作者的水平、知识结构而定。根据作者自己的知识、经验写出来的书就有特色，会吸引读者，如果选题超出了作者的驾驭能力，肯定很难写出好作品。选题确定了以后，选作者是实现选题的关键因素。只有挑选有真才实学的作者才能写出科学实用的好作品。选作者之前要了解其科研方向、论文与著作情况、写作风格等，做到知人善任，充分发挥每一个作者的优势，合理分工，以保证选题的实现。

（三）选题的时效性

因时而定，即把握写作与出版的时机，这也是选题的时效性所在。一本书的时效性与其内容及社会需要密切相关，时效性也包括同类书出版时间对效益的影响。所以，在定选题时首先要调查同类书的出版情况,做到知己知彼,有所突破,有所创新。要使自己写作的书稿得以出版,作者必须了解图书市场,了解专业图书的出版信息,争取选题达到人无我有,人有我优,在内容、写作风格、写作水平方面胜人一筹,体现自己的特色。

四、法律问题

写作出版图书应该以总结自己的经验与科研成果,促进社会主义文化和科学事业的发展与繁荣为宗旨。古人云:立德、立名、立言是人生三大美事,立言即著书立说。一部好的作品出版发行,能够名扬四海,流芳百世,一部坏的作品其恶劣影响也随着图书的出版而迅速扩大,毒害众人。无论是好作用还是坏影响,皆因作者而为,所以作者必须对其作品负责。对作者而言,尤其应该注意作品侵权的法律责任。图书出版过程中的法律问题有以下三方面:

(一)抄袭与剽窃

照抄别人已经发表的作品并以自己的名义发表或出版为抄袭。抄袭了别人未发表的作品以自己的名义发表或出版为剽窃。照抄别人发表或未发表的作品不以自己的名义发表或出版,仅供自己使用不构成侵权。抄袭与剽窃是严重的侵权行为。

(二)泄密

科技图书中作者在介绍经验与成果时保密意识不强,可能泄露技术秘密、商业秘密等,轻者造成一定的经济损失,重者会触犯法律甚至构成犯罪,所以必须高度重视。商业秘密与技术秘密多属于作者所在单位的秘密,但某些商业秘密与技术秘密事关国家经济、政治等方面,经认定可升级为国家秘密。无论是单位的技术秘密、商业秘密或国家秘密,一旦泄露,会给拥有秘密者造成损失。

写作出版过程中的不自觉、无意识地泄密事件屡有发生,但只要作者提高了保密意识,预防泄密就比较容易。一是作者加强保密法的学习,二是了解保密的范畴,三是出版过程中严格把关。

(三)文责自负

文责自负即作者对其作品的内容负有政治上、道义上、科学上和法律上的责任。著作权法第二条规定,“中国公民、法人或其他组织的作品,不论是否发表,依照本法享有著作权。”作者对其作品享有著作权,根据著作权法第十条的规定,著作权包括下列人身权和财产权:发表权、署名权、修改权、保护作品完整权、复制权等。著作权法第四条规定:“著作权人行使著作权,不得违反宪法和法律,不得损害公共利益。”这些法律规定了保护什么作品,不保护什么作品,即使不保护的作品,作者也要对其负全部责任。

作为一名主编,对作品负全部责任。如果其中一位作者抄袭或剽窃了别人的作品,首先被推到被告席的是主编。抄袭、剽窃他人作品的法律责任是“停止侵害、消除影响、赔礼道歉、赔偿损失等民事责任。对作品科学性的责任,即因作品错误而给读者造成损失的,应承担一定的责任。像不法分子写作出版的有关书籍,虽然不受著作权法的保护,但他必须对其作品造成的恶劣影响负责,国家将依法对其制裁。

种种法律责任给作者敲响警钟,写作出版的作品一定要科学、合法,因作品引起的一切责任都由作者承担。

第二节　各类化学教育图书的写作特点

化学教育类图书主要有三种类型,即教材、专著、科普图书。不同类型的图书,就有不同的读者对象和要求。以下简要介绍这三种教育类图书的写作特点。

一、教材

教材是根据国家教育部门的行政文件、课程标准而编写的,供一定层次的读者对象使用的图书,具有规定性、规范性,即其内容是规定的,读者是规定的,格式也是相对固定的。内容的深度、广度都要以教育部颁发的课程标准为准则。读者的规定性是指某一教材专供某个层次学生使用,供大专学生使用的就不能供本科学生使用,供高一年级使用的就不能供高二年级使用。

(一)文体

教材的写作一般用记叙文或议论文、说明文。化学教育类图书专业性较强,基本上都是议论文与记叙文、说明文的结合。

(二)句法

教材的句子一般用陈述句,基本不用疑问句、反问句等。用主动句,少用或不用被动句和使动句。

(三)语言特点

教材是传授给学生基本概念、基本理论、基本技术、基本知识的载体,教材的规范性要求语言也是十分规范的。概念一定要正确,用词客观、科学、规范、慎重。

(四)格式特点

教材一般按篇章节编排,节下再分一、(一)、1、(1)。内容一般横排,一栏或双栏排版,标题一般居中或左缩进2格,上下居中,这是一种传统的排版格式。

(五)选材、内容与字数

教材与其读者对象的特点决定教材选材必须典型,理论必须成熟、公认、科学。教材是学生必须阅读,必须掌握其内容,并在以后的工作中遵照使用的图书,所以其科学性比一般图书要求更高。因教学时数的限制,教材的字数也受到一定限制,将一定的内容按一定的要求写入一定的篇幅内,是写教材必须遵守的原则。

读者对象的特定性要求教材的内容深度与广度一定要适当,注意与以前所学内容衔接。为扩大学生视野,亦可写一些超出课程标准的内容,可用小于正文的字号排列,或以附录的形式处理,或加上标记以示区别。

总之,写教材要把握课程标准,处理好选材、内容与字数的关系。

二、专著

专著是就某一专题展开深入论述的著作,专著的特点在于专,不一定面面俱到,但写作的重点内容一定要系统全面。大型的专著一般系统叙述某一领域的全面知识与技能。专著的内容深浅没有规定，完全由作者水平和读者对象而定。专著的语言特点与教材基本相同，专著可以介绍自己的经验、观点，也可评论别人的观点，经常用笔者、著者等称谓。专著涉及的面很广，写作方式也很多。

专著的格式比较灵活，没有统一规定，可以采取教材的格式，也可以采取国际统一的论文格式，或者其他根据需要自由设计的格式。一般有以下几种：①按篇章节排，与教材的格式一致；②不用数字排序，按问题的逻辑关系编排，级别大小用字体字号来表示；③介于上述二者之间，由二者结合而成，大标题用数字排序，小标题不排序，用字体字号区别层次；④近年来图书也有采用论文的国际统一编排格式，层次是1，1.1，1.1.1等。

专著一般不受字数的限制，可根据材料的多少、内容的需要而定。

三、科普图书

科普图书的突出特点是可读性，没有可读性的科普图书绝对没有读者，也就没有市场。科普图书要求读得懂、买得起、用得上，关键是读得懂，只有能够读懂了，才会用得上。

科普图书的语言要求浅显易懂，可读性强，一般将专业词汇变成群众能够理解的语言。不要求系统全面，可以就某一问题加以说明，一个一个问题地写。科普图书中可以就某一问题举例说明、插图说明，也可以用问答、讨论、叙述式写作，或用生动形象的词，用比喻的手法写，也可以第一人称写。无论写作方式如何变化，都一定要保证内容的科学性。科普图书的标题与教材及专著的标题要求也截然不同，将在标题部分叙述。

科普图书的格式更是灵活多样，开本灵活，可以是16开、32开、48开、64开等，可以按教材或专著的传统格式写，也可以按答复读者来信的形式写。因为不要求系统，所以标题级别要求不严格，可以就读者关心的没有逻辑关系的问题排列在一起叙述，可自由编序号，可以用箭头引出下一个问题，可以图为主，图中夹带文字说明。当然，科普图书也要求精练，不能一个问题长篇大论，浪费读者的时间与金钱。无论采取什么形式，只要能够达到总要求——读得懂、买得起、用得上即可。

第三节 教育科学研究著作的写作规范与技巧

教育类图书的写作与其他图书有相似之处，也有其特点。图书包括前附文、后附文、正文。前附文包括内容提要、序、前言、出版说明、题词等，后附文包括附录、后记、索引等，正文包括目录、标题、正文。正文是图书最重要的部分，有文字、图表、公式等形式。前附文说明关于该书写作出版的目的、意义、过程、资料来源以及其他需要说明的问题，在此不做叙述，而教育类图书正文的特点十分明确，内容比较复杂，本节重点讨论。

一、目录

（一）定义与作用

1. 定义

目录是书刊正文之前按一定顺序排列出来的以供查找的文章或标题的名目，包括篇章名、页码、著译者名（根据需要选择是否列上）。图书目录是图书各篇章标题的精炼排列，目录一定包括文章的标题，但不是全部标题。标题是构成目录的要素，没有标题就无法编排目录。目录是部分标题的复制与排列，列入目录的那部分标题文字与正文的相同级别标题文字必须完全一样。

2. 作用

目录就像一座城市的交通图一样，通过阅读目录，既能了解图书的主要内容，又能了解各部分内容的篇幅及各部分内容的具体位置。目录可以在短时间内给读者提供大量有价值的信息，有助于及时找到自己所需的答案。

（二）设置原则

1. 重要与需要

目录的基本作用是体现中心，突出重点，方便查阅，所以设置目录的首要原则是重要与需要。重要是指某一内容在全书中的地位，需要是指某一内容对读者的实用性。一般来说重要的内容都是读者比较需要的，但某些比较次要的内容对某部分读者而言是需要的，也要编入目录。根据这一原则，在不同类别的图书中设置标题和编排目录也有不同。工具类图书目录应详尽具体，教材类图书目录应该系统、精炼，专著类图书目录应该突出特点。

2. 逻辑关系合理

目录是正文的中心、脸面，目录的逻辑关系又直接影响全书的结构，所以目录的逻辑关系十分重要。一般在初次设置目录时都会考虑到目录的逻辑关系，但在第二次设置目录时要考虑目录的各个方面都应符合逻辑。

3. 体例一致（见下文）

4. 级别科学（见下文）

目录由标题组成，目录编排的其他原则如体例一致、级别科学等，与标题的要求相同，放在标题部分叙述。

二、标题

（一）概念与作用

标题是标明文章、作品等内容的简短词句。标题是一本书的大纲，设置标题能够将丰富的内容按逻辑关系分成大小不同的版块，既方便写作，又方便阅读。标题能够突出正文的中心思想，构筑全书的整体框架，便于读者抓住重点。标题就像一座城市中某一大楼框架结构的承重部分一样，是必不可少的。

（二）设置原则

1. 体现中心

标题一定要能够体现正文的中心思想，段落标题体现段落的中心思想，节标题体现节的中心思想，一本书的标题就能够体现全书的中心思想。如果不能体现中心思想，就出现文不对题的情况。

2. 逻辑关系合理

目录的逻辑关系是由标题的逻辑关系体现的，在目录的逻辑关系中讲的是标题间的逻辑关系。同一级标题间的关系原则有:①标准相同;②各自独立,不可互相包含;③内容范围之和应相应相称;④内容不能越级。

3. 体例一致

标题的体例一致是指在一章或一节中的标题若用名词,尽量都用名词;若用动宾结构,都用动宾结构;可省可不省的词,若省都要省,若保留都保留。体例统一还包括同一级别的标题注意排比。但是体例一致一定要根据内容,不能简单地为了形式的统一而将内容改错。

4. 级别科学

标题的级别科学是指一本书的标题应根据内容的多少和重要性标级别,而不应机械地套用某一格式。在全书稿中要求各项标题层次分明,各级标题应包含相应的内容,前后尽量取得平衡统一。在层次展开的过程中,如果某级层次没有相当的次级层次,而是直接出现更下一级层次,可采取跨越的办法直接写出更下一级层次。

如一篇文章或一本书的标题级别是一、(一)、1、(1),但是“一”下的内容很少时,就不必生搬硬套,可以将“(一)”的级别省略,直接写“1”的一级,即标题的越级。若“一”下的内容很少,也可以将“(一)”和“1”的两级标题均省略,直接写自然段,不分标题。或者将“一”与“(一)”两级全部省掉,在节下直接写“1”的一级。对不同内容和字数的书稿,或同一书稿的不同章节,可按内容的具体情况灵活选用不同的标题层次。根据需要可将标题升级与降级。用字号与数字共同构成标题级别的原则是:高级别标题的字号应该比低级别标题的大,高级别标题的字体应该比低级别标题的加粗加黑;也可以用相同字号加其他形式(如鱼尾号、方括号、加底纹)来表示不同级别的标题。

(三)词句要求

(1)标题应尽量简洁,能用词的不用词组,能用词组的不用句子。

(2)标题中尽量避免用标点符号。即使那些能用的标点符号如顿号、中圆点和破折号等也要尽量避免。

(3)标题用词要有可检索性,用专业的词或关键词表中的词,不含信息的词不用,不用或少用助词、介词等虚词。

(4)标题中尽量不用注释形式,不加外文等。

(5)标题尽量用全称,不用缩写。大多数人所接受的缩写词可以在标题中使用。

(6)善于使用标题性词语。有些词经常在标题中应用,如"概述"、"小结"、"其他"等词。

(7)标题要有专指性。根据内容定标题,不要小题大做,也不要大题小做。

三、语言文字与句子特点

(一)用词

1. 名词用专业名词、通用名词

教材中缩写词、外来词、外文缩写词不宜过多使用,因为学生还不了解。即使用缩写词、外来词,在解释该词或第一次用该词时要写全称。通用的缩写词可以用。专著中可以多用缩写词、外来词,但一定不能杜撰,要用化学专业公认的缩写词。口语化过于简单的缩略语不能用。图书中尽量用中文叙述,不用或少用缩写词、外文。

2. 动词

动词一定要用准确,与主语和宾语搭配得当。一些动词不作谓语用,删去后不影响句子的含义时可以删去。意义相同的动词重复使用,应删去其中之一。

3. 形容词

在图书中形容词要慎用。表示量的形容词最好用数字与单位来替换,表示程度的形容词一定要准确客观。

4. 代词

人称代词"我"、"你"一般不用,用"笔者"、"作者"、"著者"或"读者"、"同行"、"同仁"。当前文用某人,后文又提及时用他。人称代词“我”、“我们”等，文中能够删去的尽量删去。

5. 数词与量词

数词的用法见下文数字的用法。量词的应用一定要与其前的数词和其后的名词相匹配。

6. 助词

结构助词有“的、地、得”，时态助词有“了、着、过”，语气助词有“呢、啊、吧”。在图书中，应正确应用或少用结构助词和时态助词，不用或偶尔应用语气助词。

7. 连词

常用的连词有“和、与、并、及、以及、而”等。有3项以上的词并列时，“和、或、与”用在最后的2项之间。多项并列时用顿号表示一个层次，用逗号表示一个层次，用“和”表示一个层次，用“与、及、以及”表示另一个层次。注意“及”与“以及”的区别，“及”只能连接名词性成分。“及”后用“其”，“以及”后用“其他”。“以及”前可以用逗号表示停顿，“及”前不能。“及”不能连接句子，“以及”可以连接句子。“而”表示转折，可用可不用的地方不用为好。

(二)句子特点

化学教育类图书的语言特点是简捷，表达含义清楚、准确，句子特点如下。

(1)用陈述句，不用或少用祈使句、感叹句、疑问句。

(2)用主动句，不用或少用被动句。

(3)少用或尽量避免使动句。

(4)尽量用单句。

(5)用书面语，不用或少用口语。

(6)句子应精确，无歧义。

四、标点符号的特殊用法

标点符号是语言文字的一部分，在文章中起着区别句子结构、辨明语气的作用，帮助读者准确理解文意。标点符号在教育类图书中的一般用法与其他书没有大的区别。下面重点叙述标点符号在教育类图书写作中的一些特殊用法。

(一)逗号与顿号

根据中国的习惯,词、词组并列用顿号,句子或句子各成分之间用逗号。

(1) 阿拉伯数字及英文字、词、句并列时推荐使用逗号,因为外文中没有顿号。

(2)在俄文、德文、法文中逗号用作小数点,在翻译成中文时应将逗号改为圆点。

(3)在化学名称中,一般用逗号与阿拉伯数字或希腊字母、拉丁字母配合使用,以标明化学基团的位置。如"1,3,5-三氯乙烷"。

(4)在标题中顿号可用中圆点代替。如"氯化物·盐"。

(5)意义关系比较紧密的词之间的停顿可不用顿号。

(二)分号

一般用于复句内部并列分句之间的停顿,以及分项列举的各项之间。需要注意的是,分项列举的各项均为单句或词组时,各个分项之后用分号,最后用句号。但当分项中有一项是复句时,这一项之后用句号,其他各项之后均用句号,即其他项后的标点符号随着有复句的这一项升级为句号。

(三)冒号

冒号的提示范围有多大,一直是作者难以掌握的。一般冒号引起的范围与提示性话语所指的范围一致,冒号有时能引出几个句子,如果引导的下文内容比较多,而且另起一段,这时就将冒号改用句号。用冒号时应注意避免在一个句子中冒号套用。

(四)句号

国家标准规定,科技书刊中的句号也可以用黑圆点的形式,但全书应统一。

(五)问号

用时应注意,并不是见到疑问词就用问号,尽管有疑问词,但全句不是疑问句时不能用问号。

（六）括号

（1）一般不用在标题中，有解释性词语时放在正文中。

（2）括号中的语句不可太长，句子较长时应将解释性词语放在正文中或脚注中。

（3）一句话中括号最好不要超过2个。

（4）括号有句间括号和句外括号。如果注释的是整段内容，括号放在句号之后，即句外括号；如果解释的是一句话，括号放在句号之前，是句间括号。

（5）用于注释的括号有时可转换成破折号。

（七）破折号

（1）用于解释数学式与图表中的字母、符号及其他项目。此时破折号可用一字线代替。

（2）用括号或破折号均可的情况，在标题中用破折号。

（3）用在副标题的前面。

（八）省略号

中文中省略号用6个小圆点，外文、数字的省略用3个小圆点，整行、整段的省略用12个小圆点。

（九）连接号

连接号有4种形式，即～（浪纹线）、–（半字线）、—（一字线）、-（连字符）。

（1）浪纹号，用于连接相关的数字，如3～7岁。

（2）半字线，用在2个以上的独立词之间，组成复合词组，如氧化–还原反应。

（3）一字线，用于连接地名或方位名，表示起止、相关或走向；连接相关的项目表示递进式发展或工艺流程；在表格的表身中表示未发现；用于解释数学式或图表中的字母、符号或其他项目时可代替破折号，见破折号的用法。

（4）连字符，用在英、俄、德文中字母或单词之间，连接外文单位或字母。

五、数字、图片、表格、参考文献和附录

(一)数字

教育类图书中有许多描述事物的量词,所以一般图书都离不开数字。数字能够将事物准确定性、定量,数字是国际通用语言,具有直观、客观的特点,在科技工作及图书中起着极其重要的作用。在中文图书中,数字有汉字数字、阿拉伯数字两种形式,也有一些表述数量和序数的特殊文字,如中国的天干地支计时等。

1. 数字应用的一般原则

凡是可以使用阿拉伯数字而又很得体的地方,均应使用阿拉伯数字。遇到特殊情形可以灵活变通,但应力求保持体例相对统一。

2. 使用阿拉伯数字的情况

(1)公历的世纪、年代、年、月、日和时刻。

(2)中华民国纪年和日本年号纪年。

(3)记数和计量,包括正负整数、分数、小数、百分数和约数等。

3. 使用汉字数的情况

(1)数字作为词素构成定型的词、词组、惯用语、缩略语或具有修饰色彩的语句。

(2)邻近的2个数字(一、二……九)连用表示概数。

(3)夏历和中国清代(含清代)以前的历史纪年和日期。

(4)星期几。

(二)图片

教育类图书无论是教材、专著还是科普,用图来表示理论、统计情况等十分普遍,所以选好图片十分重要。图片的种类按制作过程分线条图和照片;按图的功能分函数图、构成图、示意图、记录图、地图等。

1. 选图

(1)可有可无的图尽量不用,能用简单图说明问题的不用复杂图。选择的图片一定要对正文起到补充说明的作用,而且具有一目了然的效果。

(2)选择彩色图片或黑白图片,应该根据图书的读者对象、读者需求、成本、定价等来考虑。专业性很强、读者层次又比较高的书可以选择彩色或黑白照片。

(3)图片的大小根据图书的开本来定。在写作一本书之前就应该确定图书的开本、读者对象等,选图要照顾到图书的开本,16开的书图可以大一点,32开的书图就要选小一点。如果图片选择的与图书开本不相称,在制版时还要缩放,影响出版速度和图的质量。

2. 图序

图书中的每一个图都应该有编号,即图的序号。图的编号有几种方法,无论采用哪一种都可以,但全书应该统一格式。

(1)全书统一编号。内容比较少的书,其中图也比较少,这时可采用全书统一编号的办法,从头至尾依次编号。

(2)按篇章号与图号编号。若图书内容比较多,结构复杂,分有篇章,编号有两种形式,一种为篇号-章号-图号,中间用半字线连接;另一种方法为无论图书内容是否分篇,均可以不采用篇号,直接按章号-图号编。

3. 图题

图题即图的名称,像文章的标题一样。图题的要求同标题的要求一样,即用体现图中心思想的语言作图题。每一幅图都要有图题,连续几幅关系密切的图表示一个完整的过程时,可以共用一个图题。

4. 图注

图注是对图中某部分的说明,有引线直接注(图)、引线编号图下注(图)、图内直接注(图)、图内编号图下注(图)、图内以图形区分图下注(图)等形式。在一本书中可以几种同时应用,采取哪一种形式要根据图的结构,也可以一本书统一采用一种格式。一般注字较少的图注可采用图内注、图内引线直接注的方式;表示区域的注释时可用图内编号图下注、图内直接注、图内以图形区分图下注的形式。

(三)表格

表格是记录数据和事物分类等的表达方式。表格具有简洁、清晰、准确、直观的特点,读者能够直接从中看出事物的变化趋势或规律,或事物之间的差异与共同点。另外,将可比项列入表格,可以节省大量相同的文字叙述,节省版面,一目了然。

1. 表格的形式

表格有无线表、系统表、卡线表三种形式。过去表格多采用卡线表,线条太多,排版困难,又不美观,所以,现在基本上都用三线表。三线表是卡线表的改进形式,一般只保留顶线、底线和栏目线。

三线表并不是只有三条线,必要时可以加辅助线,但不论有几条辅助线,仍然叫三线表。卡线表可以向三线表转换,无论多么复杂的卡线表都可以向三线表转换。栏目有多层次时可以按内容逐级用短的辅助线向下分,去掉原来栏目线。推荐使用三线表并不等于只能用三线表。遇到内容复杂、文字较多的表时可以使用卡线表。

2. 表题与表序

与图的图题和图序基本相同,表题即表的名称,用简短的词组或句子来概括表的中心意思,一般表题的字数不宜太多,实在不能缩减时表题也可以转行。表序即表的序号,其编排格式与图的编排格式相同。

如表很长,一页排不下,可在内容连续性不强的地方断开,在一下页排续表,表头上写“续表”即可,不必再重排表题。

3. 标目

一般表的横标目是主语,纵标目是谓语,根据需要,纵横标目可以变化。标目设置合理的表格,具有严格的语言逻辑,从左至右连贯起来常能读成一句通顺的句子。

(四)参考文献

1. 定义

参考文献是作者在创作的作品中所引用的前人公开发表的资料。凡是引用前人(包括自己)或他人的观点、数据、资料等,都应在正文中出现的地方予以注明，并在文后列出参考文献。但并不是所有参考过的资料都要列入参考文献，参考过而未引用的文献就不应该列入参考文献。前人未发表的资料也不能够作为参考文献。

2. 意义

(1)一般意义。参考文献是作者在创作过程中参考并引用前人的资料，所以列出参考文献，能够告诉读者作品的材料来源、可靠性、学术性、权威性。如果在写作过程中查阅文献较多，就能够发现自己学术思想的优缺点，是否有先进性，也可以借鉴前人的经验与成果，提高自己的写作起点。参考文献有索引的作用。读者可以通过参考文献来了解文中引用的并不详尽的资料，所以著录参考文献具有扩大和延伸图书的内容、节约篇幅、方便查阅等作用。同时，参考文献可以为自己的观点提供理论和事实依据。相反，如果无参考文献或参考文献项目不全，就大大降低作品的学术价值。

(2)法律意义。列出参考文献，可以明显地区别哪些是前人的观点或成果，哪些是自己的观点或成果，这种区别的作用具有严格的法律意义。参考了别人的文献而未列出文献必要的具体项目，就可能构成侵权。我国《著作权法》第二十二条规定，为介绍、评论某一作品或者说明某一问题，在作品中适当引用他人已经发表的作品，可以不经著作权人许可，不向其支付报酬，但应当指明作者姓名、作品名称，并不得侵犯著作权人依照本法享受的其他权利。根据这一规定，学术著作中适当引用他人已经发表的作品(不构成本作品主要内容)属于合理引用，但不得侵犯著作权人的使用权、署名权、财产权等权利。

3. 著录注意事项

(1)作者为3位或少于3位时应全部写出，每一个作者后边用逗号(,)隔开，最后一位作者后边用点号(.)。作者多于3位时只列出前3位，第三位作者的后面用逗号加“等”字，最后用点号。若是外文文献，“等”字改为“et al”。外文文献的人名同中文格式，一律姓在前、名在后，缩写人名不用缩写点。注意不能只写一位作者就在其后加“等”字。

(2)版本序数用阿拉伯数字,无论原作品中是汉字还是阿拉伯数字,版本序数在参考文献中一律使用阿拉伯数字。

(3)参考文献的标题内容应该完全依照原文。

(4)刊物名的英文大小写与原刊物完全一致。原刊物中的缩写点要省掉。

(5)是否列出参考文献要以是否参考了别人的资料为依据,与书的种类无关。无论是教材、专著,还是科普书,只要你参考了他人的资料,就应该列出参考文献。当然,参考文献也不是越多越好,应该列主要参考文献。

(五)附录

1. 定义与内容

附录是附在正文之后与正文有关的文字或资料,是正文的补充部分,但不是必要部分。附录的内容必须是与正文有关的内容,但又不是有直接逻辑关系的内容。与正文有直接逻辑关系的内容不应该列在附录中,而应该作为正文的一部分列在正文中。附录的内容与正文没有直接的逻辑关系,排在正文中可能打乱正文的结构,有损于正文的条理性和精练性,所以才设置为附录排在正文的后边。其次,附录是相对次要的内容。编排好附录,能够弥补正文的不足,补充正文的完整性,增加图书的实用性,方便读者。

附录的内容大致包括以下几方面:

(1)比正文中更详尽地叙述某部分的理论根据、研究方法等内容,建议阅读的参考资料,对了解正文有用的补充信息。

(2)由于篇幅过长或取材于复制品而不宜写入正文的资料。

(3)不便于写入正文的罕见珍贵资料。

2. 编排原则

(1)内容相关。这是设置附录时内容取舍的原则。附录的定义要求其内容与正文相关,所以那些与正文无关或关系不大的内容就不必设置为附录。

(2)位置恰当。是指内容与谁有关就附在谁后,即附录的内容与全书均有关,就附在全书的最后,与一章有关的就附在章后,与一节有关的就附在节后，与一段有关的就附在段后。

(3)级别明确。因为附录的内容与正文各个部分的关系不同，出现的位置不同，所以在编排附录时应用不同的字体字号来表示其级别。附录级别的编排原则是与哪一级标题的内容相当就用哪一级标题的字体字号，即与章的内容相当就用章的字体字号，与节的内容相当就用节的字体字号。没有明确级别关系的可以设置与文中标题均不一样的字体字号。明确的级别也是体现附录与正文关系的一种形式。

第八章　化学教育科学研究成果的鉴定与奖励

根据《全国教育科学规划课题成果鉴定结题细则(试行)》的要求,凡立项课题研究工作完成后,均按各级规划课题管理办法的规定在预定期限内进行研究成果的鉴定和结题验收,以规范教育科学规划课题的管理,建立健全教育科学的评价机制,不断提高教育科研成果的效益。通过课题成果的鉴定,对其课题研究是否完成预定任务、课题研究成果的理论价值和实践意义做出结论和评价。教育科学规划课题的研究对教育发展规律的科学探索和对我国的教育改革与发展以及提高教育质量与效益具有重要意义,对其研究成果应采取各种积极措施加以宣传推广、评奖和运用。

第一节　化学教育科学研究成果的概念与表述形式

一项教育科研课题的研究工作按计划完成后,需要对整个过程及其结果进行分析、总结和提炼,用文字记载下来。这种对教育科研成果进行文字加工的过程,是教育科研的重要环节,也是教育科研成果的重要形式。这不仅为解决某一教育问题提供理论和实践依据,推动教育的改革和发展,显示其实用价值,而且有利于学术交流和推广,有利于提升研究者自身的分析能力、逻辑思维能力和表达能力等。

一、概念

所谓教育科研成果是指研究者运用教育或其他学科领域的理论作支撑,对教育领域的问题通过某一课题进行调查、实验、总结、分析、概括等创造性劳动而取得的在教育科学上有创新意义和应用价值的新知。

二、表述形式

教育科研成果的表述形式是多种多样的,研究的任务不同,研究成果的表述形式也不一样。一般说来,教育科研成果的表述形式主要有研究报告和研究论文等。下面就研究报告和研究论文两种形式分别讨论。

(一)研究报告

研究报告有不同的种类,通常有实证性研究报告和文献性研究报告。

所谓实证性研究报告,即用实证性方法进行研究、描述研究结果或进展的报告。如对某个教育问题进行调查研究写成的调查报告;对某种教育现象的观察写成的教育观察报告;对教育教学质量检测写成的质量分析报告;进行某项教育实验写成的教育实验研究报告;对教育教学经验进行总结写成的经验总结报告等。这类报告都是用事实来说明问题,科学客观地呈现研究过程和方法,并加以分析、提炼,合理解释结果,同时找出不足,提出合理化的建议。

所谓文献性研究报告,即用文献法进行研究的报告,如教育科研中的文献考证的报告。这类研究报告以对文献的分析、比较、综合为主要内容,并展示文献的考证过程,说明文献的来源与可靠程度。

不同类型的研究报告由于其结构的不同,表现出不同的体例和特色。研究者撰写研究报告时必须把握各类报告的特征,下面就其主要类型作简要讨论。

1. 教育调查报告

教育调查报告是对某种教育问题调查后,经过整理分析写成的文字材料。调查报告的表述一般由题目、引言、正文、总结及附录五部分组成。

(1)题目。用一句话概括全篇内容,点明被调查范围。可加副标题，作为对主标题的补充。如《××区小学科学教师队伍现状的调查报告》、《农村中学化学学科实施新课程情况的调查报告》、《中学生呼唤"七色阳光"——对中学生"厌学"问题的调查与思考》。

(2)引言。即简要说明调查的目的、意义、任务和方法。首先阐明调查此问题的背景、调查的筹备过程、主要调查的内容、国内外对同一课题的研究概况及此次调查的意义和价值。其次说明调查的基本情况、时间、地点、对象、范围、取样和调查的方式方法，使读者对调查报告获得总体认识，或提出社会、师生所关注和迫切需要调查了解的问题，以引起关注。

(3)正文。这是调查报告的主体部分，即调查内容。把调查获得的大量材料，经过分析整理，归纳出若干项目，通过条分缕析的叙述、图表、统计数字及有关文献资料表示出来，可以先摆明观点，然后用调查的事实分析说明，也可以先列出事实，然后进行分析推理。

教育调查报告写法视调查的目的和问题的性质而定，一般有以下几种写法。第一种是把调查的基本情况按调查的种类分成几个部分逐条来写，如教育质量调查可分为学校办学条件、教学设备、师资队伍、课程设置、教育经费、学校生源、校园文化等项目，将有关材料分别加以组合和集中；第二种按所调查的教育现象的产生、发展和变化的过程来写，如先进集体或先进个人的总结调查，以体现其规律性；第三种把两种教育现象进行对比，显示是非和优劣，找出其差异性，如优秀生和学困生的调查分析；第四种按调查的教育问题逐一叙述。总之，不论采用哪种写法，都要以调查结果这一事实为依据，做到实事求是。

(4)总结。依据正文中定性或定量的分析、逻辑推理等，概括出事物的规律或结论，也可以对结果做理论上的进一步阐述，深入地探讨一些问题，亮出自己的新观点、新见解和提出参考建议。当然，对于自己的新观点和新见解要从调查的事实出发，全面衡量建议的合理性和可行性，不能盲目或轻率地下结论和提建议。

(5)附录。有时需要把调查工具或原始材料附在报告的后面，一是可以通过原始材料鉴定调查的方法是否科学，材料是否有效。

二是供其他研究人员参考。提供附录前要进行整理，必要时进行装订，防止杂乱无章。

2. 教育实验研究报告

教育实验研究报告是教育实验之后，对教育实验全过程及其结果的总结。无论是探索性实验，还是验证性实验，其实验报告的基本结构都包括题目、引言、实验方法、实验结果、分析与结论、参考文献和附录等。

(1)题目。常采用研究实验的名称，指明所研究的主要变量，使别人一目了然，如《小学整体结构改革实验报告》。有时为引起读者对报告的兴趣，可以再以副标题的形式列出。

(2)引言。简明扼要地说明实验课题的目的、背景，实验进展情况，实验对象和规模等，表明解决该课题的价值和意义。

(3)实验方法。这是实验报告的主要内容之一，目的是使人了解研究结果是在什么条件和情况下，通过什么方法，根据什么事实得来的，从而判断实验研究的科学性和结果的真实性与可靠性，并可依此进行重复验证。

这部分内容主要包括：第一，选择被试的条件、数量、取样方式；第二，实验的设计、对照实验组的控制情况、自变量因素的变化及条件控制；第三，实验时间及实验结果的适用范围、实验的具体步骤；第四，数据的搜集和分析处理、实验结果的检验方法。

(4)实验结果。这是实验报告的主要部分，要描述实验假设与实验结果之间的关系，把实验结果呈现出来。这部分内容主要是把定性和定量资料用图表、统计表结合文字进行分析统计，得出研究的结论。值得注意的是，对于数据资料要严格核实，保证真实、可靠、翔实，图表注意正确格式，下结论必须慎重严谨，语言要准确简洁，推理要严密有逻辑性。

解释结果时不能只是事实的罗列，而应揭示出研究事物的必然联系。

(5)分析与讨论。即运用教育教学理论对实验结果的含义和意义进行评价。其主要内容有：第一，对实验结果进行理论上的分析与论证。把实验结果与同类研究结果相比较,找出得失优劣,将自己的研究纳入某一理论框架,丰富和完善理论。第二,对本实验研究方法的科学性和局限性的讨论。对实验成果的可靠性和适用范围作进一步的说明。第三,提出可供深入研究方向的问题及本实验尚未解决或需要进一步研究的问题,对未来的研究以及如何推广研究提出建议。

(6)参考文献和附录。报告的最后,要注明研究报告中引用的参考资料来源。参考文献书籍项目包括作者的姓名、书名、出版社名、出版时间及页数等;参考文献期刊项目包括作者姓名、文章标题、期刊名称和期号等。如引用未经翻译的外文资料,应用原文注释,以资查证。

3. 教育经验总结报告

经验总结报告是最常用的一种书面材料。经验总结报告的基本结构大体有以下几部分:

(1)题目。可以是专题经验总结,也可以是对某一阶段(如一学期、一学年等)全部工作的回顾。如班主任工作总结、某学年度化学学科工作总结等。

(2)引言。以简洁的语言交代本篇经验总结的背景、写作目的、取得的主要成绩等。

(3)正文。先是用小标题标明要总结的若干个问题,做到条理清楚。叙述中既要有典型的事例、取得的成绩,又要加以理论概括,有理有据,做到内容丰富,语言生动,使人在思想上受到启迪,工作上可资借鉴。正文的最后是存在的不足和今后努力的方向。

(4)结尾。这是经验总结的精髓和结晶。它是通过正文的典型材料及对其分析而概括出的结论,是从大量具体事实中找出的规律性东西,应反映作者的独到见解。

(二)研究论文

研究论文也是研究成果的一种重要表现形式。撰写论文的格式包括:

(1)论文题目:(下附署名)要求准确、简练、醒目、新颖。

(2)内容提要:是文章主要内容的摘录,要求短、精、完整。字数少可几十字,多则以不超过300字为宜。

(3)关键词或主题词:关键词是从论文的题名、提要和正文中选取出来的,是对表述论文的中心内容有实质意义的词汇。关键词是用作计算机系统标引论文内容特征的词语,便于信息系统汇集,以供读者检索。每篇论文一般选取3~8个词汇作为关键词,另起一行,排在"提要"的下方。

主题词是经过规范化的词,在确定主题词时,要对论文进行主题分析,依照标引和组配规则转换成主题词表中的规范词语(参见《汉语主题词表》和《世界汉语主题词表》)。

(4)论文正文:包括引言和论文的主体两部分。

引言又称前言、序言和导言,用在论文的开头。引言一般要概括地写出作者意图,说明选题的目的和意义,并指出论文写作的范围。引言要短小精悍、紧扣主题。

论文的主体应包括论点、论据、论证过程和结论等。主体部分包括以下内容:

①提出问题——论点;

②分析问题——论据和论证;

③解决问题——论证方法与步骤;

④结论。

(5)参考文献:一篇论文的参考文献是将论文在研究和写作中所参考或引证的主要文献资料,列于论文的末尾。参考文献应另起一页,标注方式参照《GB7714-87文后参考文献著录规则》。

所列参考文献的要求是:

(1)所列参考文献应是正式出版物,以便读者考证。

(2)所列举的参考文献要标明序号、著作或文章的标题、作者、出版物信息。

(三)研究报告和研究论文的区别

研究报告和研究论文都是教育科研结果的记录和总结,它们都有一个约定俗成的格式和规范,它们之间虽不存在截然划分的界线，但从两者的内容来看是有区别的。研究报告要把研究的全过程、研究结果或进展比较全面地描述出来；研究论文是将研究中最主要、最精彩和具有创造性的内容和结果加以提炼，用较精练的语言加以表述，全文论点明确、论据确凿、论证严谨、材料丰富，不包括过多的研究过程的介绍，更强调观点的创新和学术价值。

第二节　化学教育科学研究成果的鉴定

一项教育科研课题研究工作完成后，课题负责人应通过所在单位向课题立项的上级教育科学规划办公室索要或在相应的网站下载并填写《课题结题申请书》，接受由上级教育科学规划办公室及其委托管理机构组织的成果鉴定或结题验收。

一、申请鉴定的要求

(1)鉴定材料中的主要论文或专著应公开发表1年以上方可提出鉴定申请。

(2)申请鉴定首先应填写科研鉴定申请书，根据鉴定申请书的要求，提出若干名与鉴定项目有关的专家，每个课题的鉴定专家一般为5人，最多不超过7人。课题组成员(顾问)以及上级单位的人员不能担任本课题鉴定专家，课题负责人所在省区参与鉴定的专家不超过2人，课题负责人可以提出2位以下建议回避的鉴定专家，供组织鉴定单位参考。鉴定申请书由单位签署意见后，同鉴定材料一道报送上一级科研主管部门，等待批复。

(3)课题组提供的鉴定材料，应包括研究成果主件、必要的附件、研究工作报告及课题申请书复印件。采取会议鉴定方式的，鉴定材料应提前一个月提交给鉴定专家。若同意会议鉴定则根据批复件中提出的鉴定会议时间、地点、专家名单等，发出通知着手筹备；若采取通讯鉴定则将专家函审意见书连同鉴定材料一同寄达专家处。鉴定结束后，填写统一规定的鉴定证书报组织鉴定单位签署意见及盖科研成果鉴定章。鉴定证书一般一式多份(15~20份)，以供今后成果登记、归档及申报奖励等使用。

二、免于鉴定的条件

为鼓励优秀研究成果、减少重复工作，不同类别课题的最终成果具备以下相关条件之一的，可申请免于鉴定。

附：全国教育科学规划课题管理办法

第四十一条　具备下列条件之一者可免于鉴定（包括列入国家社科规划的各类课题）：

1. 获部省级评奖二等以上奖励；

2. 搜集的反映足以证明已达到国内先进水平，或成果提出的主要结论被省级以上教育行政部门明确吸收采纳。

申请免于鉴定，应在填写《结题申请书》时说明理由，并附相关证明材料。

第四十二条　通过鉴定的和批准免于鉴定的课题即可办理结题验收。确定不进行成果鉴定的，可在成果完成后直接办理结题验收。课题负责人应将课题最终成果2套、研究工作报告及资助经费决算等一并报送全国教育科学规划办公室，经验收合格，由全国教育科学规划办公室发给《全国教育科学规划课题结题证书》。

三、鉴定材料

鉴定材料是对科研成果做出正确评价的重要依据，也是研究者对研究结果的全面整理、系统归纳与自我正确评价。鉴定材料准备得如何，直接反映出研究者对研究过程与研究结果认识的全面性与严谨性，关系到专家对研究结果的正确了解与鉴定结论，因此鉴定材料的准备必须认真对待。

鉴定材料的准备包括两大方面：对有关内容按照鉴定材料要求的内容与格式，认真、严谨、实事求是地撰写，此其一；对应提供的鉴定材料种类搜集备齐，此其二。鉴定材料应撰写的内容，主要有以下几个方面。

(一)成果简介

简明扼要地对成果的立项、完成情况、取得的成果及其实际意义与应用价值等进行介绍,相当于整个鉴定材料的摘要,因此,有的称为成果摘要。成果简介的目的是便于鉴定专家及鉴定组织部门能对科研成果有个基本认识,从而有利于对整个鉴定材料内容有全面认识。

(二)研究工作报告

主要从四个方面介绍:

(1)立项情况。可以扼要阐述开题报告书中相关的内容,如选题意义、研究目的和内容、理论和实践依据、课题论证、课题研究人员的分工及研究过程中得到资助的情况等。

(2)研究实施情况。介绍研究实施过程中的程序、方案的执行情况,有哪些创新的研究方法,遇到何种困难,又是如何解决的。

(3)研究结果情况。重在介绍取得了哪些重要数据,发现了何种新的现象,研究得出哪些新见解、新观点、新理论和新方法,获得哪些成绩,社会效应如何。

(4)存在的问题。对研究中存在的问题要如实反映,简述其对研究结果的影响,说明下一步解决的方法与打算。研究工作报告是对整个研究工作的总结,反映了研究的具体实施过程、研究的难易程度及研究最终取得的结果。

鉴定材料除了成果简介、研究工作报告外,还应有一些其他必备材料,包括:文献检索证明、发表的论文或出版的专著、引用证明、试验测试记录及图像资料或物品等。对立项资助的课题应有计划任务书。除实验测试记录及图像资料物品外,其余资料应装订成册,其装订顺序的要求是:封面(课题名称、研究者、研究者单位、提供材料单位日期)、目录、成果简介、研究工作报告、检索报告、发表的论文或专著、引用证明、应用证明及主管部门规定的其他材料等。

四、鉴定形式与程序

(一)鉴定形式

鉴定形式一般可分为会议鉴定、通讯评审两种。凡以会议的形式,请鉴定专家到场评定科研成果的,即为会议鉴定。采取会议鉴定方式的,由鉴定专家个人分项评定成果等级,并由鉴定组集体评议,形成综合性鉴定意见和能否通过课题鉴定的明确意见,报鉴定组织单位,经鉴定组织单位确认后确定成果是否通过鉴定。下面是某省课题会议鉴定的主要步骤。

某省教育科学规划课题成果鉴定会程序

(1)课题成果鉴定组织单位——某省教育科学规划办或省规划办授权委托组织成果鉴定单位的负责同志,介绍出席会议的鉴定专家、领导和课题组成员;提出课题结题鉴定的具体要求。

(2)课题成果鉴定专家组组长主持鉴定会并简要说明结题鉴定的程序及做法。

(3)课题主持人(含课题组成员)陈述研究过程和研究结果(以研究报告为主)。

(4)课题成果鉴定专家组专家质疑、点评并对研究报告提出修改建议。

(5)课题成果鉴定专家组组长综合各专家点评意见,形成书面鉴定意见(课题组成员回避)。

(6)课题成果鉴定专家组组长宣布鉴定结果。

(7)课题主持人表明对鉴定意见的态度。

(8)课题成果鉴定组织单位主管领导讲话。

某省教育科学规划办

××××年××月

会议鉴定的优点是:鉴定专家之间及其与研究者之间可面对面地交换意见,充分酝酿讨论,有利于鉴定结果科学合理地评定,同时鉴定会本身就如同一次学术讨论会,与会人员可从中得到启迪而受益。不足的一面是:由于会议鉴定需时较长,加之受邀请的专家各自工作、生活、身体等诸种原因限制，鉴定会议的时间难以确定，且会议鉴定的差旅、会务、餐饮等所需费用相对较多，故除非必要，一般不采用此种形式。

采取通讯鉴定方式的，鉴定专家分别在认真审读研究成果的基础上，对照课题申请书预期达到的目标，实事求是地对成果提出客观、公正、全面的书面鉴定意见、分项评定成果等级，提出能否通过课题鉴定的明确意见。鉴定组织单位根据鉴定专家的多数意见确定课题是否通过鉴定。下面是某省教育科学"十一五"规划重点课题子课题成果鉴定与结题办法通讯鉴定的主要步骤。

(1)将子课题的有关材料和统一印制的《"十一五"子课题成果鉴定函审意见表》一并寄(送)至鉴定组专家成员处；

(2)回收各位专家的书面意见，并交鉴定组组长；

(3)由鉴定组组长负责汇总专家意见，形成鉴定组的书面鉴定意见，同时附上每位专家的书面意见。

子课题成果鉴定完成后，总课题组将给负责人颁发《"十一五"子课题结题证书》。子课题负责人应将研究报告(总结报告)、有代表性的专著和工作报告、调查报告、申请表原件、函审意见表原件等材料一并送交总课题组备案。

近年，随着网络的日益普及，网络评审的方式也较为广泛地被采用。

(二)鉴定程序

(1)课题研究工作完成后，课题负责人填写《全国(省、市)教育科学规划课题成果鉴定申请·审批书》[以下简称《成果鉴定申请·审批书》，可从全国(省、市)教育科学规划领导小组办公室网站下载]，经所在单位科研管理部门审核合格后，将《成果鉴定申请·审批书》、课题最终研究成果(成果主件及必要的附件)、《课题申请·评审书》复印件共7套鉴定材料(5套提交鉴定专家、2套存档)一并报送全国教育科学规划办公室相应学科主管人员。申请免于鉴定的，报送鉴定材料2套，免于鉴定申请未获批准的，需再次报送鉴定材料5套。

(2)课题负责人通过电子邮件方式将《成果鉴定申请·审批书》及课题最终研究成果的电子版发至全国(省、市)教育科学规划领导小组办公室邮箱。

(3)鉴定组织单位将鉴定材料及《全国(省、市)教育科学规划课题成果专家(个人)鉴定意见表》[以下简称《专家(个人)鉴定意见表》]、《全国(省、市)教育科学规划课题成果鉴定等级评估参照指标》寄送或发电子邮件至鉴定专家(采取会议鉴定方式的,鉴定材料须在鉴定会议前一个月寄送至鉴定专家)。

(4)鉴定专家在审读最终成果后,分项评定成果等级,填写《专家(个人)鉴定意见表》,并提出成果能否通过鉴定的明确意见。采取会议鉴定方式的,鉴定会由鉴定组织单位主持,鉴定组长负责,鉴定专家独自分项评定成果等级,并通过讨论形成专家组鉴定意见,提出成果能否通过鉴定及鉴定等级的明确意见。

(5)鉴定组织单位根据4/5通讯鉴定专家的意见(或专家组鉴定意见)确定成果是否通过鉴定。

(6)公示课题成果、专家鉴定意见及鉴定结果,接受社会监督,接受单位或个人的书面异议材料。

(7)鉴定组织单位对鉴定程序进行审核,在《成果鉴定申请·审批书》上填写审批意见。

(8)最终成果鉴定通过后,由全国(省、市)教育科学规划领导小组办公室进行课题研究资料审核工作。

履行立项申请承诺、通过课题鉴定、资料完备的,教育科学规划领导小组办公室发给《全国(省、市)教育科学规划课题结题证书》。

(三)时间与经费保证

鉴定组织单位在收到鉴定申请后的15天内对鉴定材料进行审查,审查通过后即组织鉴定。鉴定工作原则上在鉴定组织单位收到申请人寄送的鉴定材料后2个月内完成。

成果鉴定所需经费由课题负责人所在单位解决或从课题研究经费中支出。课题负责人在报送鉴定材料的同时向鉴定组织单位支付鉴定费用,再由鉴定组织单位向专家支付。有经费资助的课题通过专家鉴定后，全国(省、市)教育科学规划领导小组办公室将其预留的课题研究经费拨付给课题负责人。

课题鉴定坚持公平、公正、公开的原则，鉴定组织单位将公布课题研究鉴定结果和鉴定等级，公示鉴定专家的鉴定意见，接受社会监督。任何单位或者个人对课题成果、专家鉴定意见持有异议的，可在鉴定结果公布之日起30日内向鉴定组织单位提出异议。

第三节　化学教育科学研究成果的申报登记与奖励

化学教育科学研究成果的申报登记与奖励是体现研究成果价值、增强科研动力和信心的有效方式，不同层次的成果申报和奖励应该按不同部门的具体要求进行。

一、申报登记

科研项目鉴定后，应及时整理好全套相关资料报送省级或国家科研成果申报主管部门参加评选。按照国家(省、市)级教学成果的申请范围、申请条件、申报材料和时间等有关要求进行申报。

二、奖励办法

附：第三届全国教育科学研究优秀成果评选奖励办法

第一条　评奖宗旨

为进一步繁荣和发展教育科学事业，检阅1999年至2003年我国教育科研战线所取得的工作成就，充分调动和发挥广大教育工作者和教育科学工作者从事教育科学研究的积极性和创造性，为全面贯彻教育方针，切实推进素质教育，办好让人民满意的教育作出更大的贡献，教育部决定举办第三届全国教育科学研究优秀成果评选奖励活动。

第二条　指导思想

坚持以马列主义、毛泽东思想、邓小平理论、“三个代表”重要思想和科学发展观为指导，紧密结合我国教育改革与发展的实践，全面总结1999年至2003年期间我国教育科研战线的工作成就，检阅教育科研领域所取得的丰硕成果，进一步推进教育科研事业的发展，营造重视和开展教育科研的良好氛围，努力构建中国特色、中国风格和中国气派的教育科学体系，为建设中国特色社会主义现代化教育体系做出新的、更大的贡献。评奖工作要坚持政治标准与学术标准的统一，坚持质量第一、宁缺毋滥，坚持公开、公正、公平的原则。

第三条　评奖范围

1. 凡列入全国教育科学“九五”、“十五”规划的各级各类立项课题均可参评。

2. 凡未列入全国教育科学“九五”、“十五”规划而公开发表和出版的教育科研成果，或不宜公开发表和出版但被决策、管理部门采用的教育科研成果，经省级教育行政部门或教育部司局、直属单位、直属高校推荐，也可参加此次评奖。

3. 凡已在往届国家优秀教学成果奖评奖和高校人文社会科学研究评奖中获奖的成果不再参加本次评奖。第四届高校人文社会科学研究优秀成果评奖(教育学科、心理学科)与本届全国教育科学研究优秀成果评奖实行统一评审。

4. 各省(自治区、直辖市)已开展教育科学研究优秀成果评奖活动的，其推荐成果主要应是评奖活动中已获奖成果。凡参加评奖活动而未获奖的成果，不得推荐参评。未参加评奖的成果可推荐参评。

5. 参评成果限定在1999年1月1日至2003年12月31日期间。

第四条　参评成果

1. 已公开出版和发表的成果，包括著作、论文、研究报告等(不包括工具书、论文集、教材、音像制品、计算机软件)。

2. 不宜公开出版和发表，但已被决策、管理部门采用的咨询报告等研究成果。

第五条　奖项设置

本次评奖共设奖项300项，其中：

1. 一等奖:30项(含高校人文社会科学研究优秀成果奖5项)

2. 二等奖:90项(含高校人文社会科学研究优秀成果奖11项)

3. 三等奖:180项(含高校人文社会科学研究优秀成果奖20项)

第六条　参评条件

对参评成果在指导思想、学术价值、应用价值、社会效益、研究方法等方面进行全面综合评价。参评成果应具有鲜明的科学性、创造性、先进性和应用性的特点,既反映我国教育改革与发展中的重点、难点、热点问题,又能体现我国教育科学研究的最新水平。

基本条件是:

1. 政治标准:坚持以马列主义、毛泽东思想、邓小平理论和"三个代表"重要思想为指导,坚持党的基本路线,正确运用马克思主义的立场、观点和方法进行科学研究。

2. 学术标准:学风端正,观点鲜明,资料翔实,数据准确,论据充分,逻辑严密,方法科学,具有创新性和前沿性,符合学术道德和学术规范要求。

3. 社会标准:基础研究成果学术上有所创新,理论上有所建树,提出新思想、新观点、新概念或新方法,在探索重要理论问题、填补学科空白、为教育决策提供重要的理论依据等方面作出贡献,推动了教育理论的发展和学科建设,受到学术界广泛的重视和好评。应用研究成果对教育改革和发展中的重大现实问题、对教育行政部门的重大决策提出具有重要价值的意见和改革方案,被吸收采纳,收到良好的社会效益;教改实验成果已在较大范围推广,对于推动教育改革实践,大面积提高教育教学质量取得明显实效。

4. 以反映中国教育改革与发展的重大理论和实际问题的优秀成果作为奖励的重点,并重视奖励基础研究以及新兴边缘交叉学科的优秀成果。

第七条　评审组织

1. 教育部成立第三届全国教育科学研究优秀成果评选奖励委员会(以下简称"评奖委员会")领导评奖工作,由全国教育科学规划领导小组代行职责,最终审定获奖成果。

2. 评奖委员会聘请学科评审组，负责对参评成果进行评审并表决，向评奖委员会提出获奖成果建议名单。

3. 全国教育科学规划领导小组办公室代行评奖办公室职责，受理各地区、各系统、各单位推荐上报的成果，负责处理评奖工作的日常事务，处理异议投诉等。

4. 各省（自治区、直辖市）应确定专门机构（教育科学规划领导小组办公室或有关部门），负责本省（自治区、直辖市）范围内的成果申报、资格审查和推荐等项工作。

5. 教育部各司局的个人或集体的参评成果，由各司局签署推荐意见后，由其办公室直接报送全国教育科学规划领导小组办公室。

教育部直属单位、部属高校由其单位科研处负责组织。

军队院校由全军教育科学规划办公室负责组织。

第八条　申报办法

1. 本届全国教育科学研究优秀成果评奖采取个人或集体（课题组）申报与单位或组织推荐相结合的办法，一个人或同一个集体（课题组）参评成果只限一项。

2. 参评成果由申报者填写《全国教育科学研究优秀成果申报评审表》，并附有关证明材料（包括规划内重点课题成果鉴定材料、省级获奖证书复印件、成果应用证明等）。

列入全国教育科学规划并由全国教育科学规划领导小组办公室直接管理的各级课题成果，经申请者所在单位签署意见并加盖公章后，由所属部门按系统报送全国教育科学规划领导小组办公室。

未列入规划的研究成果经所在单位签署意见，加盖公章，由所在省级教育行政部门或教育部直属单位、部属高校签署推荐意见加盖公章后，由各省（自治区、直辖市）教育行政部门、教育部直属单位、部属高校，负责将本地区、本系统、本单位择优推荐的成果汇总报送全国教育科学规划领导小组办公室。报送成果均要求一式6份（申报评审表1份原件、1份复印件，5份匿名活页评审材料，参评成果6份）。

3. 直接报送的课题成果和各地区、各系统、各单位推荐成果报送全国教育科学规划领导小组办公室的截止日期为2006年7月5日，逾期不予受理。

4. 全国教育科学规划领导小组办公室不直接受理个人参评成果的申报。

第九条　申报要求

1. 署名多人的研究成果原则上由第一作者进行申报。

2. 系列丛书只能以单本著作独立参评。

3. 多卷本专著整体申报参评，不能单卷参评。

第十条　评审规则

1. 全国教育科学规划领导小组办公室对报送的参评成果进行资格审查和技术处理后，分送各评审组。同时由评奖委员会向各学科评审组下达评奖指标。

2. 评审工作分成教育基本理论与教育史、教育发展战略、教育经济与管理、教育心理、德育、基础教育、高等教育、职业教育、成人教育、教育信息技术、比较教育、体育卫生美育、民族教育等13个学科组进行。每个学科评审组由5~15位专家组成，采取会议投票方式进行表决，赞成票须超过参加投票人数的2/3(含2/3票)的成果方可列入授奖成果及等级的建议名单。

3. 评奖委员会最终批准获奖成果及等级。

第十一条　评审要求

1. 严格遵守推荐、评审程序和条件，保证获奖成果的质量，自觉维护教育部全国教育科学奖项的权威和教育科学工作者的声誉。

2. 充分发扬学术民主，坚持平等公正的原则。

3. 凡有成果报奖的评审专家实行回避制度。参加评审的专家必须能够保证工作时间。

4. 宁缺毋滥，确保质量。各学科评审的获奖数额可以空缺但不得突破指标，在上一等级节约的名额可计入下一等级。

5. 严格评审程序。评审专家独立工作，自行推荐获奖人选，不得与其他专家讨论；会议评审应当以独立评审的统计结果为基础，有针对性地进行讨论。

6. 整个评审工作要采取严格的保密措施，以保证评审工作不受干扰，在评审结果正式公布以前，任何人不得对外泄露各级评审情况和评审意见。

7. 任何个人或单位不得以任何方式干扰评审工作，若发现申报人以不正当手段干涉评审工作，一经查实，将撤销其参评资格，已获奖者取消其获奖资格并予以公布，取消其下届参评资格。

8. 参加评审的专家和工作人员，不得以任何方式收受申报人的礼品、礼金。否则，一经发现，将予以严肃处理。

第十二条　其他事项

解放军系统参照该办法自行组织评审，由军事教育科学规划办公室负责。

解放军系统按照比例评审出的拟获奖成果不占本次评奖设置的奖项，但需报评奖委员会审定批准。

第十三条　获奖结果

1. 获奖成果名单由教育部予以公布，教育系统的获奖成果，由教育部颁发获奖证书和奖金。

2. 第四届高校人文社会科学研究优秀成果奖（教育学科、心理学科）的高校系统获奖者，与第四届高校人文社会科学研究优秀成果奖一并公布，奖金按照同一奖励标准发放。

3. 解放军系统的获奖成果，由教育部颁发获奖证书，由解放军总参军训部颁发奖金。

第十四条　异议处理

1. 自授奖成果公布之日起一个月内为异议期。在异议期内，任何单位或个人对公布的授奖成果有异议，必须以书面形式向评奖委员会办公室提出异议理由和事实根据，并写明异议者的真实姓名、工作单位和联系地址（如需保密，请注明）。过期或不按上述要求提出的异议不予受理。

2. 对于剽窃、弄虚作假的成果提出异议，不受异议期限制，一经核实，即撤销奖励，追回获奖证书及全部奖金，并予以公布，取消当事人下一届参评资格。

三、示例——国家级教学成果奖申报书填写案例

课题名称:化学教学论系列课程改革的实践与探索

学科门类:化学课程与教学论

课题组成员:×××、×××、×××

获奖级别及时间:国家级二等奖,××××年

成果内容介绍:

(一)成果简介

<table>
<tr><td rowspan="5">成果曾获奖励情况</td><td>获奖时间</td><td>获奖种类</td><td>获奖等级</td><td>奖金数额(元)</td><td>获奖部门</td></tr>
<tr><td></td><td></td><td></td><td></td><td></td></tr>
<tr><td></td><td></td><td></td><td></td><td></td></tr>
<tr><td></td><td></td><td></td><td></td><td></td></tr>
<tr><td></td><td></td><td></td><td></td><td></td></tr>
<tr><td>成果起止时间</td><td colspan="5">起始:××××年×月×日　　完成:××××年×月×日</td></tr>
<tr><td>主题词</td><td colspan="5">化学教学论;课程改革;实践与创新</td></tr>
<tr><td>成果内容概述</td><td colspan="5">本项目研究自90年代初起步,经过我校化学专业多届师范类本科生及教育硕士的教学实践,得到了不断充实和完善,已取得了一批高质量教学研究成果,先后公开出版发表论著10部、论文22篇。成果内容概述如下:
1. 学生职业素质研究
(1)设计了多种问卷开展了对高师化学系学生职业素质现状的调查与分析。
(2)提出了21世纪新型高师化学系学生应具备的教师职业素质结构理论模式。
2. 课程体系构建研究
(1)构建了以培养和提高高师化学系学生教学能力素质为目标的化学教育类系列课程体系。
(2)提出了在化学教育类系列课程中应重点培养的10项化学课堂教学技能及评价标准。
(3)设计了适应素质教育和培养教学技能需要的化学教学论六大板块课程结构。
3. 发散思维学习研究
创立了“发散思维化学学习新模式”,丰富了化学学习理论。
4. 实验教学改革研究
探索了化学实验教学培养高师化学系学生创新精神和实践能力的新途径。</td></tr>
</table>

(二)成果内容

“化学教学论”系列课程是集中体现高师化学专业师范特点的职业课程,它在提高高师化学系学生从教技能,实现培养目标方面具有独特的作用。我们从90年代初开始,即以化学教学论课程为试点,开展了“构建化学教育类系列课程体系,提高高师化学系学生职业素质”的教改试验,并于××××年获得××××校级优秀教学成果奖。在此阶段性研究成果的基础上,为更好地突出高师学生创新精神和实践能力的培养,我们又进一步深化了对化学教学论系列课程体系、教学内容和教学方法的改革,并获得了2个省级、2个校级教学研究立项项目及经费的支持,现已发表相关论文22篇,出版论著10部。这些成就为我校一次性成功申报中学化学骨干教师国家级培训基地和被批准为教育硕士专业学位试点单位(学科教学·化学)奠定了坚实的基础。现将成果基本内容简介如下:

(1)在全面调查分析高师化学系学生职业素质现状的基础上,提出了21世纪新型高师化学系学生应具备的教师职业素质结构,并重点探讨了职业能力素质的构成。其模型如下:

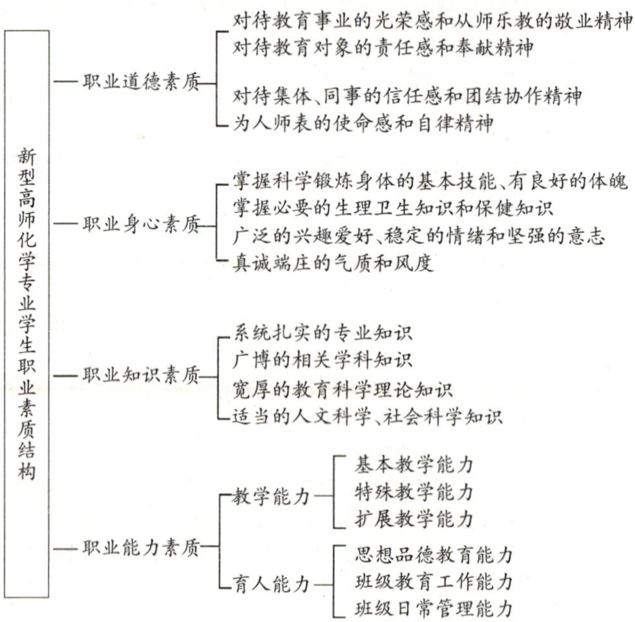

(2)构建了以培养和提高高师化学系学生教学能力素质为目标的化学教育类系列课程体系

为了切实有效地培养和提高高师化学系学生的教学能力素质，我们逐步构建和完善了以必修课化学教学论和化学实验教学为核心，以化学教育类选修课为辅助，以教学见习、模拟教学、教育实习等教育实践课为延伸的必修课、选修课、教育实践课等三大板块构成的化学教育类系列课程群，初步形成了综合、配套、有序的化学教师教学能力训练课程体系。

- 化学教育类系列课程体系
  - 必修课
    - 化学教学论
    - 化学实验教学
  - 选修课
    - 中学化学教学测量与评价
    - 社会生活中的化学
    - 中学化学实验设计与研究
    - 电化教育基础
    - 化学史
  - 教育实践课
    - 化学教学见习
    - 中学化学模拟课堂教学
    - 化学教育实习

(3)把化学课堂教学技能作为教学能力素质的核心，精心研究并确立了应在化学教育类系列课程中重点培养的10项化学课堂教学技能，其基本构成要素如下：

- 中学化学课堂教学基本技能
  - 教学设计技能
    - 备大纲、备教材的技能
    - 备教师、备学生的技能
    - 备教法、备教具的技能
  - 导入技能
    - 实验导入技能
    - 联系实际导入技能
    - 悬念导入技能
    - 直接导入技能

中学化学课堂教学基本技能

- 提问技能
  - 基础型提问技能
  - 开拓型提问技能
  - 辅助型提问技能
- 语言表达技能
  - 口头语言表达技能
  - 体态语言表达技能
- 板书板画技能
  - 书写与绘图技能
  - 设计板书技能
  - 应用板书技能
- 组织教学技能
  - 判断课堂动静技能
  - 调动学生参与技能
  - 课堂应变技能
- 讲授技能
  - 讲述技能
  - 讲解技能
  - 讲演技能
- 实验教学技能
  - 演示实验教学技能
  - 指导学生实验教学技能
- 教具使用技能
  - 设计制作简单教具和课件技能
  - 选用教学媒体技能
- 结课技能
  - 概括归纳技能
  - 练习巩固技能
  - 深化拓展技能

(4)优化了化学教学论课程结构，突出了师范性和教学技能的培养。

为适应素质教育和培养教学技能需要，我们把化学教学论课程结构划分为六大板块：

①需要什么样的化学教师——中学化学教师论；

②教什么——中学化学课程论；

③怎样教——化学教学方法论；

④怎样学——中学化学学习论；

⑤教得怎样，学得怎样——中学化学教学评价论；

⑥怎样实施素质教育——中学化学素质教育论。

这六大板块均以培养和提高高师化学系学生教学技能为核心，相互支撑，交叉渗透，将师德教育、文化素质教育和教师职业技能教育有机地结合在一起，为有效提高高师化学系学生的教学技能提供了课程内容保障。

(5)创立了“发散思维理论应用于中学化学学习”的新模式，丰富了化学学习理论。

著名的心理学家吉尔福特指出：“人的创造力主要依靠发散思维，它是创造性思维的主要成分。”发散思维是以多端性和变通性为特点的创造性思维方法。发散思维对问题从不同角度进行探索，从不同层面进行分析，从正反两极进行比较，因而视野开阔，思维活跃。

怎样应用发散思维理论指导中学化学学习，这也是本课题重点研究的问题之一。我们认为，发散思维应用于学习，有利于深刻理解知识点(即概念、定理、定律等)的内在要素，有助于全面把握相关知识点的相互联系，形成网络，实现知识的高层次理解和有效存贮。

为此，近年来，课题组成员教授一直坚持在省示范高中安徽师大附中兼课，结合中学实际开展了运用发散思维理论进行中学化学创新学习的研究，教学效果显著，有关论著已形成系列，合计200多万字，共发行50多万册。我们创立的中学化学发散思维学习主要模型如下：

解法发散——从不同角度、不同侧面解答问题，有一题多解，有多题一解，也有多题多解。

逆向发散——是原命题条件和结论的反向转换，由目标至条件的反向思考。

迁移发散——是对原命题条件的变换、设问角度的变换，实质上是知识和信息的迁移，发现新问题，解决新问题。

阶梯发散——从不同层次、不同角度逐步提出问题、认识问题、解决问题，强调递进性，逐层深入。

(6)充分发挥化学实验教学在培养学生创新意识和实践能力方面的作用。

化学教学论实验课程教学在培养学生的创新意识和实践能力方面具有独特的地位和作用。鉴于此，课题组成员在化学教学论实验课程的教学中，围绕学生创新意识和实践能力的培养对实验内容和方法作了大胆有效的改革。

在实验内容改革方面的做法主要有：

①改基础实验为新型实验；

②改验证实验为探究实验；

③改分步实验为综合设计实验；

④改常规实验为非常规实验；

⑤改学生实验操作为演示实验操作。

在实验方法改革方面的做法主要有：

①变教师讲解实验为抽选学生讲解实验；

②变教师演示实验为抽选学生演示实验；

③变教师小结实验为抽选学生自我小结实验；

④变教师指导实验为抽选实验能力强的学生协助指导实验；

⑤变封闭式实验为开放式实验；

⑥变固定方法实验为学生自选方法实验。

上述改革，大大调动了学生学习主动性，学生的创新意识和实验教学能力提高很快。

(7)在化学教育类系列课程中强化教学技能的训练。

如每门课程都精心设计出师生共同活动的方案，每次课都有计划地开展课堂提问、讨论，轮流安排一些学生走上讲台发表见解，表演实验操作，进行板书板画，并辅以生动的教学实例或教学片断示范，开展“说课”比赛等实践活动。还安排学生到中学观摩优秀化学教师的示范课，观看实验基本操作教学电影，调研中学化学素质教育现状等。同时，借鉴微格教学的理论与方法，组织学生对要求重点掌握的10项课堂教学技能逐项逐次强化训练，待单项技能过关后，再要求将其综合起来，进行大班综合技能的模拟训练。这种训练一直延伸到教育实习的试讲之中。

为了准确测量每一阶段学生的各项技能是否达标，我们还相应设计了各单项教学技能评价单与化学课堂教学质量评价表，作为“达标标准”，供教学技能训练中使用。

(8)加强教育科研，注重对教改成果的总结、应用和推广。

①近几年我们申报获准的教学研究项目……

②1996年下半年以来，我们共公开发表了有关教研论文22篇，出版了一系列应用发散思维进行化学学习的论著10部，并在一年内指导99级化学教育专业学位硕士研究生发表论文20余篇。详见“论文论著一览表”。

由于上述研究得到了学校和化学与材料科学学院的大力支持、指导，以及一开始就“重理论、高起点、讲实效、求推广”，因而课题取得了一批有推广价值的成果，《化学教育》杂志在1999年第6期还专文发表了我们的阶段总结论文——构建化学教育类系列课程体系的理论与实践。

本项目的理论探索与改革实践的不断深化，使化学学科建设的师范性特色更加突出，增强了我校化学学科的整体竞争力。1998年本学科点被批准为全国教育硕士专业学位(学科教学·化学)试点单位，1999年招收了20名化学教育硕士，2000年又被教育部批准为中学化学骨干教师国家级培训基地，接受了来自8个省40名学员的教学任务。目前，本课题组正在把化学教学论系列课程改革扩展到教育硕士和继续教育的教学之中，展开全方位的化学教学论系列课程“三维”教改试验。

(三)创新点

①构建的“以化学教学论课程为核心、以化学教育类选修课为辅助、以教育实践课为延伸”的三大板块式课程体系，已被实践证明是一种有创造性、有推广价值的成果。

②提出的构成高师化学系学生课堂教学技能的十大要素及评价标准，为高师化学系学生把握课堂教学技能，提高职业素质，提

供了努力方向、训练方法与标准，具有一定的理论性、实践性和可操作性。

③设计的适应素质教育和培养教学技能需要的化学教学论六大板块课程结构，更新了教学内容。

④创立的“发散思维化学学习新模式”，丰富了化学学习理论。

⑤探索的化学实验教学培养高师化学系学生创新精神和实践能力的新途径，充分发挥了实验教学在能力培养方面独特的作用。

（四）应用情况

①本项成果已在我校化学系试验多年，取得了较好的收效。发表的一系列论文论著也证明此项成果可在同专业乃至其他专业中推广使用。

②出版的中学化学发散思维学习指导系列论著发行已突破50万册，在国内产生较大影响，获得了良好的社会与经济效益。

③本课题组的成果及水平受到了北京师大化学教育专家刘知新教授、全国化学会理事长宋心琦教授以及教育部教育硕士专家评估组的一致好评。宋先生的评语为：这是一项从理论到教学实践研究的综合性课题，运用了现代教学论的主要成果于师资培养方案与方法的改革之中，并在与推行素质教育有关的发散思维学习模式方面有较系统的研究成果。该工作中关于化学实验的改革很有新意，是近年来中学化学实验改革中最为系统且有见地的一项工作。

参考文献

[1] 陈震东. 教育科研方法[M]. 北京:人民教育出版社,1980.

[2] 林定夷. 科学研究方法概论[M]. 杭州:浙江人民出版社,1986.

[3] 金玉章. 实用教育统计与测量[M]. 北京:教育科学出版社,1988.

[4] 瞿葆魁,叶澜,施良方. 教育研究方法[M]. 北京:人民教育出版社,1988.

[5] 李克东. 教育科学研究方法[M]. 北京:高等教育出版社,1990.

[6] 叶澜. 教育研究及其方法[M]. 北京:中国科学技术出版社,1990.

[7] 范小韵. 中小学教育科研方法指导[M]. 北京:北京教育出版社,1990.

[8] 刘向岫. 教育科学研究方法与应用[M]. 北京:北京大学出版社,1993.

[9] 张民生. 上海普教科研的发展与管理[M]. 上海:上海教育出版社,1994.

[10] 杨丽珠. 教育科学研究方法[M]. 大连:辽宁师范大学出版社,1995.

[11] 卢明德. 中小学教育科研方法与论文写作[M]. 天津:天津人民出版社,1996.

[12] 李方. 现代教育科学研究方法[M]. 广州:广东高等教育出版社,1997.

[13] 王铁军. 中小学教育科学研究[M]. 武汉:武汉大学出版社,1997.

[14] [美]威廉·维尔斯曼. 教育研究方法导论[M]. 袁振国,译. 北京:教育科学出版社,1997.

[15] 顾春. 中小学教育科学研究[M]. 北京:知识出版社,1998.

[16] 王坦,张志勇. 现代教育科研[M]. 青岛:青岛海洋大学出版社,1998.

[17] 邵永良. 现代教育科研方法与应用[M]. 第二版. 宁波:宁波出版社,1999.

[18] 裴娣娜. 教育研究方法导论[M]. 合肥:安徽教育出版社,2000.

[19] 袁振国. 教育研究方法[M]. 北京:高等教育出版社,2000.

[20] 陈贯民,胡剑北,常兴哲主编. 临床科研方法学[M]. 郑州:河南医科大学出版社,2000.

[21] 李秉德. 教育科学研究方法[M]. 北京:人民教育出版社,2001.

[22] 毕华林.化学教育科研方法[M]. 济南:山东教育出版社,2001.

[23] 陈向明. 教师如何做质的研究[M]. 北京:教育科学出版社,2001.

[24] 喻立森. 教育科学研究通论[M]. 福州:福建教育出版社,2001.

[25] 张民生,金宝成. 现代教师:走近教育科研[M]. 北京:教育科学出版社,2002.

[26] 王守恒. 教育科学研究方法基础[M]. 合肥:安徽大学出版社,2002.

[27] 马云鹏. 教育科学方法导论[M]. 长春:东北师范大学出版社,2002.

[28] [美]梅雷迪斯·D.高尔. 教育研究方法导论[M]. 赵中建,译. 第6版. 南京:江苏教育出版社,2003.

[29] 郑长龙. 化学实验教学新视野[M]. 北京:高等教育出版社,2003.

[30] 张厚粲,徐建平. 现代心理与教育统计学[M]. 北京:北京师范大学出版社,2003.

[31] 唐力,文庆城. 化学教学方法论[M]. 桂林:广西师范大学出版社,2003.

[32] 李克东. 教育技术学研究方法[M]. 北京:北京师范大学出版社,2003.

[33] 温忠麟. 教育研究方法基础[M]. 北京:高等教育出版社,2004

[34] 谢春风,时俊卿. 新课程下的教育研究方法与策略[M]. 北京:首都师范大学出版社,2004.

[35] 郑金洲. 行动研究指导[M]. 北京:教育科学出版社,2004.

[36] 闫蒙钢. 化学教学测量与评价导论[M]. 北京:北京科学技术出版社,2004.

[37] 范晓玲. 教育统计学与SPSS[M]. 长沙:湖南师范大学出版社,2005.

[38] 徐建敏,管锡基. 教师科研有问必答[M]. 北京:教育科学出版社,2005.

[39] 华国栋. 教育科研方法[M]. 南京:南京大学出版社,2005.

[40] 梁荣辉. 教育心理多元统计学与SPSS软件[M]. 北京:北京理工大学出版社,2005.

[41] 刘志军. 教育研究方法基础[M]. 北京:人民教育出版社,2006.

[42] 胡中峰. 中小学教师教育科研导论[M]. 广州:广东高等教育出版社,2006.

[43] 于志刚. 学位论文基本结构于写作规范[M]. 北京:国家行政学院出版社,2006.

[44] 闫蒙钢. 中学化学课程改革概论[M]. 合肥:安徽人民出版社,2006.

[45] 任红艳. 化学问题解决及其教学的研究[D]. 南京:南京师范大学,2005.

[46] 丛淑丽,卜宪华. 刍议文献检索的一般方法和步骤[J]. 长春大学学报. 1994(3):56-58.

[47] 张兴华. 文献检索的原理、工具、方法和途径[J]. 恩施医专学报:社会科学版,1997,14(2):42-44.

[48] 张丰. 发掘·凝炼·设计——教育科研课题前期论证三步曲[J]. 教学与管理,1999(1):30-32.

[49] 宋秋前. 开展行动研究,提高教学实践水平[J]. 中国教育学刊,1999(2):56-58.

[50] 陈向明. 什么是"行动研究"[J]. 教育研究与实验,1999(2):60-67.

[51] 唐力. 化学程序启发教学模式的实验研究[J]. 教育研究,1999(9):58-62.

[52] 王少非. 案例法的历史及其对教学案例开发的启示[J]. 教育发展研究,2000(10):42-45.

[53] 沈映珊. 关于行动研究的研究[J]. 中国电化教育,2000(9):7-11.

[54] 张天宝,王攀峰. 论教育的行动研究[J]. 中国教育学刊,2001(6):50-53.

[55] 李邦武,杜振发. 初中化学学生实验"四步教学法"初探[J]. 实验教学与仪器,2001(2):5-7.

[56] 张华. 学生常用的几种文献检索方法[J]. 大同医学专科学校学报,2002(3):59.

[57] 张斌. 教育实验研究与教育行动研究之比较[J]. 教育科学论坛,2006(2):36-38.

[58] 徐小松. 行动研究:改进学校教学——国外教学改革实例分析[J]. 外国中小学教育,2002(6):39-43.

[59] 许海卫. 高中化学新课教学中作业改革的探索[J]. 化学教学,2002(6):22-25 .

[60] 郑金洲. 案例教学:教师专业发展的新途径[J]. 教育理论与实践,2002,22(7):36-41.

[61] 梁靖云. 教育行动研究——中小学教育科研的主要方式[J]. 教育理论与实践,2002,22(7):56-58.

[62] 裴新宁,刘启东. 从“化学与药物”案例看研究性学习的设计[J]. 山东师范大学学报:自然科学版,2002,17(3):45-49.

[63] 刘加霞,申继亮. 行动研究:中小学教师参与教科研的最佳选择[J]. 中小学管理,2003(10):9-10.

[64] 曹洪昌. 作业批语——不应遗忘的角落[J]. 化学教育,2003,24(5):23-25.

[65] 王成全. 试论发展性教师评价的理念、过程和主要方法[J]. 辽宁师范大学学报:社会科学版,2003,26(3):30-33.

[66] 郑长龙、周仕东. 化学实验教学评价的新发展——化学实验教学中的档案袋评价方法[J]. 中学化学教学参考,2003(11):31-33.

[67] 杨雪. 21世纪文献检索课改革的几个问题[J]. 教育探索,2004(3):74.

[68] 张俐蓉. 行动研究及其在中小学的运用[J]. 上海教育科研,2004(5):33-36.

[69] 魏宏聚. 中小学教师行动研究必要性探讨[J]. 中国教育学刊,2004(5):55-58.

[70] 管家元,王伟群. 高中化学教学中自主学习模式的构建[J]. 中学化学教学参考,2004(7):4-5.

[71] 杜惠蓉. 论农村中学化学课程资源的开发策略[J]. 学科教育,2004(9):7-10.

[72] 邓李梅,曹中保. 关于中小学教师教育科研目的定位的研究[J]. 教育探索,2004(10):31-33.

[73] 吴启建. 中学化学课程资源开发的思考与探索[J]. 福建教育学院学报,2004(12):7-9.

[74] 张莉. 文献检索方式的发展与提高期刊影响力[J]. 编辑学

报,2005,17(2):124-125.

[75] 滕颖,张珏. 中国标准文献检索方法研究[J]. 科技情报开发与经济,2005,15(10):70-71.

[76] 林青双,徐策. 教师行动研究——教师专业发展的必经之路[J]. 现代教育科学:普教研究,2005(2):39-41.

[77] 丁革兵. 初中化学课堂教学发展性评价研究初探[J]. 化学教育,2005,26(2):27-32.

[78] 徐晓琳,蒋亚琳,熊建萍. 网络环境下的文检课改革[J]. 图书馆建设,2005(6):111-113.

[79] 张四方,李广洲. 样例学习在中学化学教学中应用的初步研究[J].现代中小学教育,2005(6):37-39.

[80] 张秋彦. 中学化学学习档案袋评定的整体设计[J]. 化学教育,2005,26(7):25-28.

[81] 徐高宏. 教师专业发展中的教育科研[J]. 教育探索,2006(7):123-124.

[82] 王秀红,李艳梅. 中学化学教学情景的创设技术[J]. 现代中小学教育,2005(10):23-26.

[83] 李建芳. 计算机文献检索及其基本策略[J]. 内蒙古科技与经济,2005(14):140.

[84] 许应华. 新课程背景下化学教师备课应处理好六种关系[J]. 中小学教师培训,2006(1):39-40.

[85] 刘玉珠. 化学化工文献的检索方法[J]. 陇东学院学报:自然科学版,2006,16(1):58-60.

[86] 宋万琚,范晓琼. 高中化学学习档案袋评价——来自美国教学实践的一个案例及其启示[J]. 化学教育,2006,27(1):64.

[87] 何如涛. 教学案例撰写中存在的问题及改进对策[J]. 教学与管理:小学版,2006(10):30-31.

[88] 徐敏,刘春生. 在生活中学习化学,在化学学习中思考生活——SO_2教学设计的新视角[J]. 化学教学,2006(1):40-41.

[89] 景海荣,梁永平. 中学生从化学视角理解自然与社会的调

查研究[J]. 化学教育,2006,27(3):46-47.

[90] 伍艳萍,孟庆宏.《分子和原子》教学设计[J]. 中学化学教学参考,2006(4):8-10.

[91] 邹洪涛,胡加丽. 水族地区中学生化学学习兴趣调查及兴趣培养的几点思考[J]. 化学教育,2006,27(5):44-46.

[92] 杨香涛. 新课程理念下化学学习档案袋评价的设计与实施探讨[J]. 化学教育,2006,27(5):22-24.

[93] 姚晓红. 变质Na_2O_2样品的纯度测定的探究[J]. 化学教学,2006(5):23-25.

[94] 陈柏华,徐冰鸥. 发展性教师评价体系的构建——教师专业素养的视角[J]. 教育理论与实践,2006,26(5):50-53.

[95] 孙影,阎蒙钢,许苗苗. 化学教学中学生"猜想假说"能力的培养[J]. 中小学教学研究,2006(5):4-5.

[96] 王继良. 对比实验在中学化学课堂教学中的应用[J]. 化学教学,2006(6):8-10.

[97] 贺瑛. 合作学习策略在中学化学教学中的尝试[J]. 化学教学,2006(7):18-21.

[98] 黎良枝. 挖掘与利用新闻中的化学课程资源[J]. 化学教育,2006,27(7):17-19.

[99] 许庆红. 对教育实验的思考[J]. 四川教育学院学报,2006,22(8):23-24.

[100] 艾兴,杨熙. 新课程教学实践中的几个问题[J]. 中国教育学刊,2006(10):59-61.

[101] 刘君,臧晓华. 告别执著前行——新课程带给我们的思考[J]. 中国教育学刊,2006(7):45-46.

[102] 陈杨. 教师应该如何叙写教育案例[J]. 当代教育科学,2006(10):19-21.

[103] 韩健. 例谈教师如何做行动研究[J]. 当代教育科学,2007(2):34-35.

[104] 杨军. 新课程下化学教学过程与方法的思考与策略[J].

化学教学,2007(2):26-28.

[105] 张晓玲. 初中化学探究教学之我见[J]. 化学教学,2007(3):30-34.

[106] 赵根厚. 化学竞赛命题特点及辅导策略[J]. 中学化学教学参考,2004(7):41-43.

[107] 贺晓利. 信息资源网络检索的特点、问题及对策[J]. 现代情报,2007,27(5):72-73.

[108] 宋苏荣. 教育类网络信息资源的特点和检索途径[J]. 教学与管理:理论版,2007(6):48-49.